## 한글 대동여지도

### 大東輿地圖

도편 최선웅 — 글 민병준

# 이 책의 특징

**1. 한글 표기 축소판 〈대동여지도〉**
1861년 신유본(辛酉本) 〈대동여지도〉의 지도 122도엽을 각각 약 65%로 축소하여 모든 지명과 주기에 한글을 병기하였다.

**2. 독도와 거문도 추가**
〈대동여지도〉에 표기되지 않은 독도인 우산도(于山島)와 거문도인 삼도(三島)를 지도에 추가하고, 틀린 지명도 가능한 범위 내에서 수정하였다.

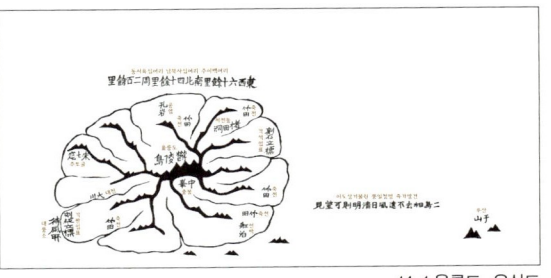

14-1 울릉도 · 우산도

# 이 책의 구성

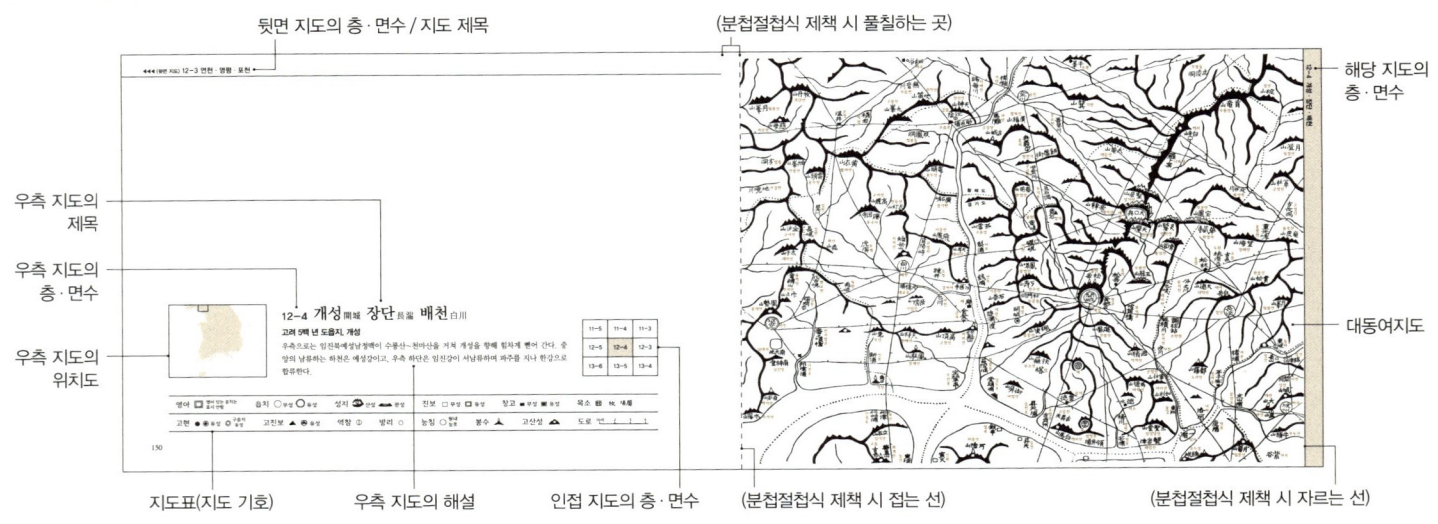

# 대동여지도의 특징

## 1 전국을 일정한 크기로 구획한 지도

〈대동여지도〉는 우리나라 전국을 가로 39.5cm, 세로 29.5cm의 일정한 크기로 남북 22층, 동서 2~8면으로 구획하여 총 120도엽으로 이뤄진 지도로서 현대의 지형도와 같은 지도라 할 수 있다. 전국 120도엽을 모두 연접하면 가로 약 3.8m, 세로 약 6.7m의 대형 전국 지도가 된다.

## 2 방격(方格)에 의한 일정한 축척

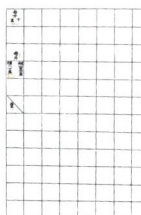

〈대동여지도〉 1-1 도엽에 실려 있는 가로 8칸, 세로 12칸의 방격표(方格標)는 지도를 반으로 접은 크기로, 이것으로 지도상의 거리와 지도의 축척(縮尺)을 계산해 낼 수 있다. 매방십리(每方十里)는 한 칸이 10리라는 뜻이고, 매편 종백이십리 횡팔십리(每片 縱百二十里 橫八十里)는 방격표 한 편의 세로가 120리, 가로가 80리라는 뜻이다. 십사리(十四里)는 대각선 거리이다. 〈대동여지도〉의 축척은 10리가 4km이면 160,000분의 1이 되고, 5.4km이면 216,000분의 1이 되며, 방격표의 거리로 계산하면 약 162,000분의 1이 된다.

〈대동여지도〉 방격표

## 3 목판 인쇄(木版印刷) 지도

〈대동여지도〉는 대량 보급을 위해 목판으로 제작되었다. 목판의 재질은 피나무이며, 크기는 가로 약 43cm, 세로 약 32cm, 두께 약 1.5cm이다. 〈대동여지도〉는 총 126면이나 목판은 앞뒤로 사용하고 내용이 적은 지도는 한 판에 두 지도를 새겼기 때문에 목판의 수는 60장 정도로 추정된다. 현재 남아 있는 목판은 12장으로 국립중앙박물관에 11장, 숭실대학교 한국기독교박물관에 1장이 소장되어 있다.

4-3 갑산의 목판 (자료 : 국립중앙박물관)

## 4 분첩절첩식(分帖折疊式) 제책

〈대동여지도〉를 각 층(또는 첩)별로 지도를 접합한 뒤 반으로 지그재그로 접으면 병풍처럼 펼쳐 볼 수 있는 분첩절첩식(分帖折疊式) 제책이 된다. 제책한 최종 크기는 가로 19.8cm, 세로 29.8cm로 보관과 휴대에 편리하고, 이웃한 층끼리 붙여 넓은 지역을 볼 수 있다.

〈대동여지도〉 전도

〈대동여지도〉의 분첩절첩식 제책 (자료 : 국립중앙박물관)

# 대동여지도 읽기

## 1 지형의 표현

**산줄기와 산**

산줄기는 조선 전통의 《산경표(山徑表)》에 따라 백두대간(白頭大幹)은 가장 굵게, 그 다음 정맥(正脈), 지맥(支脈) 순으로 굵기를 달리하여 산봉우리가 연이어 솟은 톱니 모양으로 표현하였다. 산의 모습은 산의 특징을 살려 묘사하였는데, 백두산은 웅장하게, 금강산은 1만 2천 봉으로 아름답게, 그 밖에 이름난 산은 봉우리 위에 바위를 덧그렸고, 평범한 산은 봉우리만 3개 이상 두드러지게 묘사하였다.

**물줄기와 못**

쌍선(雙線)으로 그려진 하천은 조선 시대에 배가 다닐 수 있는 가항수로(可航水路)로, 하류 쪽은 폭이 넓고 상류로 갈수록 폭이 좁아진다. 단선(單線) 하천도 하류는 굵게 상류는 가늘고 뾰족하게 물줄기의 모습대로 묘사하였다. 못은 자연 호수와 인공 못으로 구분되며, 그에 따라 명칭도 달라진다.

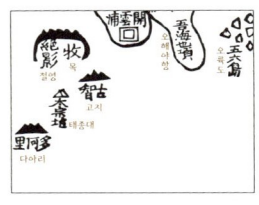

**섬과 바위섬**

강화도나 진도 같은 큰 섬은 섬 내에 육지와 같은 산줄기를 그리고, 그보다 작은 섬은 해안선과 작은 산줄기를, 아주 작은 섬은 산봉우리 2~5개로만 묘사하였다. 바위섬은 삐죽삐죽한 돌조각 모양으로 1개 또는 여러 개로 묘사하였다.

## 2 도로

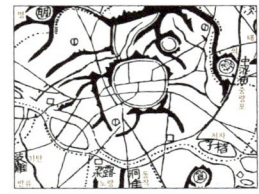

〈대동여지도〉에 그려진 도로는 모두 직선으로, 간선도로에는 일정한 간격으로 눈금이 그려져 있다. 지도표 대로 한 눈금의 거리는 10리고, 지형에 따라 간격이 달라져 평지에서는 2.5cm이고 산지에서는 1.5cm밖에 되지 않는다. 조선 시대에는 도성을 중심으로 10대로가 있었는데 1대로는 의주(義州), 2대로는 경흥(慶興), 3대로는 평해(平海), 4대로는 동래(東萊), 5대로는 봉화(奉化), 6대로는 강화(江華), 7대로는 수원(水原), 8대로는 해남(海南), 9대로는 충청수영(忠淸水營), 10대로는 통영(統營)에 이르는 도로이다.

## 3 지도표

**영아(營衙)** □
군영(軍營)에 관한 일을 하는 관아로 병영(兵營), 수영(水營), 감영(監營), 행영(行營) 등이 있다. '영재읍치측무표(營在邑治則無標)'는 군영이 읍치에 있어 기호를 생략한다는 뜻이다.

**읍치(邑治)** ○ 무성 ⊙ 유성
전국 334개 지방행정 단위의 소재지로 성(城)이 있으면 쌍선 원으로, 성이 없으면 단선 원으로 표시하고 원 내에 고을 이름을 표기하였다.

**성지(城池)** 산성 관성
적을 방어하기 위하여 쌓은 성(城)과 그 둘레에 파 놓은 못(池)으로, 지도에서는 산성(山城)과 관성(關城)을 뜻한다.

**진보(鎭堡)** □ 무성 ▣ 유성
방어를 위해 쌓은 진지로 군사시설로서의 진(鎭)과 보(堡)를 뜻한다. 성(城)이 있으면 쌍선 사각형, 성이 없으면 단선 사각형으로 표시한다.

**창고(倉庫)** ■ 무성 ▣ 유성
창(倉)은 곡류를 저장하는 곳이고, 고(庫)는 병기나 의장(儀仗), 포류(布類)를 저장하는 곳으로 성(城)이 있는 것과 없는 것으로 구분한다.

**목소(牧所)** 牧場屬
행정이나 군사적으로 필요한 말을 기르던 관영목장(官營牧場)으로 사각형 내에 '牧(목)' 자를 쓴 기호는 종6품(從六品) 감목관(監牧官)이 관장하던 곳이다.

**고현(古縣)** ● 유성 구읍지 유성
폐지된 부·목·군·현의 소재지로 성(城)이 있는 곳과 성이 없는 곳, 구읍지(舊邑址)로 성이 있는 곳 등 세 가지로 구분한다.

**고진보(古鎭堡)** ▲ 유성
옛 진(鎭)과 보(堡)로 성(城)이 있는 곳과 없는 곳으로 구분한다.

**역참(驛站)** ①
역(驛)은 주요 도로에 약 30km 간격으로 설치되어 공무 여행자에게 말과 숙식을 제공하는 곳이고, 참(站)은 역과 역 사이에서 휴식을 취하는 곳이다.

**방리(坊里)** ○
하급 지방행정구역의 명칭으로 지금의 읍·면·동에 해당된다.

**능침(陵寢)** ○ 원내 능호
임금이나 왕비의 무덤으로, 원 내에 능호(陵號)의 첫 글자를 적었다.

**봉수(烽燧)** ▲
봉수는 횃불과 연기로 변방의 긴급한 정세를 중앙에 신속하게 알리는 통신 제도로, 지도에는 군사적 통신 목적으로 설치된 봉수대가 표시되어 있다.

**고산성(古山城)** ▲
옛 산성이나 폐지된 산성을 뜻한다.

**파수(把守)** △
'파수'란 '경계하여 지킨다'는 뜻으로 조선 시대 변방의 초소나 궁궐문, 도성의 성곽을 수비하는 군인을 말한다.

**경계(境界)** ·······
〈대동여지도〉에 점선으로 그려진 경계는 전국 334개 군현계이다. 또한 74개에 이르는 월경지(越境地)도 군현계와 같은 점선으로 그려져 있다.

## 4 지명

〈대동여지도〉에 수록된 지명은 총 11,675개로, 이 가운데 자연 지명은 산·고개·하천·못·섬·해안·평야에 관련된 지명이고, 인문 지명은 행정·취락·경제·교통·군사·문화와 관련된 지명이다.

### 〈대동여지도〉의 오기 지명 수정

- 9-3 위가산(委架山) → 왜가산(倭架山)
- 9-3 파탄(波灘) → 기탄(歧灘)
- 10-3 하풍산(霞風山) → 하람산(霞嵐山)
- 10-5 망덕(望德) → 망덕산(望德山)
- 11-3 내빙산(來氷山) → 주빙산(朱氷山)
- 12-3 패약령(牌龠嶺) → 패약령(牌龠嶺)
- 14-5 중목포(中木浦) → 중방포(中防浦)
- 15-1 허대(虛坮) → 능허대(凌虛坮)
- 15-4 세운치(細雲峙) → 납운치(納雲峙)
- 15-6 횡자(橫者) → 횡간(橫看)
- 16-3 공천(公川) → 송천(松川)
- 16-4 소현(少峴) → 사현(沙峴)
- 16-4 풍시(豊是) → 풍제(豊堤)
- 16-5 와보(瓦甫) → 와포(瓦浦)
- 17-4 사슬사(沙瑟寺) → 사슬치(沙瑟峙)
- 18-2 갈시(葛闍) → 갈현(葛峴)
- 18-3 도굴산(崛窟山) → 자굴산(闍窟山)
- 20-2 전포(田浦) → 곡포(曲浦)
- 20-5 대십팔리(大十八里) → 대천팔리(大千八里)
- 20-5 소십팔리(小十八里) → 소천팔리(小千八里)

# 차례

이 책의 특징 및 구성 2
대동여지도의 특징 3
대동여지도 읽기 4
대동여지도 색인도 7

도성도 8
경조오부도 10
1-1 훈융 · 안원 12
1-2 온성 · 종성 · 경원 14
2-1 경흥 · 녹둔도 16
2-2 회령 · 행영 18
2-3 무산 20
2-4 백두산 · 천평 22
2-5 여연 24
2-6 중강동구평 26
3-1 대초도 · 신진 28
3-2 부령 · 어유간 30
3-3 삼산 · 연면 32
3-4 혜산 · 삼지 34

3-5 후주 · 장진강 36
3-6 무창 38
3-7 자성 40
4-1 경성 42
4-2 장백산 44
4-3 갑산 46
4-4 삼수 48
4-5 우항령 50
4-6 만포 52
4-7 구읍 54
5-1 명천 56
5-2 길주 58
5-3 성대산 60
5-4 병풍파 62
5-5 장진 64
5-6 강계 66
5-7 위원 · 초산 68
6-1 마유산 70
6-2 단천 72

6-3 이원 · 북청 74
6-4 부전령 76
6-5 낭림산 78
6-6 적유령 80
6-7 벽동 82
6-8 창성 84
7-1 마양도 86
7-2 함흥 · 홍원 88
7-3 영성 90
7-4 희천 92
7-5 운산 94
7-6 삭주 · 구성 96
7-7 의주 98
8-1 정평 · 영흥 100
8-2 요덕 102
8-3 덕천 · 맹산 · 개천 104
8-4 영변 · 안주 · 태천 106
8-5 철산 · 선천 · 정주 108
8-6 용천 110

9-1 고원 · 문천 · 덕원 112
9-2 양덕 114
9-3 은산 · 성천 · 강동 116
9-4 숙천 · 영유 · 순안 118
10-1 문암 120
10-2 안변 · 회양 · 통천 122
10-3 문성 · 방장치 124
10-4 삼등 · 상원 · 수안 126
10-5 평양 · 강서 · 황주 128
10-6 광량 130
11-1 고성 132
11-2 금강산 · 금성 134
11-3 이천 · 평강 · 철원 136
11-4 신계 · 서흥 · 평산 138
11-5 봉산 · 안악 · 재령 140
11-6 풍천 · 장연 142
12-1 간성 · 양양 144
12-2 양구 · 인제 · 춘천 146
12-3 연천 · 영평 · 포천 148

12-4 개성 · 장단 · 배천 150
12-5 해주 · 강령 · 옹진 152
12-6 백령 · 행영 154
13-1 우계 156
13-2 강릉 · 평창 158
13-3 홍천 · 횡성 160
13-4 한양 · 광주 · 양근 162
13-5 강화 · 김포 · 인천 164
13-6 산연평 166
14-1 울릉도 · 우산도 168
14-2 삼척 170
14-3 정선 · 영월 · 영춘 172
14-4 원주 · 제천 · 충주 174
14-5 이천 · 여주 · 안성 176
14-6 남양 · 당진 · 면천 178
15-1 울진 · 평해 · 영해 180
15-2 영천 · 예안 · 안동 182
15-3 괴산 · 문경 · 보은 184
15-4 진천 · 청주 · 공주 186

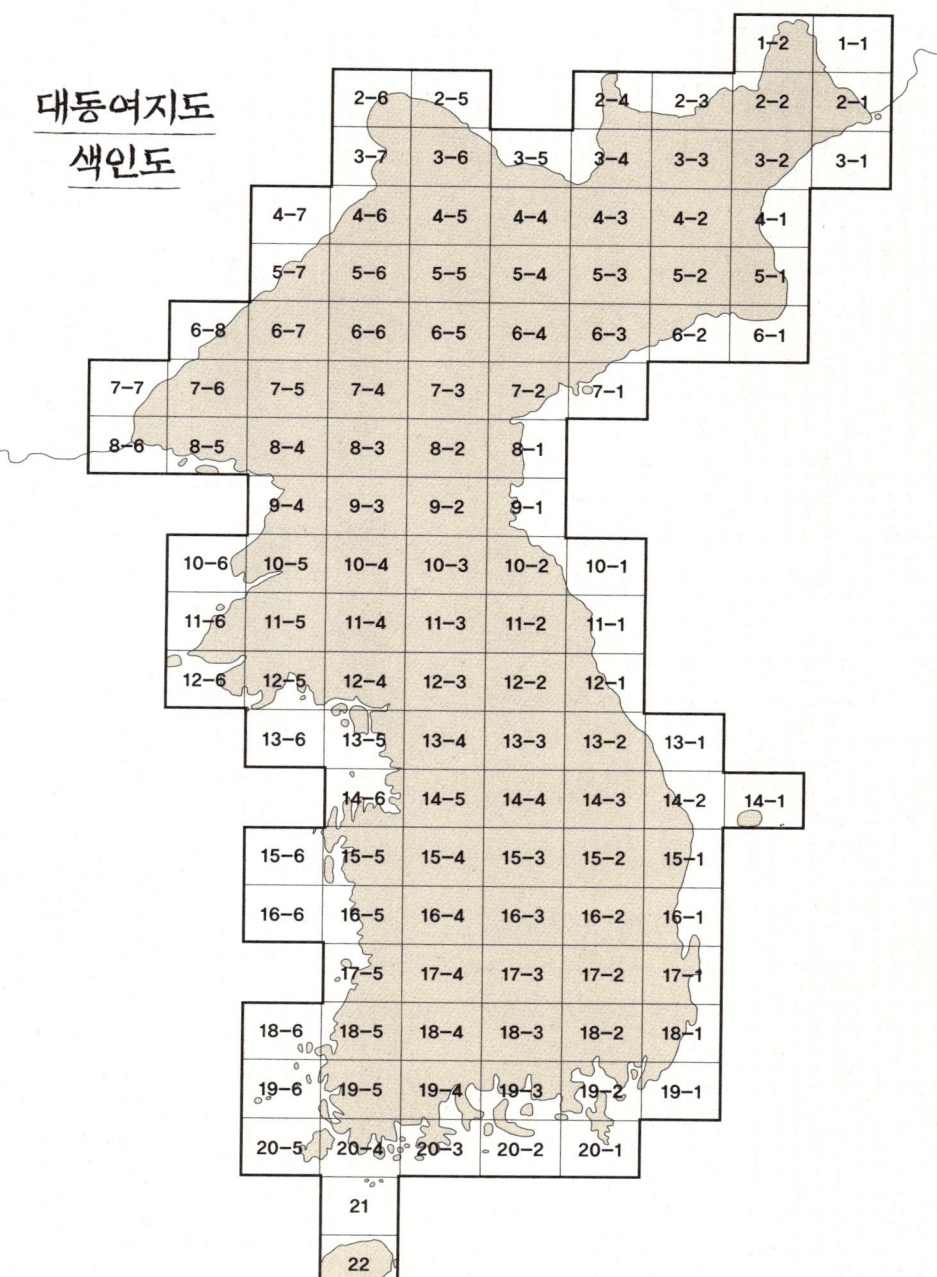

15-5 서산 · 홍주 · 보령 188
15-6 안흥 190
16-1 영덕 · 청하 · 흥해 192
16-2 의성 · 군위 · 의흥 194
16-3 상주 · 선산 · 영동 196
16-4 옥천 · 연산 · 익산 198
16-5 부여 · 서천 · 옥구 200
16-6 어청 202
17-1 영일 · 장기 · 경주 204
17-2 영천 · 대구 · 청도 206
17-3 성주 · 거창 · 합천 208
17-4 진안 · 전주 · 임실 210
17-5 만경 · 부안 · 고부 212
18-1 울산 · 언양 · 양산 214
18-2 밀양 · 김해 · 창원 216
18-3 함양 · 의령 · 진주 218
18-4 남원 · 구례 · 담양 220
18-5 고창 · 영광 · 광주 222
18-6 지도 · 임자도 224

19-1 동래 226
19-2 웅천 · 진해 · 고성 228
19-3 사천 · 곤양 · 남해 230
19-4 순천 · 낙안 · 보성 232
19-5 나주 · 영암 · 장흥 234
19-6 다경포 · 흑산도 236
20-1 거제 238
20-2 금산 · 돌산도 240
20-3 흥양 242
20-4 해남 · 완도 244
20-5 진도 246
21 추자도 248
22 제주 · 정의 · 대정 250

한글 대동여지도 활용하기 253

# 도성도 都城圖

## 도성 안을 자세히 표현한 한양 정밀도

한양을 둘러싼 내사산 산줄기를 연결해 쌓은 한양 성곽 안을 자세히 보여 주는 지도이다. 국가 경영에 필요한 주요 건물이나 성 안의 사정을 자세히 표현하고 있는 도성도는 조선 시대 낱장으로도 인기 있는 지도였다.

| 영아 | □ 영이 있는 읍치는 표시 안함 | 읍치 | ○무성 ◯유성 | 성지 | 산성 관성 | 진보 | □무성 □유성 | 창고 | ■무성 ■유성 | 목소 | 牧 場屬 |
| --- | --- | --- | --- | --- | --- | --- | --- | --- | --- | --- | --- |
| 고현 | ●유성 ◎구읍지유성 | 고진보 | ▲ ●유성 | 역참 | ① | 방리 | ○ | 능침 | ○원내능호 | 봉수 | ▲ | 고산성 | ▲ | 도로 | 10리 2 3 4 |

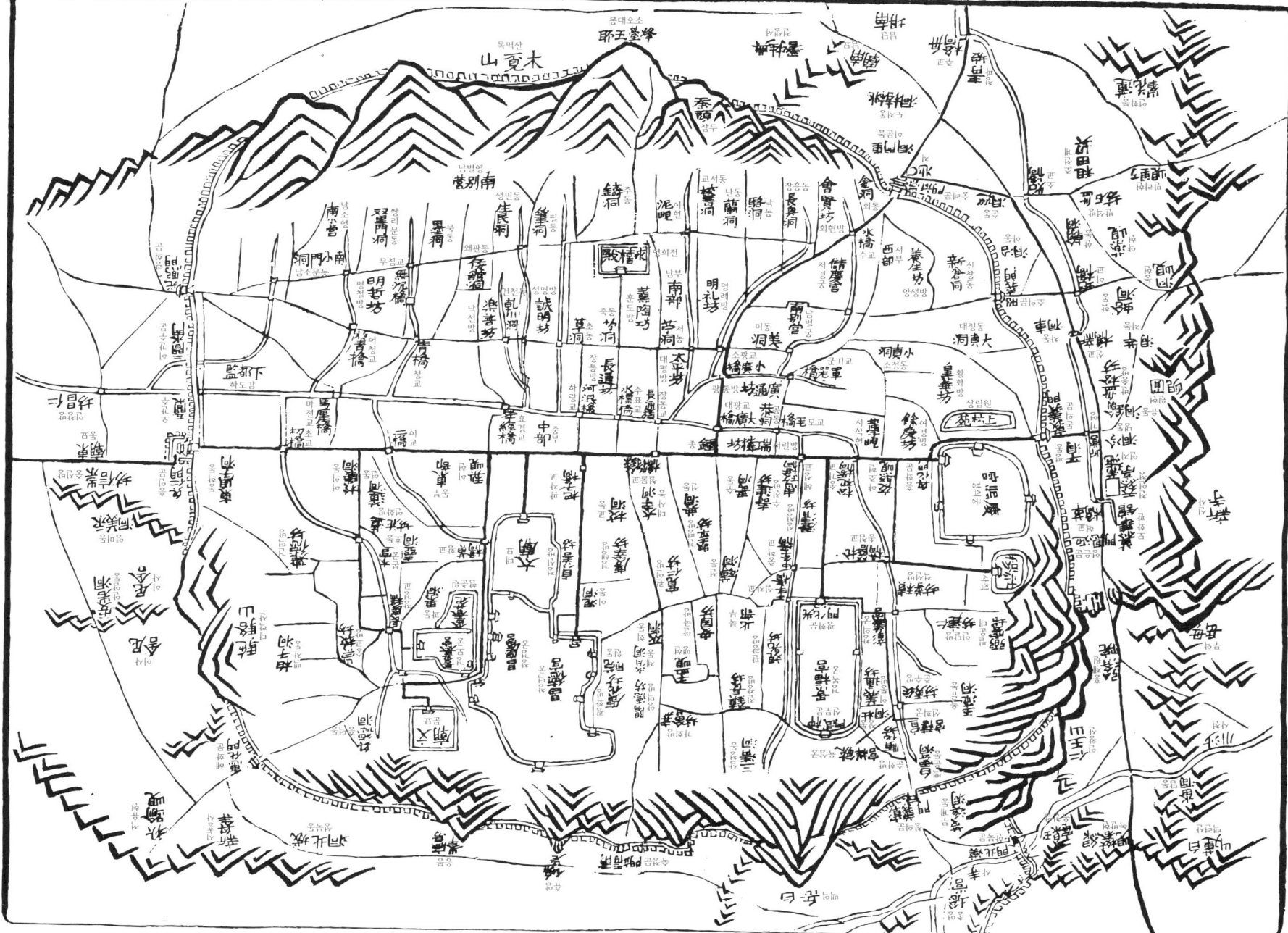

◀◀◀ (뒷면 지도) 도성도

# 경조오부도 京兆五部圖

### 성 밖 10리까지 표현한 한양 광역 지도

조선의 도읍지인 한양의 중심부와 성 밖 10리까지 한성부의 전체 구역을 넓게 보여 준다. 성 안은 간략하게 도로만 그렸고, 성 밖 지역은 산줄기와 물줄기, 도로를 중점적으로 표현하고 있다.

| 영아 | □ 영아 있는 읍치는 표시 안함 | 읍치 | ○ 무성 ◎ 유성 | 성지 | 산성 관성 | 진보 | □ 무성 ▣ 유성 | 창고 | ■ 무성 ▣ 유성 | 목소 | 田 牧 場屬 |
| 고현 | ● 유성 ◎ 구읍지 유성 | 고진보 | ▲ ● 유성 | 역참 | ① | 방리 | ○ | 능침 | ○ 원내 능호 | 봉수 | ▲ | 고산성 | ▲ | 도로 | 10리 2 3 4 |

경조오부도

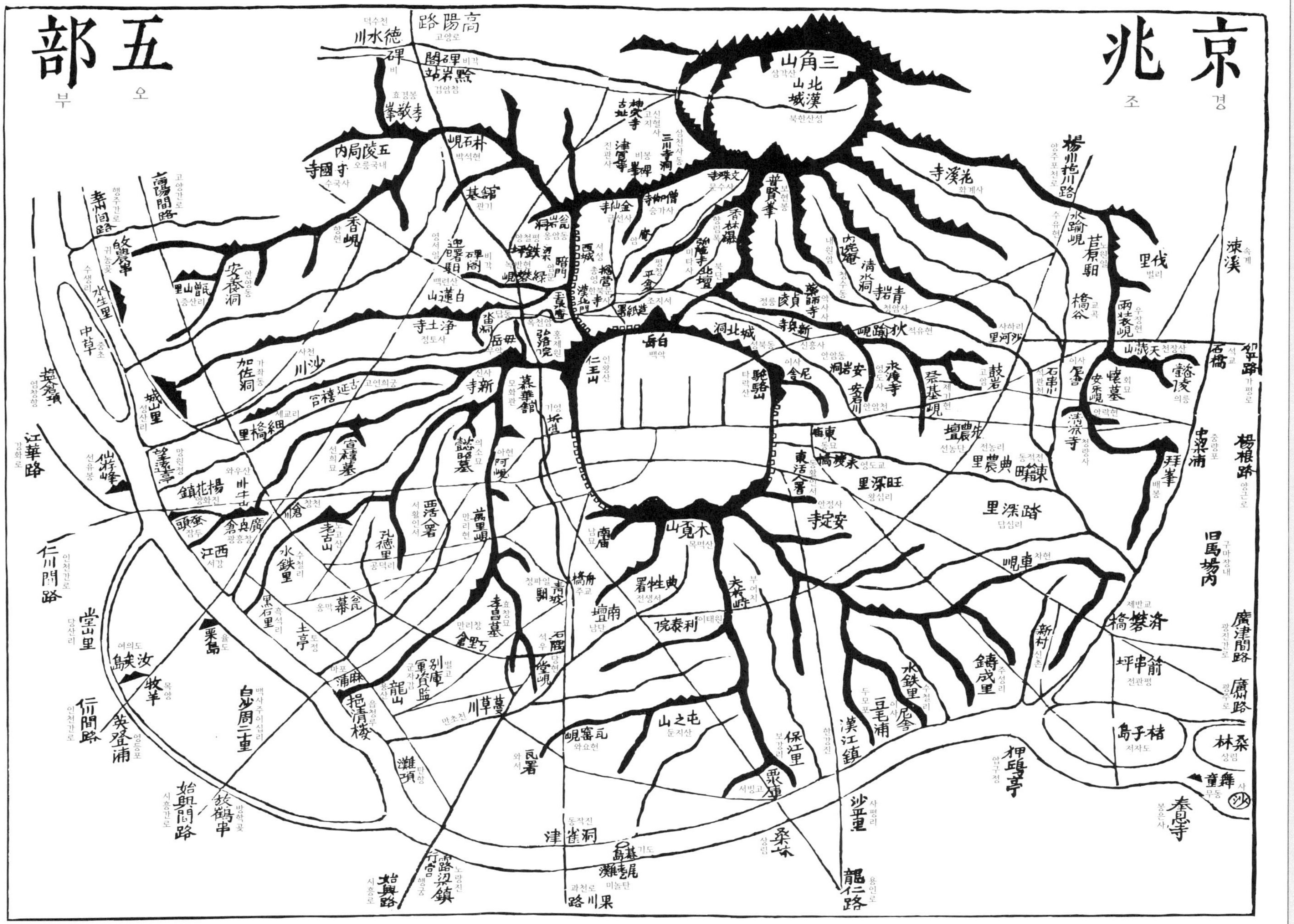

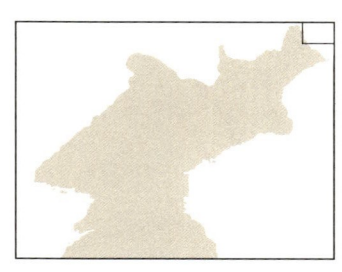

# 1-1 훈융 訓戎 안원 安原

**여진의 침입을 막는 진보, 훈융**

두만강 중하류, 동북 6진의 하나인 함경도 경원 지역이다. 강줄기를 따라 훈융, 안원 등 여진의 침입을 막기 위해 설치한 진보와 서수라에서 한양을 연결하는 봉수들도 보인다.

|  |  |  |
|---|---|---|
| 1-2 | 1-1 |  |
| 2-2 | 2-1 |  |

| 영아 | 영이 있는 읍치는 표시 안함 | 읍치 | ○무성 ◎유성 | 성지 | 산성 관성 | 진보 | □무성 □유성 | 창고 | ■무성 ■유성 | 목소 | 牧 場屬 |
| 고현 | ●◎유성 구읍지유성 | 고진보 | ▲ ▲유성 | 역참 | ① | 방리 | ○ | 능침 | ○원내 능호 | 봉수 | ▲ | 고산성 | ▲ | 도로 | 10리 2 3 4 |

每方十里
매방10리

每片
縱百二十重
橫八十重
횡80리
종120리

西里
14리

◀◀◀ (뒷면 지도) 1-1 훈융·안원

## 1-2 온성 穩城 종성 鐘城 경원 慶源

**우리 국토의 최북단, 온성**

강줄기에 '두만강'이라는 지명이 선명한 이 일대는 우리 국토 최북단에 해당되는 함경도 국경 지역이다. 세종 때 김종서가 여진족을 몰아내고 개척한 동북 6진의 최북단 지역이기도 하다.

|  |  |  |
|---|---|---|
|  | 1-2 | 1-1 |
| 2-3 | 2-2 | 2-1 |

| 영아 | 영이 있는 읍치는 표시 안함 | 읍치 | ○무성 ◎유성 | 성지 | ⛰산성 관성 | 진보 | □무성 ▣유성 | 창고 | ■무성 ■유성 | 목소 | 🏞 牧 場屬 |
|---|---|---|---|---|---|---|---|---|---|---|---|
| 고현 | ●◉유성 ◎구읍지 유성 | 고진보 | ▲▲유성 | 역참 | ① | 방리 | ○ | 능침 | ○원내 능호 | 봉수 | ▲ 고산성 ▲ 도로 10리 2 3 4 |

## 地圖標 （지도표）

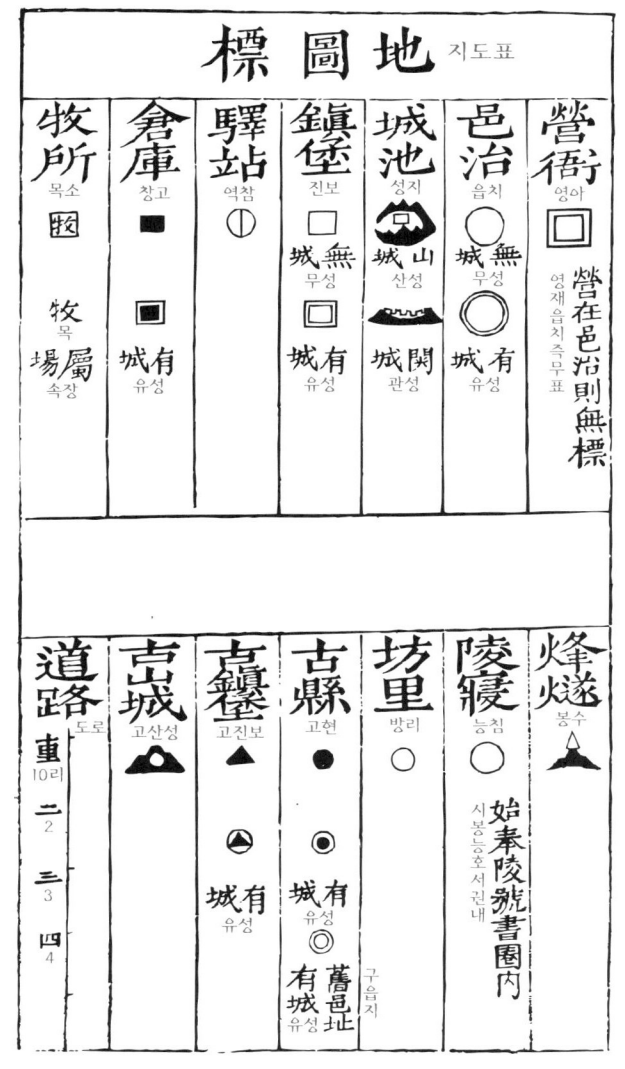

| 營衙 영아 | 邑治 읍치 | 城池 성지 | 鎮堡 진보 | 驛站 역참 | 倉庫 창고 | 牧所 목소 |
|---|---|---|---|---|---|---|
| 營在邑治則無標 영재읍치즉무표 | 無城 무성 / 有城 유성 / 城關 관성 | 城 山 城池 성지 / 城有 유성 | 無城 무성 / 城有 유성 | ① 역참 | ■ 城有 유성 | 牧場 목장 / 屬場 속장 |

| 烽燧 봉수 | 陵寢 능침 | 坊里 방리 | 古縣 고현 | 古鎮堡 고진보 | 古山城 고산성 | 道路 도로 |
|---|---|---|---|---|---|---|
| ○ 始奉陵號書圈內 시봉능호서권내 | ○ | ● | ● 城有 유성 / ◎ 舊邑址 구읍지 有城 유성 | ▲ 城有 유성 | ▲ | 重 10리 二 2 三 3 四 4 |

---

豆滿江 두만강 · 分東江 분동강 · 小豆滿江 소두만강

穩城 온성 · 鍾城 종성 · 慶源 경원 · 慶興 경흥 · 慶關嶺 경관령

城古 고성 · 柔遠 유원 · 豐川 풍천 · 浦項 포항 · 美錢 미전 · 北松山 북송산

山駞橐 탁타산 · 右地山 우지산 · 山乙仇 구을산 · 洞弁邑 걸오동 · 岑土國 국사령 · 山火市 시화산 · 件加坬 건가되

時建 시건 · 灘犬 견탄 · 水達 수달 · 汭浦 예포 · 厚浦 후포 · 庿后 묘후 · 南山 남산 · 南山川 남산천 · 香峴 향현 · 城拓黃 황척파

小洞之 소아지동 · 立岩 입암 · 黃拓坂 황척파 · 中峯 중봉

小洞童 소동건 · 甫靑洞 보청동 · 城山 산성 · 運住山 운주산 · 土堡 토보 · 長忠洞 장충동 · 山乳馬 마유산 · 川下乭 솔하천

達關 관달 · 小川 소천 · 深浦山 심포산 · 馬乳 마유

城長 장성문 · 國師堂岑 국사당령 · 甑山 증산 · 會家川 회가천

鍾城 종성 · 慶鍾 경종 · 鷹谷 응곡 · 木洞岑 화동령 · 農圍川 농위천

三峯 삼봉 · 香峴 향현 · 禁山 금산 · 西豐 서풍 · 西豐川 서풍천 · 東豐 동풍 · 山我惠 혜아산 · 林洞川 임성동천 · 山峯雲 운봉산

島乫吾 오갈암 · 廣德山 광덕산 · 羅端山 나단산

防垣 방원 · 小白山 소백산 · 浦項 포항 · 窟山 굴산 · 金迪谷 금적곡 · 茂家岑 무수령 · 三進坌 삼락동

◀◀◀ (뒷면 지도) 1-2 온성·종성·경원

## 2-1 경흥慶興 녹둔도鹿屯島

**이순신 장군의 첫 백의종군지, 경흥**

세종 때 개척한 동북 6진 중 두만강 가장 하류에 위치한 경흥 지역이다. 두만강 하구의 녹둔도는 조선 후기까지 우리 땅이었으나 1860년 베이징조약으로 현재는 러시아 영토로 편입된 상태이다.

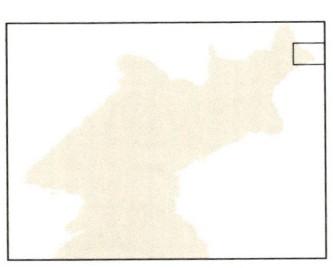

| 1-2 | 1-1 | |
|---|---|---|
| 2-2 | 2-1 | |
| 3-2 | 3-1 | |

| 영아 | □ 영이 있는 읍치는 표시 안함 | 읍치 | ○무성 ◯유성 | 성지 | 🏔산성 ⛰관성 | 진보 | □무성 ■유성 | 창고 | ■무성 ■유성 | 목소 | 田 牧 場屬 |
| 고현 | ●◉유성 ◎구읍지 유성 | 고진보 | ▲●유성 | 역참 | ① | 방리 | ○ | 능침 | ○원내 능호 | 봉수 | ▲ | 고산성 | ▲ | 도로 | 10리 2 3 4 |

2-1 경흥·녹둔도

## 2-2 회령會寧 행영行營

**동북 6진의 두만강 최상류 국경 고을, 회령**

두만강 중류 지역으로서 동북 6진의 하나인 함경도 회령이 보인다. 국경답게 여진족의 침입에 대비하기 위해 강변을 따라 수많은 진보와 봉수를 설치하였다.

|  | 1-2 | 1-1 |
|---|---|---|
| 2-3 | 2-2 | 2-1 |
| 3-3 | 3-2 | 3-1 |

영아 ▢ 영이 있는 읍치는 표시 안함    읍치 ○무성 ◯유성    성지 산성 관성    진보 □무성 ▣유성    창고 ■무성 ■유성    목소 牧 場屬

고현 ●유성 ◎구읍지 유성    고진보 ▲ ●유성    역참 ①    방리 ○    능침 ○원내 능호    봉수 ▲    고산성 ▲    도로 10리 2 3 4

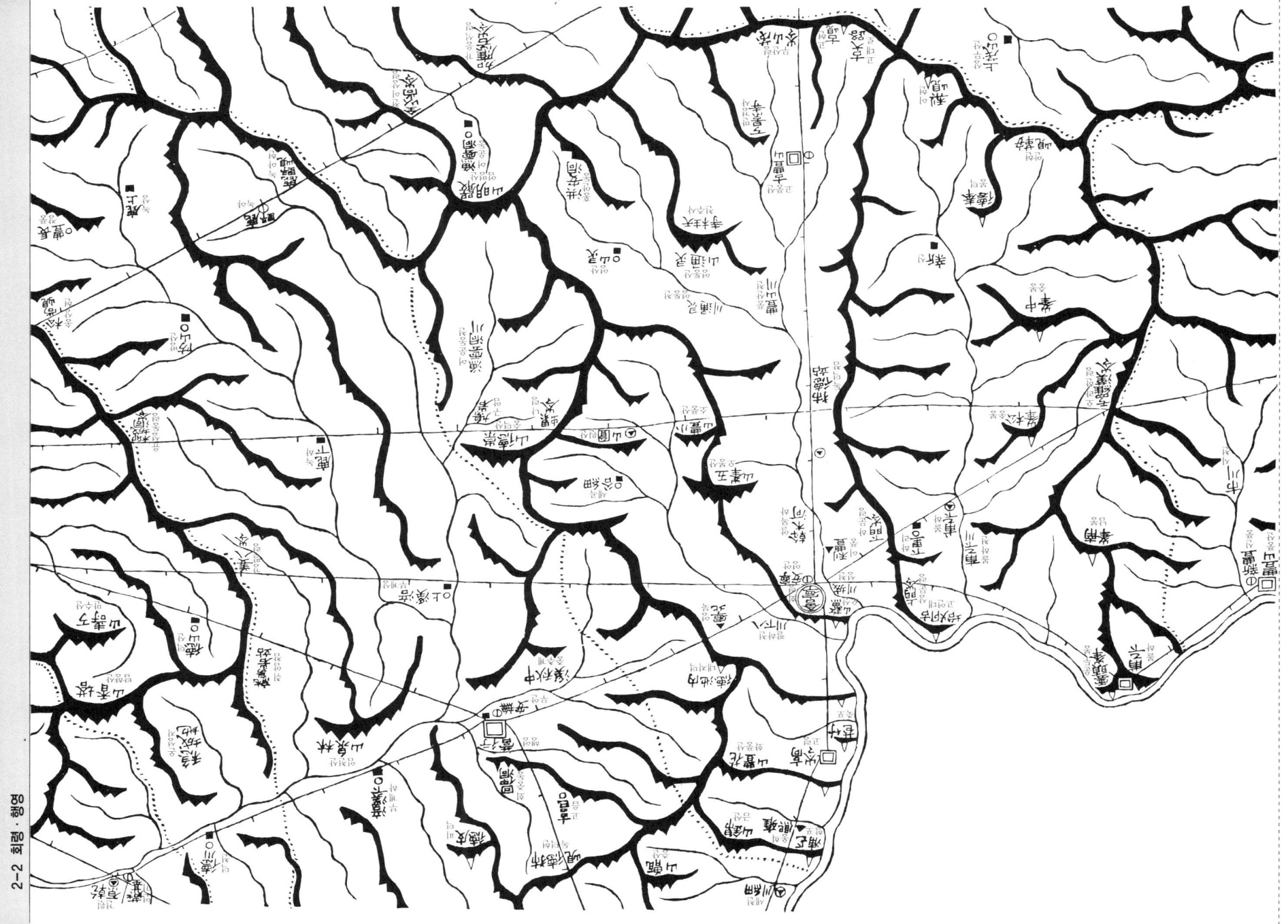

◀◀◀ (뒷면 지도) 2-2 회령·행영

## 2-3 무산 茂山

**백두산 아래 터 잡은 하늘 아래 첫 고을, 무산**

두만강 상류의 함경도 무산은 백두산 아래 첫 고을이요, 하늘 아래 첫 고을이다.
무산을 중심으로 역로와 봉수가 잘 나타나 있으나 백두산 가깝게 갈수록 정보가 적어진다.

|  |  | 1-2 |
|---|---|---|
| 2-4 | 2-3 | 2-2 |
| 3-4 | 3-3 | 3-2 |

| 영아 | □ 영이 있는 읍치는 표시 안함 | 읍치 ○무성 ◎유성 | 성지 ⛰산성 〰관성 | 진보 □무성 ■유성 | 창고 ■무성 ■유성 | 목소 ⊞ 牧 場屬 |
|---|---|---|---|---|---|---|
| 고현 ●◎유성 ◎구읍지 유성 | | 고진보 ▲ ▲유성 | 역참 ① | 방리 ○ | 능침 ○원내 능호 | 봉수 ▲ | 고산성 ⛰ | 도로 10리 2 3 4 |

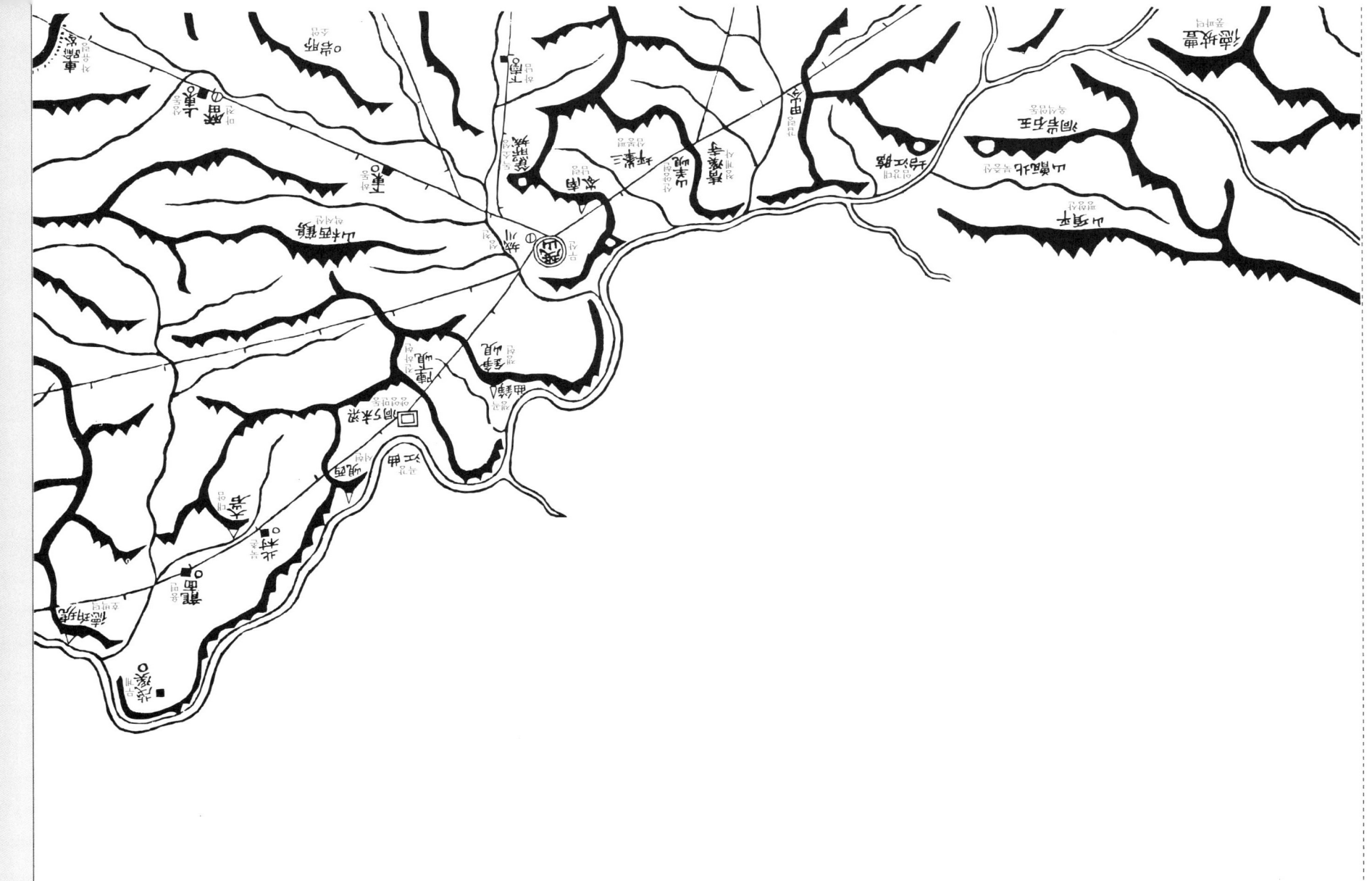

◀◀◀ (뒷면 지도) 2-3 무산

## 2-4 백두산 白頭山 천평 天坪

**단군이 신시를 세운 배달겨레의 영산, 백두산**

우리 민족의 영산인 백두산은 어느 산보다 특별히 신령스런 느낌으로 표현하였다. 예로부터 '대지'라고 불리던 천지, 청나라와 국경을 정하고 세운 정계비와 석퇴, 목책 등이 보인다.

|  |  |  |
|---|---|---|
|  | 2-4 | 2-3 |
| 3-5 | 3-4 | 3-3 |

| 영아 | 영이 있는 읍치는 표시 안함 | 읍치 | ○무성 ◎유성 | 성지 | 산성 관성 | 진보 | □무성 ■유성 | 창고 | ■무성 ■유성 | 목소 | 牧 場屬 |
|---|---|---|---|---|---|---|---|---|---|---|---|
| 고현 | ●◉유성 ◎구읍지유성 | 고진보 | ▲▲유성 | 역참 | ① | 방리 | ○ | 능침 | ○원내능호 | 봉수 | ▲ 고산성 ▲ 도로 10리 2 3 4 |

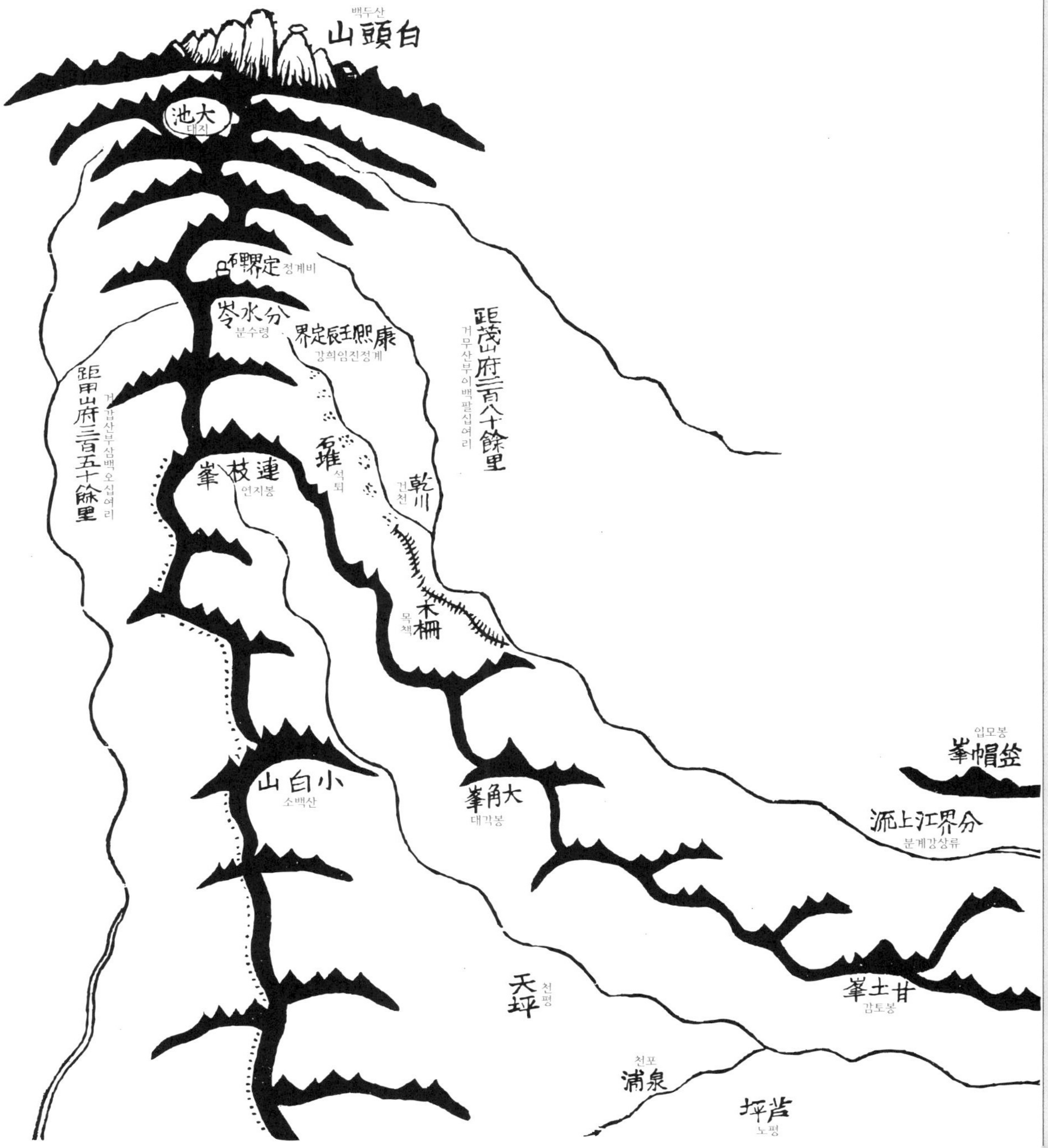

2-4 백두산·천평

白頭山 백두산

大池 대지

定界碑 정계비

分水岑 분수령

康熙王辰定界 강희임진정계

距茂山府二百八十餘里 거무산부이백팔십여리

距甲山府三百五十餘里 거갑산부삼백오십여리

連枝峯 연지봉

石堆 석퇴

乾川 건천

木柵 목책

小白山 소백산

大角峯 대각봉

笠帽峯 입모봉

分界江上流 분계강상류

天坪 천평

甘土峯 감토봉

泉浦 천포

苫坪 노평

◀◀◀ (뒷면 지도) 2-4 백두산·천평

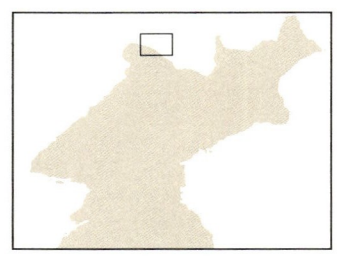

## 2-5 여연 閭延

**강이 얼면 여진족 넘어오던 여연**

압록강 중상류의 함경도 후주 지역이다. 세종 때 서북방에 개척한 4군의 하나인 여연이 위치한다. 하지만 세조 때 폐군이 되면서 고현이 되었다.

|  |  |  |
|---|---|---|
|  |  |  |
| 2-6 | 2-5 |  |
| 3-7 | 3-6 | 3-5 |

| 영아 ☐ 영이 있는 읍치는 표시 안함 | 읍치 ○무성 ◎유성 | 성지 ⛰산성 ⛰관성 | 진보 ☐무성 ■유성 | 창고 ■무성 ■유성 | 목소 🅖 牧 場屬 |
|---|---|---|---|---|---|
| 고현 ●◉유성 ◎구읍지유성 | 고진보 ▲ ▲유성 | 역참 ① | 방리 ○ | 능침 ○원내 능호 | 봉수 ▲ | 고산성 ▲ | 도로 10리 2 3 4 |

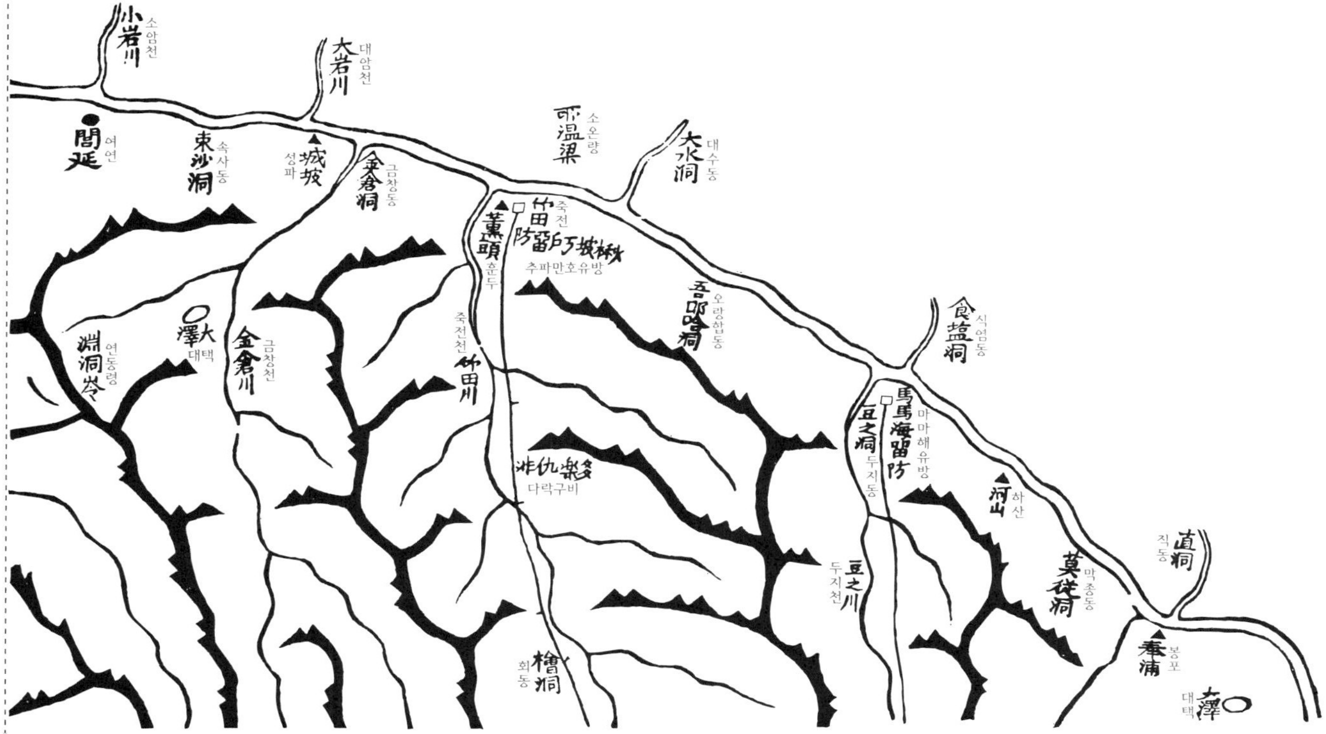
小岩川 소암천
大岩川 대암천
閭延 여연
東沙洞 속사동
城坡 성파
金倉洞 금창동
所溫梁 소온량
大水洞 대수동
竹田 죽전
董頭 춘두
楸坡萬戶留防 추파만호유방
吾郎合洞 오랑합동
淵洞嶺 연동령
大澤 대택
金倉川 금창천
竹田川 죽전천
食塩洞 식염동
馬馬海留防 마마해유방
豆之洞 두지동
多樂仇非 다락구비
河山 하산
直洞 직동
莫從洞 막종동
豆之川 두지천
檜洞 회동
奉浦 봉포
大澤 대택

◀◀◀ (뒷면 지도) 2-5 여연

## 2-6 중강동구평 中江洞口坪

**한반도에서 가장 추운 곳으로 알려진 고을, 중강동구평**

압록강 중류의 중강진 지역으로서 조선 초기에는 4군의 하나인 평안도 여연 땅이었고, 후기에는 함경도 후주에 속하였다. 고진보 외에는 도로나 봉수 정보가 전혀 없다.

|  |  |  |
|---|---|---|
|  | 2-6 | 2-5 |
|  | 3-7 | 3-6 |

| 영아 | 영이 있는 읍치는 표시 안함 | 읍치 ○무성 ◎유성 | 성지 산성 관성 | 진보 □무성 ■유성 | 창고 ■무성 ■유성 | 목소 牧 場屬 |
| 고현 ●◉유성 ◎구읍지 유성 | 고진보 ▲ ●유성 | 역참 ① | 방리 ○ | 능침 ○원내 능호 | 봉수 ▲ | 고산성 ▲ | 도로 10리 2 3 4 |

2-6 중영동구펌

## 3-1 대초도 大草島 신진 新津

**조선 최고의 갑부를 탄생시킨 섬, 대초도**

조선 초기 동북 6진에 포함된 지역이었다. 해안가에 부령에서 경흥을 잇는 도로가 나 있는데, 신진은 대초도와 소초도가 천혜의 방파제 역할을 하는 지금의 나진항 일대다.

| 2-2 | 2-1 | |
|---|---|---|
| 3-2 | 3-1 | |
| 4-1 | | |

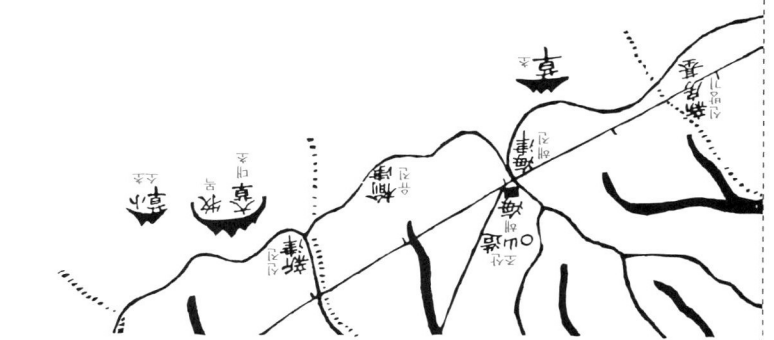

3-1 대초도·신진

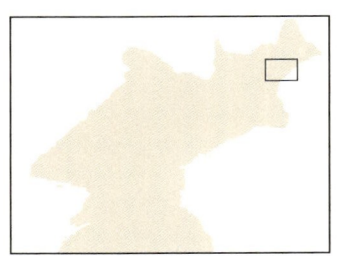

## 3-2 부령 富寧 어유간 魚游澗

**동북 6진 최후방의 지휘 본부, 부령**

동북 6진 중 가장 후방에 있는 부령은 조선 초기 세종 때 김종서가 6진을 개척할 때 총 지휘 본부 역할을 하던 곳이다. 청암산과 타락산 사이의 청진은 지금의 청진항이다.

| 2-3 | 2-2 | 2-1 |
|---|---|---|
| 3-3 | 3-2 | 3-1 |
| 4-2 | 4-1 | |

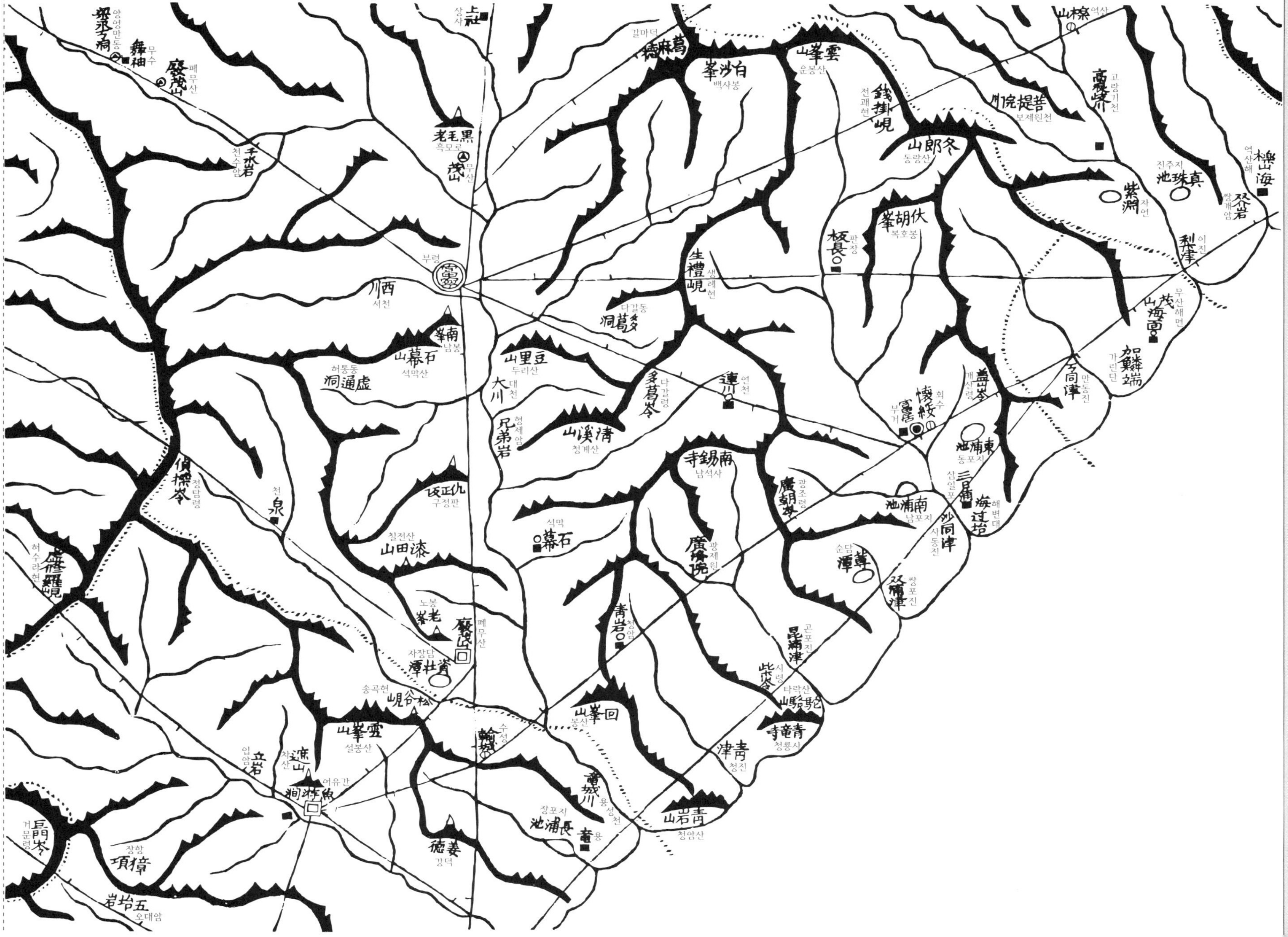
상사
양영만동
무수
폐무산
갈마덕
백사봉
운봉산
전괘현
보제원천
고랑기천
흑모로
무산
천수암
동랑산
역산해
진주지
자연
쌍개암
복호봉
판장
이진
부령
서천
생례현
다갈동
무산해면
남봉
석막산
허통동
두리산
대천
다갈령
연천
가린단
만동진
개산령
회수
부거
형제암
청계산
남석사
동포지
청담령
천
구정판
광조령
삼일포
남포지
해변대
석막
사동진
칠전산
광제원
순담
허수라현
노봉
쌍포진
폐무산
청암
곤포진
자장담
시령
송곡현
타락산
봉산
수성
설봉산
청룡사
읍암
차산
청진
어유간
용성천
장포지
거문령
장항
강덕
청암산
오대암

◀◀◀ (뒷면 지도) 3-2 부령·어유간

## 3-3 삼산三山 연면延面

**백무고원의 높고 깊은 산골, 연면**

지도에 나타난 지역은 함경북도 무산 지역으로 백무고원의 일부다. 두만강 지류 가운데 규모가 큰 하천들이 모두 이곳을 흘러간다. 우측 하단의 마유령은 장백정간이다.

| 2-4 | 2-3 | 2-2 |
| --- | --- | --- |
| 3-4 | 3-3 | 3-2 |
| 4-3 | 4-2 | 4-1 |

| 영아 | 영이 있는 읍치는 표시 안함 | 읍치 ○무성 ◎유성 | 성지 산성 관성 | 진보 □무성 ▣유성 | 창고 ■무성 ■유성 | 목소 牧 場屬 |
| --- | --- | --- | --- | --- | --- | --- |
| 고현 ●◎유성 구읍지 유성 | | 고진보 ▲●유성 | 역참 ① 방리 ○ | 능침 ○원내 능호 | 봉수 ▲ 고산성 ▲ | 도로 10리 2 3 4 |

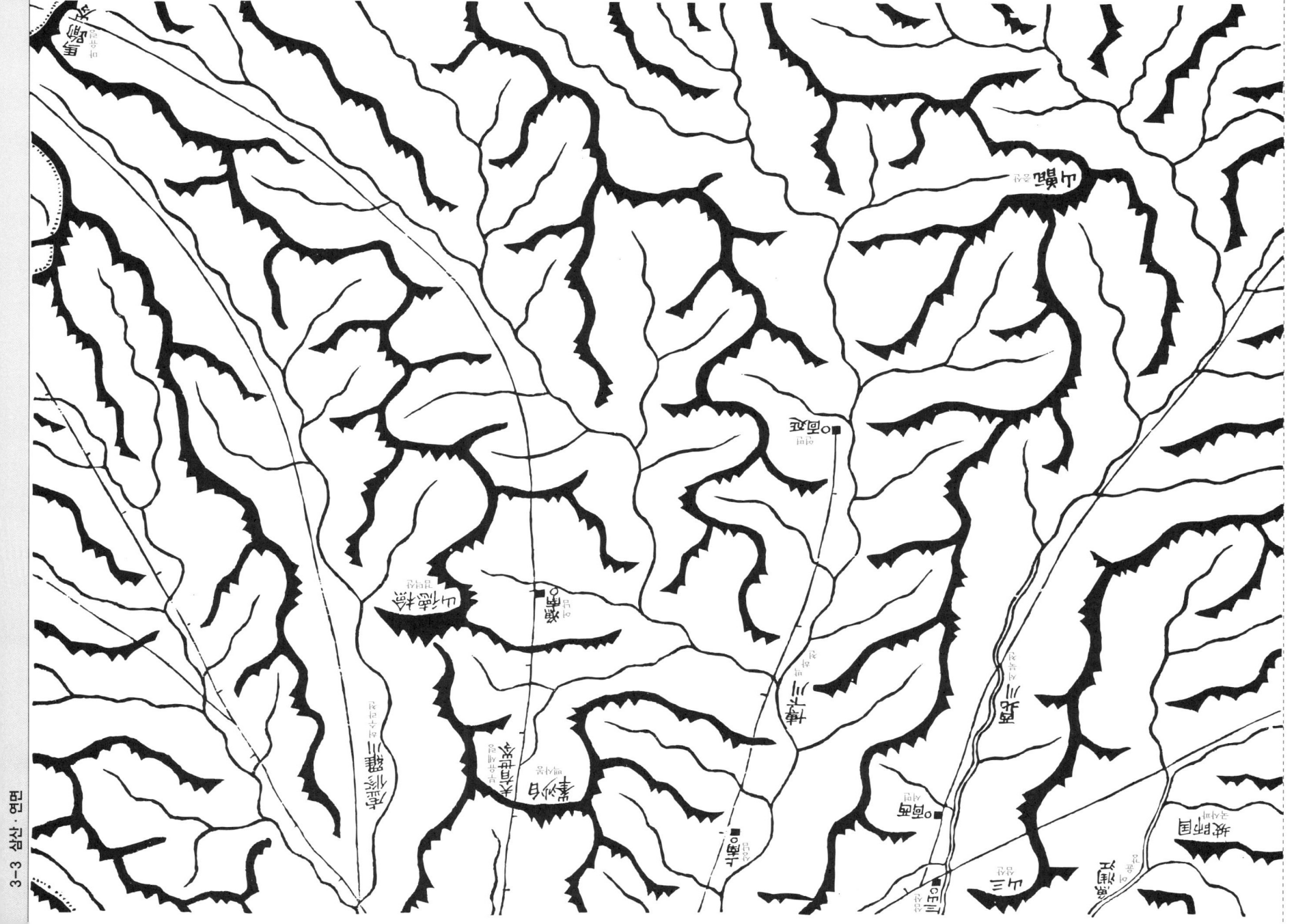

◀◀◀ (뒷면 지도) 3-3 삼산·연면

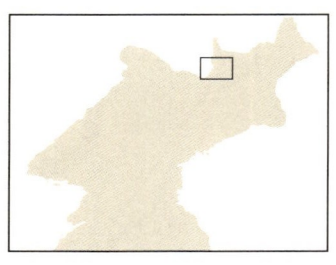

## 3-4 혜산惠山 삼지三池

**압록강 최상류 요새, 혜산**

가운데 동남 방향으로 뻗은 굵은 산줄기는 백두대간이다. 그 서쪽의 쌍선 하천은 압록강 본류, 동쪽은 두만강 수계다. 서남쪽에는 압록강 최상류의 진보인 혜산진이 보인다.

|  | 2-4 | 2-3 |
|---|---|---|
| 3-5 | 3-4 | 3-3 |
| 4-4 | 4-3 | 4-2 |

| 영아 □ 영이 있는 읍치는 표시 안함 | 읍치 ○무성 ◎유성 | 성지 산성 관성 | 진보 □무성 ■유성 | 창고 ■무성 ■유성 | 목소 囿 牧 場屬 |
| 고현 ●유성 ◎구읍지 유성 | 고진보 ▲ ◬ 유성 | 역참 ① | 방리 ○ | 능침 ○원내 능호 | 봉수 ▲ | 고산성 ▲ | 도로 10리 2 3 4 |

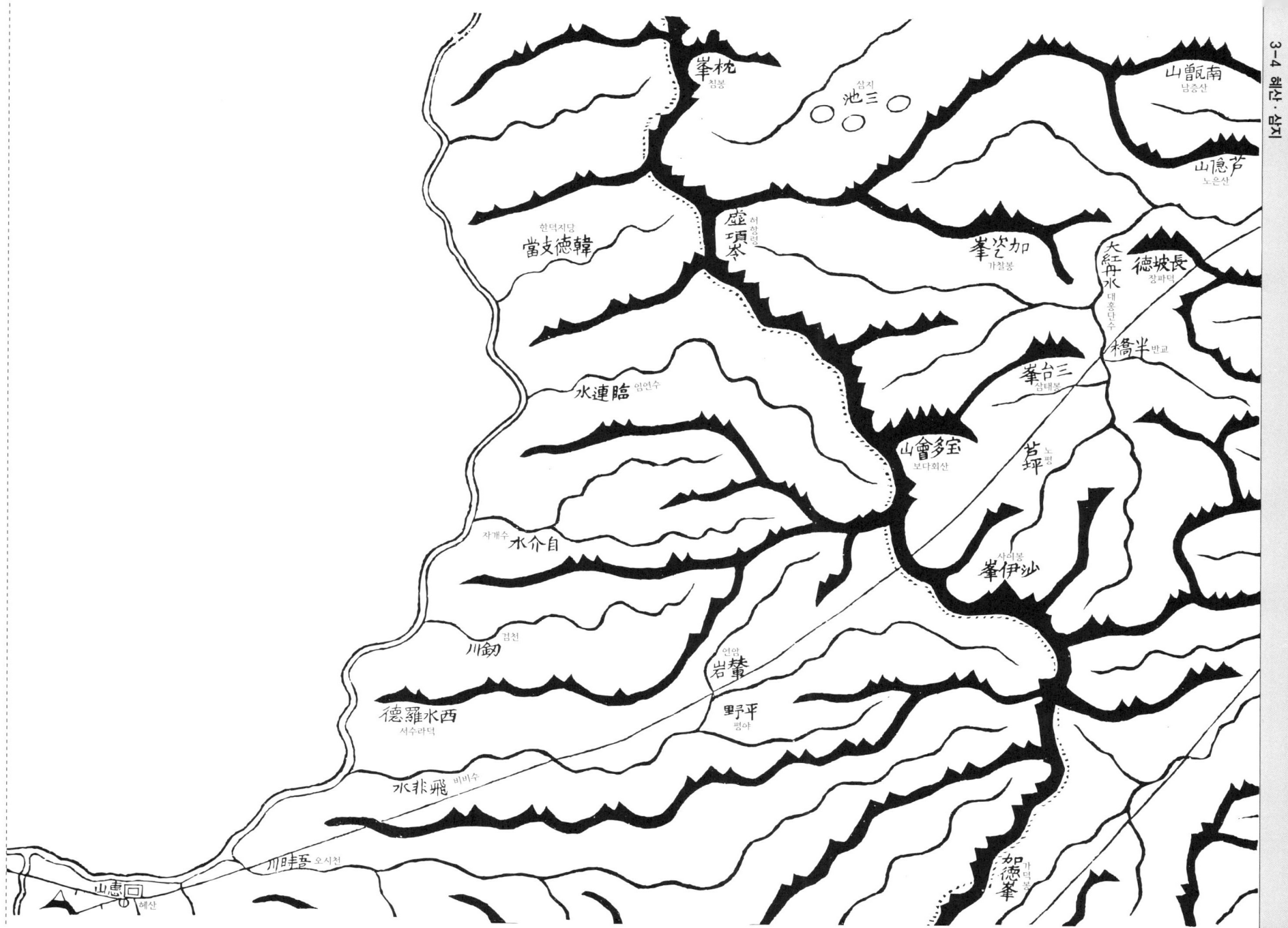

◀◀◀ (뒷면 지도) 3-4 혜산·삼지

## 3-5 후주厚州 장진강長津江

**압록강 너머 중국 땅이 한눈에 들어오는 요새, 후주**

압록강을 따라 여진의 침략을 방어하기 위해 설치한 진보와 봉수가 즐비하다.
함경도 후주 지역이다. 강변의 도로는 모두 삼수부로 연결된다.

| 2-5 |     | 2-4 |
| --- | --- | --- |
| 3-6 | 3-5 | 3-4 |
| 4-5 | 4-4 | 4-3 |

| 영아 | 영이 있는 읍치는 표시 안함 | 읍치 | ○무성 ◎유성 | 성지 | 산성 관성 | 진보 | □무성 ▣유성 | 창고 | ■무성 ■유성 | 목소 | 牧 場屬 |
| 고현 | ●◎유성 구읍지 유성 | 고진보 | ▲▲유성 | 역참 | ① | 방리 | ○ | 능침 | 원내 능호 | 봉수 | ▲ | 고산성 | ▲ | 도로 | 10리 2 3 4 |

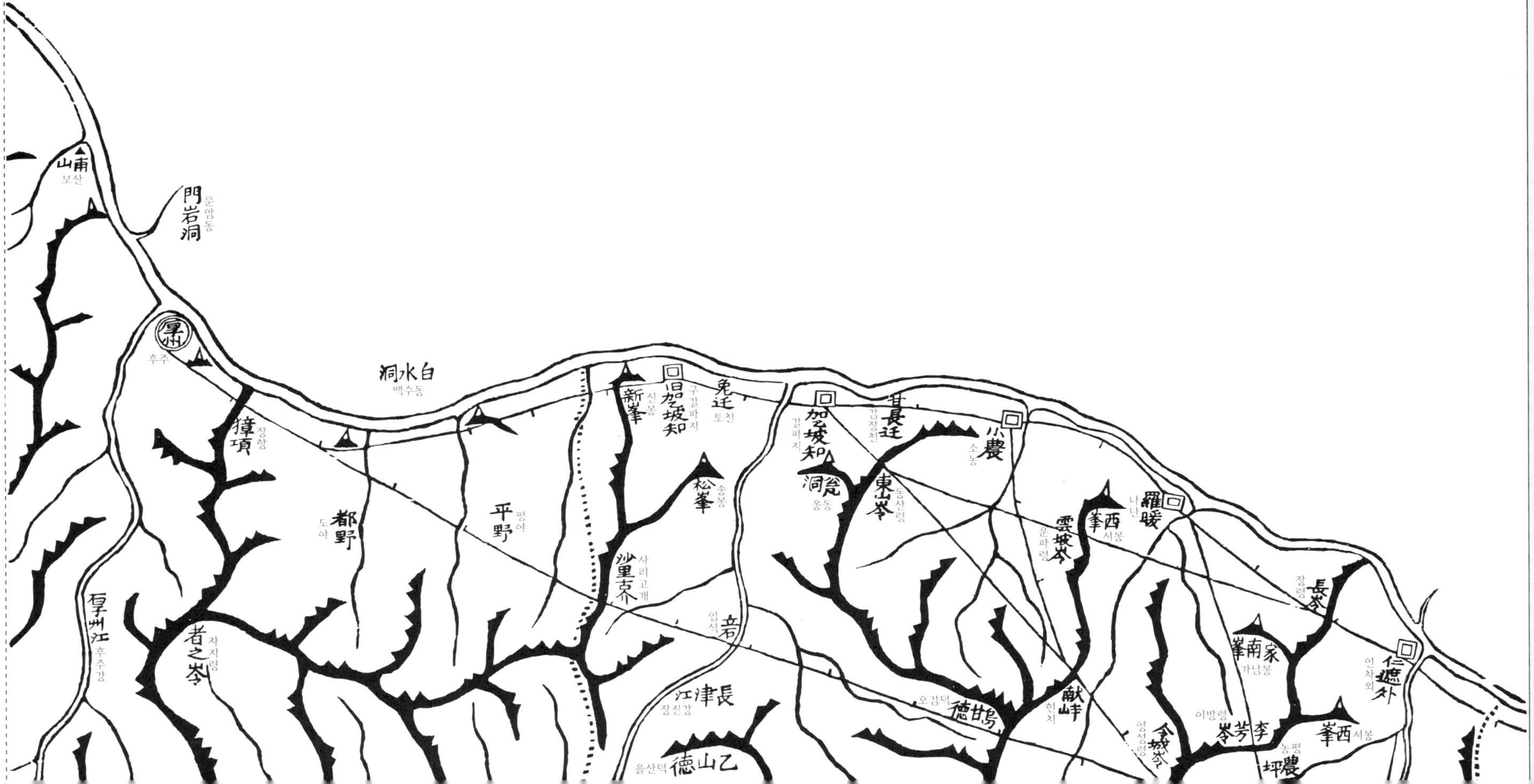
甫山 보산
門岩洞 문암동
厚州 후주
白水洞 백수동
獐項 장항
都野 도야
平野 평야
新峯 신봉
舊乫坡知 구갈파지
兎迁 토천
松峯 송봉
沙里古介 사리고개
乫坡知 갈파지
瓮洞 옹동
甘長迁 감장천
東山嶺 동산령
小農 소농
雲坡嶺 운파령
西峯 서봉
羅暖 나난
長嶺 장령
家南峯 가남봉
仁遮外 인차외
厚州江 후주강
者之嶺 자지령
업석
長津江 장진강
乙山德 을산덕
烏甘德 오갑덕
獻峙 헌치
寧城嶺 영성령
李芳嶺 이방령
坪農 농평
西峯 서봉

◀◀◀ (뒷면 지도) 3-5 후주·장진강

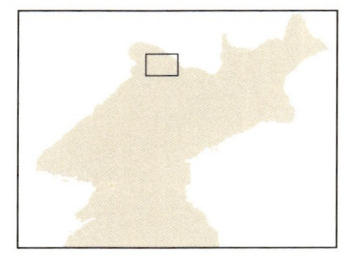

## 3-6 무창 茂昌

**서북 4군의 하나, 무창**

세종 때 서북 지역에 개척한 서북 4군의 하나인 무창군이 있던 압록강 중상류 지역이다. 압록강을 따르는 도로가 없으나, 지금은 산림철도인 혜산~만포청년선이 압록강을 따라간다.

| 2-6 | 2-5 |  |
|---|---|---|
| 3-7 | 3-6 | 3-5 |
| 4-6 | 4-5 | 4-4 |

3-6 무한

◀◀◀ (뒷면 지도) 3-6 무창

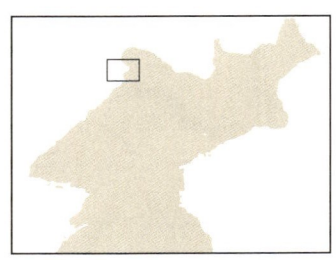

## 3-7 자성 慈城

**서북 4군의 최남단 고을, 자성**

강폭이 넓어진 압록강이 흐르는 이 지역은 세종 때 개척한 서북 4군 중 우예군과 자성군이 있던 지역이다. 압록강 기슭에는 당시 설치하였던 고진보의 흔적들이 보인다.

|  | 2-6 | 2-5 |
|---|---|---|
|  | 3-7 | 3-6 |
| 4-7 | 4-6 | 4-5 |

| 영아 | 영이 있는 읍치는 표시 안함 | 읍치 ○무성 ◎유성 | 성지 산성 관성 | 진보 □무성 ■유성 | 창고 ■무성 ■유성 | 목소 牧 場屬 |
|---|---|---|---|---|---|---|
| 고현 ●◉유성 ◎구읍지 유성 | | 고진보 ▲ ▲유성 | 역참 ① | 방리 ○ | 능침 ○원내 능호 | 봉수 ▲ | 고산성 ▲ | 도로 10리 2 3 4 |

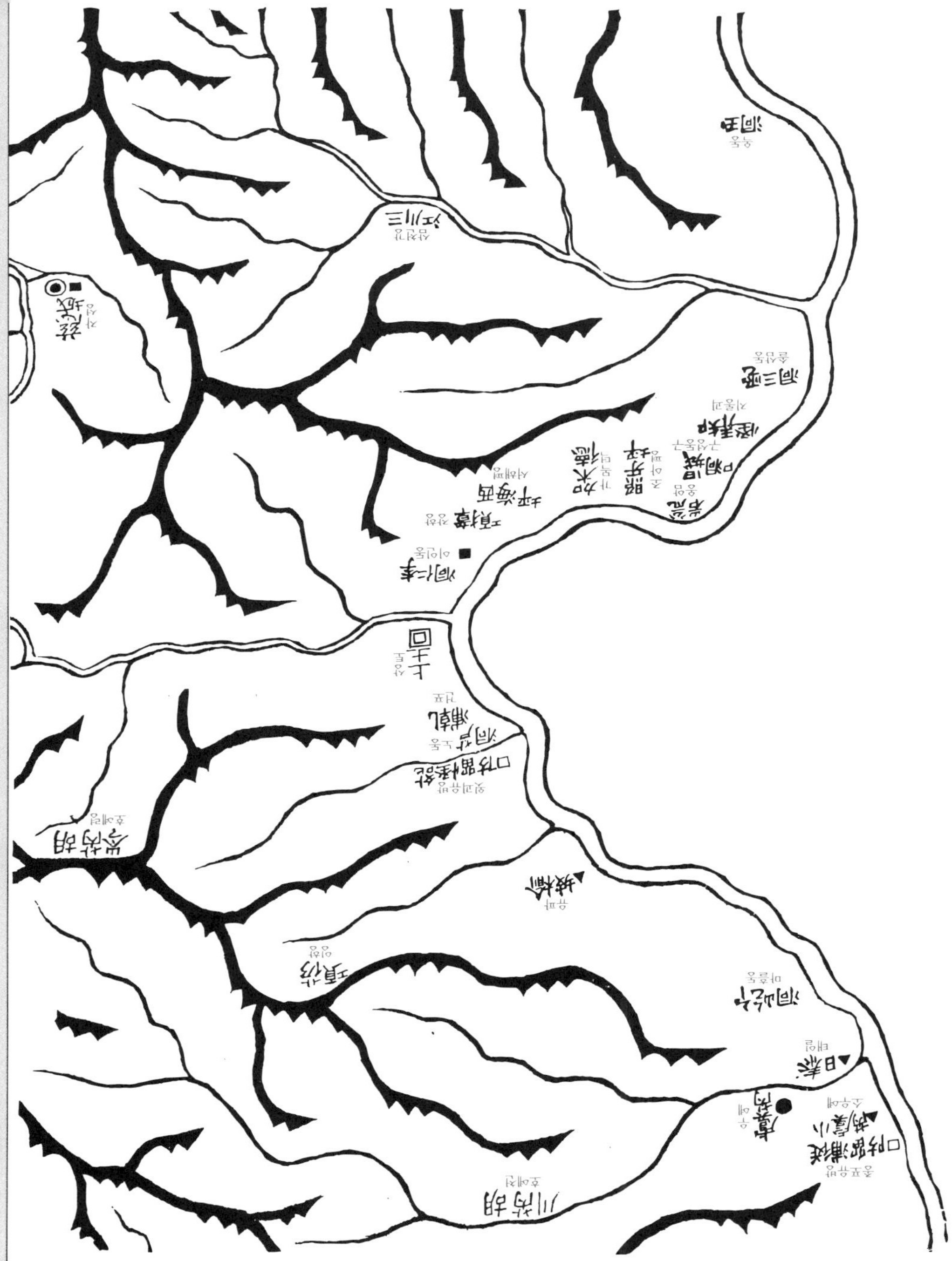

3-7 자성

川芮胡
호예천

從浦留防口
종포유방

小虞兩
소우예

▲虞芮
우예

▲泰日
태일

竹屹洞
마흘동

項汸
잉항

榆坡
유파

岑芮胡
호예령

砧恠留防口
윗괴유방

洞산
노동

乾浦
건포

上土
상토

李仁洞
이인동

獐項
장항

西海坪
서해평

德架坪
가목덕

照牙坪
조아평

岩瓮
옹암

城洞口
구성동구

知乘怪
지롱괴

瑟三洞
솔삼동

慈城
자성

三川江
삼천강

玉洞
옥동

◀◀◀ (뒷면 지도) 3-7 자성

## 4-1 경성 鏡城

**함흥과 쌍벽을 이루는 함경도 대표 고을, 경성**

함경도의 큰 고을인 경성이다. 동쪽은 동해에 접해 있고, 서쪽은 장백정간을 끼고 있는 산악지대다. 경성의 주을은 옛날부터 온천으로 유명한 고을이다.

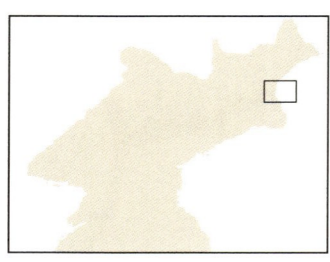

| 3-3 | 3-2 | 3-1 |
| --- | --- | --- |
| 4-2 | 4-1 |     |
| 5-2 | 5-1 |     |

| 영아 | 영이 있는 읍치는 표시 안함 | 읍치 ○무성 ◎유성 | 성지 산성 관성 | 진보 □무성 ■유성 | 창고 ■무성 ■유성 | 목소 牧 場屬 |
| --- | --- | --- | --- | --- | --- | --- |
| 고현 ●유성 ◎구읍지 유성 | | 고진보 ▲ ▲유성 | 역참 ① | 방리 ○ | 능침 ○원내 능호 | 봉수 ▲ 고산성 ▲ 도로 10리 2 3 4 |

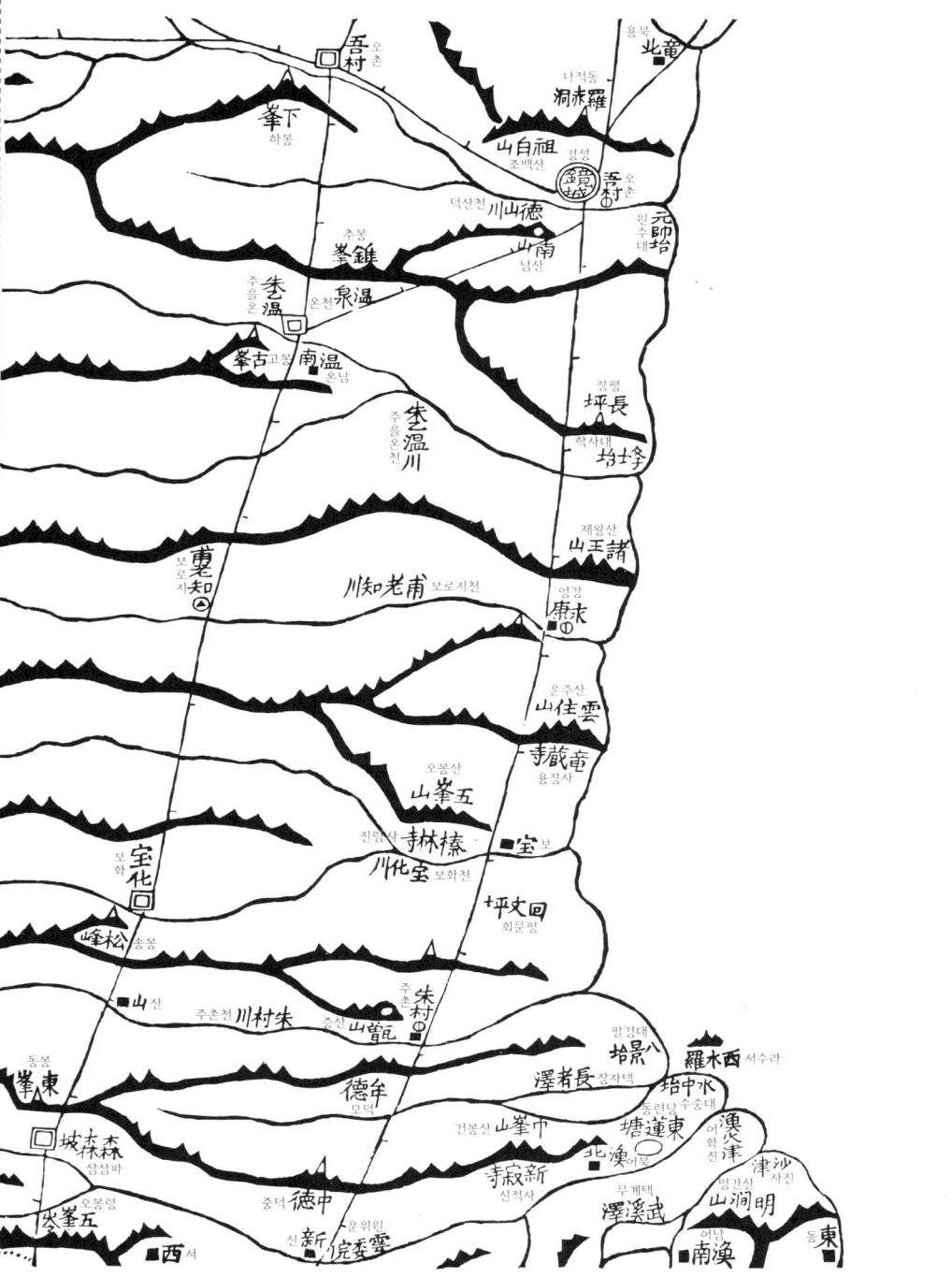

◀◀◀ (뒷면 지도) **4-1 경성**

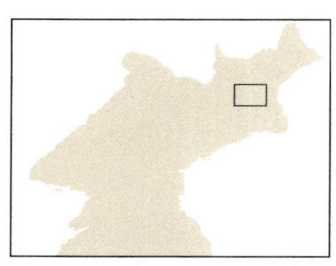

## 4-2 장백산 長白山

**장백정간의 기둥, 장백산**

어은령~기운령~참도령~증산을 잇는 산줄기는 백두대간이고, 기운령 부근에서 분기해 설령~장백산을 잇는 동북쪽 산줄기는 장백정간이다. 장백산 위치에는 현재 만탑산 등이 솟아 있는데, 깊은 산중이라 도로나 인문 정보가 거의 없다.

| 3-4 | 3-3 | 3-2 |
| --- | --- | --- |
| 4-3 | 4-2 | 4-1 |
| 5-3 | 5-2 | 5-1 |

| 영아 | 영이 있는 읍치는 표시 안함 | 읍치 ○무성 ◯유성 | 성지 산성 관성 | 진보 □무성 ▣유성 | 창고 ■무성 ■유성 | 목소 牧 場屬 |
| --- | --- | --- | --- | --- | --- | --- |
| 고현 ●◉유성 구읍지 유성 | | 고진보 ▲ ▲유성 | 역참 ① | 방리 ○ | 능침 ○원내 능호 | 봉수 ▲ | 고산성 ▲ | 도로 10리 2 3 4 |

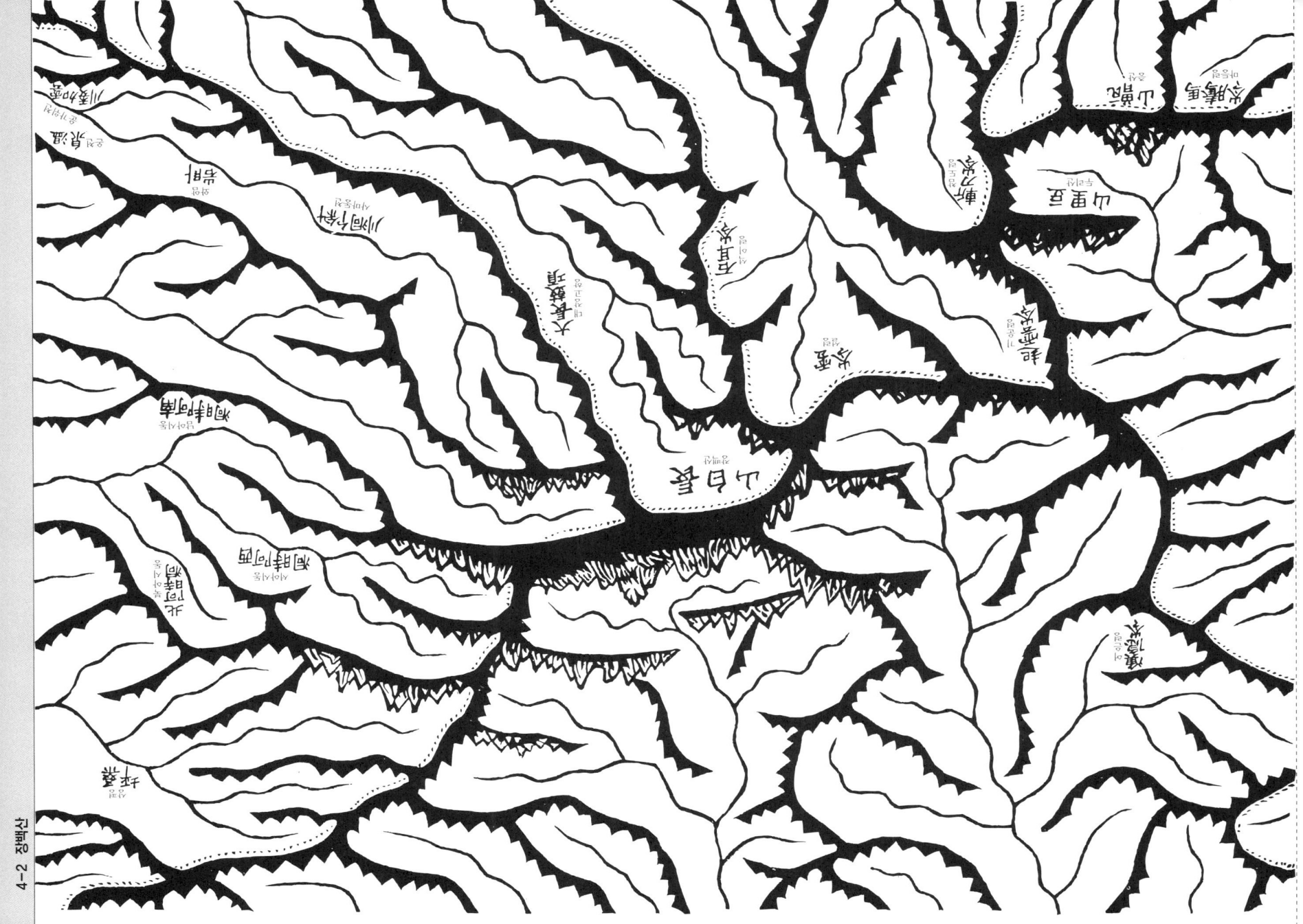

◀◀◀ (뒷면 지도) 4-2 장백산

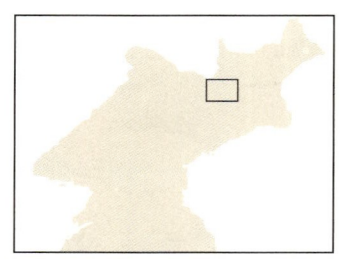

## 4-3 갑산 甲山

**조선 시대 유배지로 이름난 갑산**

개마고원 동쪽 지대인 이곳에는 삼수와 함께 유배지로 유명하였던 함경도 갑산이 있다. 여진족의 잦은 침입을 막기 위해 쌓은 갑산읍성 주변에는 여러 진보가 위치한다.

| 3-5 | 3-4 | 3-3 |
| --- | --- | --- |
| 4-4 | 4-3 | 4-2 |
| 5-4 | 5-3 | 5-2 |

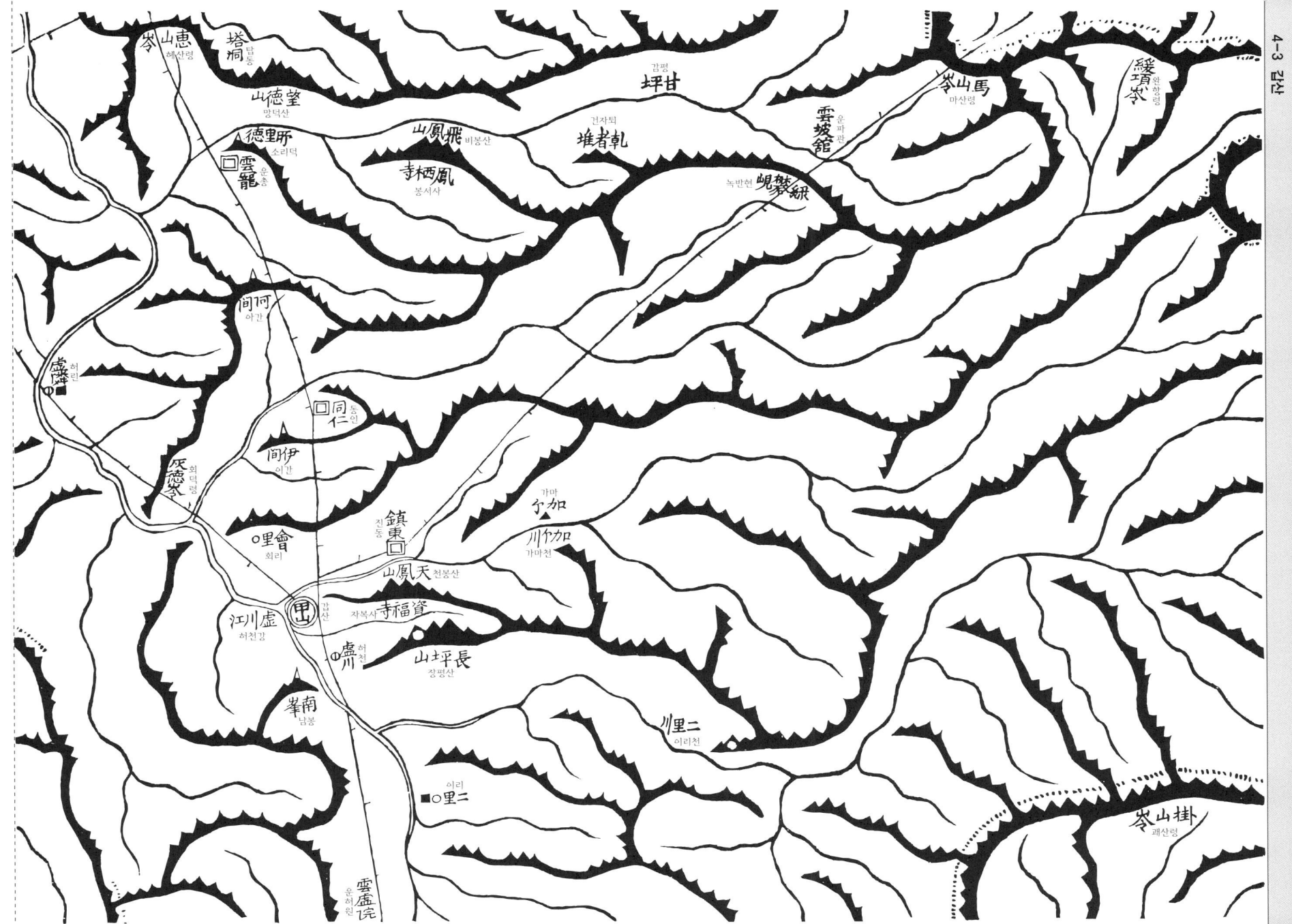

# 4-4 삼수 三水

**이순신 장군의 첫 근무지, 삼수**

우리나라 대표적 고원인 개마고원 지역으로서 갑산과 짝을 이뤄 유배지의 대명사인 '삼수갑산'으로 불리던 삼수 고을이 위치한다. 삼수 서쪽을 흐르는 오매강은 장진강이다.

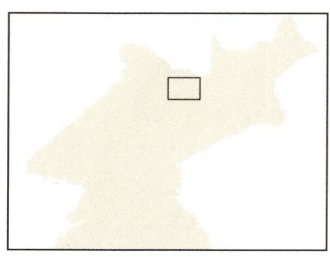

| 3-6 | 3-5 | 3-4 |
|---|---|---|
| 4-5 | 4-4 | 4-3 |
| 5-5 | 5-4 | 5-3 |

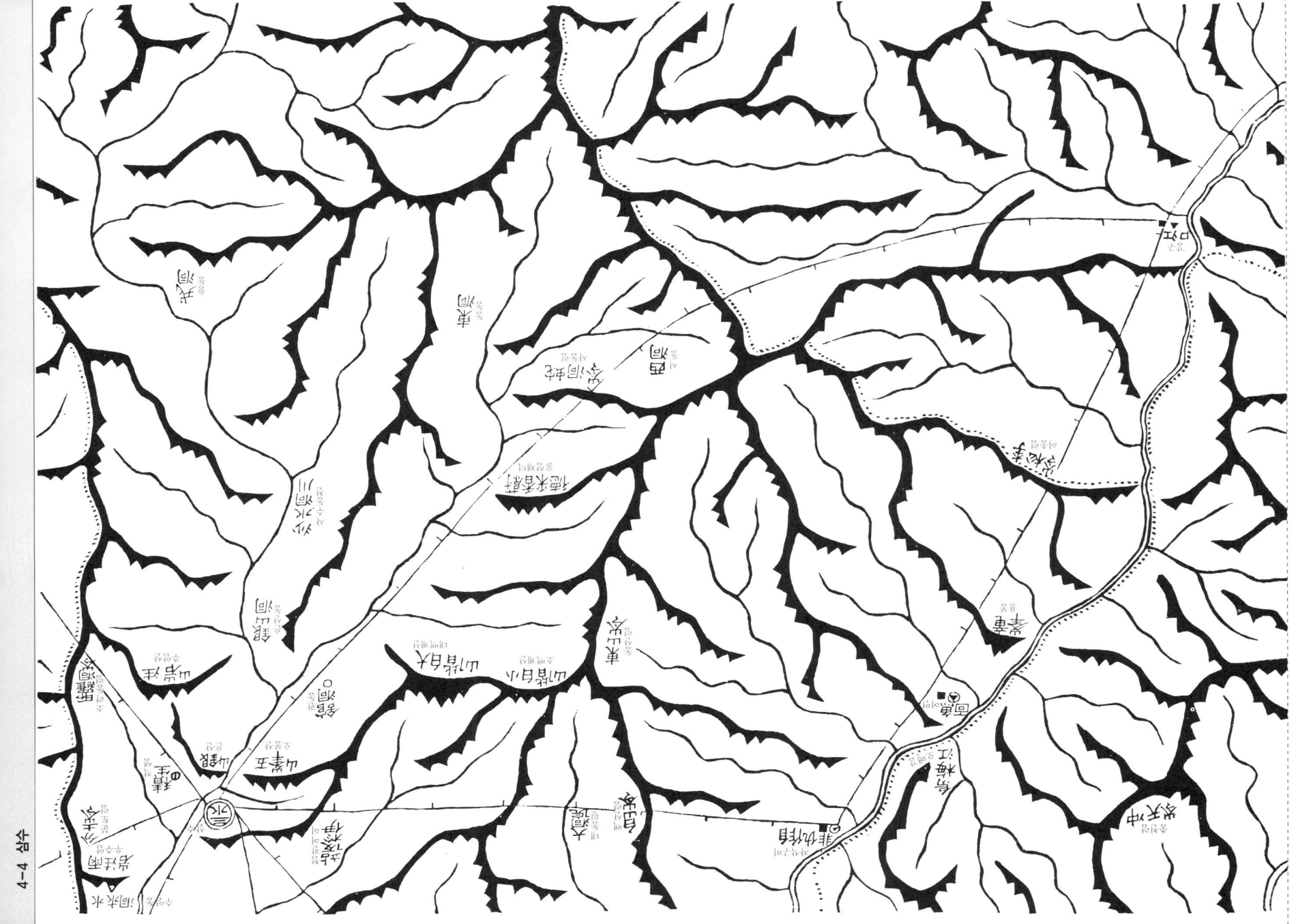

◀◀◀ (뒷면 지도) 4-4 삼수

## 4-5 우항령 牛項岺

**한 명이 만 명을 막을 수 있는 고갯길, 우항령**

후주에 속한 개마고원지대다. 좌측 상단의 하천은 자성강이고 우측 상단의 하천은 후주강인데, 모두 압록강의 지류다. 우항령은 북쪽으로는 자성, 남쪽으로는 강계로 이어진다.

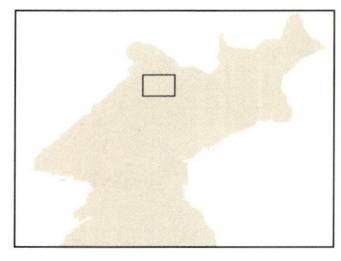

| 3-7 | 3-6 | 3-5 |
| --- | --- | --- |
| 4-6 | 4-5 | 4-4 |
| 5-6 | 5-5 | 5-4 |

| 영아 | ▢ 영이 있는 읍치는 표시 안함 | 읍치 | ○무성 ◎유성 | 성지 | 산성 관성 | 진보 | ▢무성 ▣유성 | 창고 | ■무성 ■유성 | 목소 | 牧 場屬 |
| --- | --- | --- | --- | --- | --- | --- | --- | --- | --- | --- | --- |
| 고현 | ●◉유성 ◎구읍지유성 | 고진보 | ▲🔺유성 | 역참 | ① | 방리 | ○ | 능침 | ○원내 능호 | 봉수 | ▲ | 고산성 | ▲ | 도로 | 10리 2 3 4 |

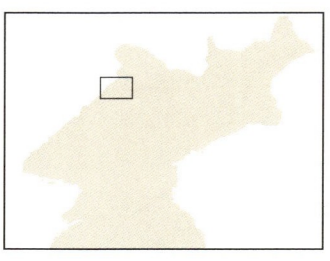

## 4-6 만포滿浦

**배들이 가득 차 있는 포구, 만포**

압록강 중류 지역으로서 평안도 강계부의 일부다. 만포에서 압록강을 따라 중요한 군사도로가 이어진다. 만포에서 압록강 너머는 고구려 수도로서 광개토왕릉비가 있는 중국의 지안시 지역이다.

|  | 3-7 | 3-6 |
|---|---|---|
| 4-7 | 4-6 | 4-5 |
| 5-7 | 5-6 | 5-5 |

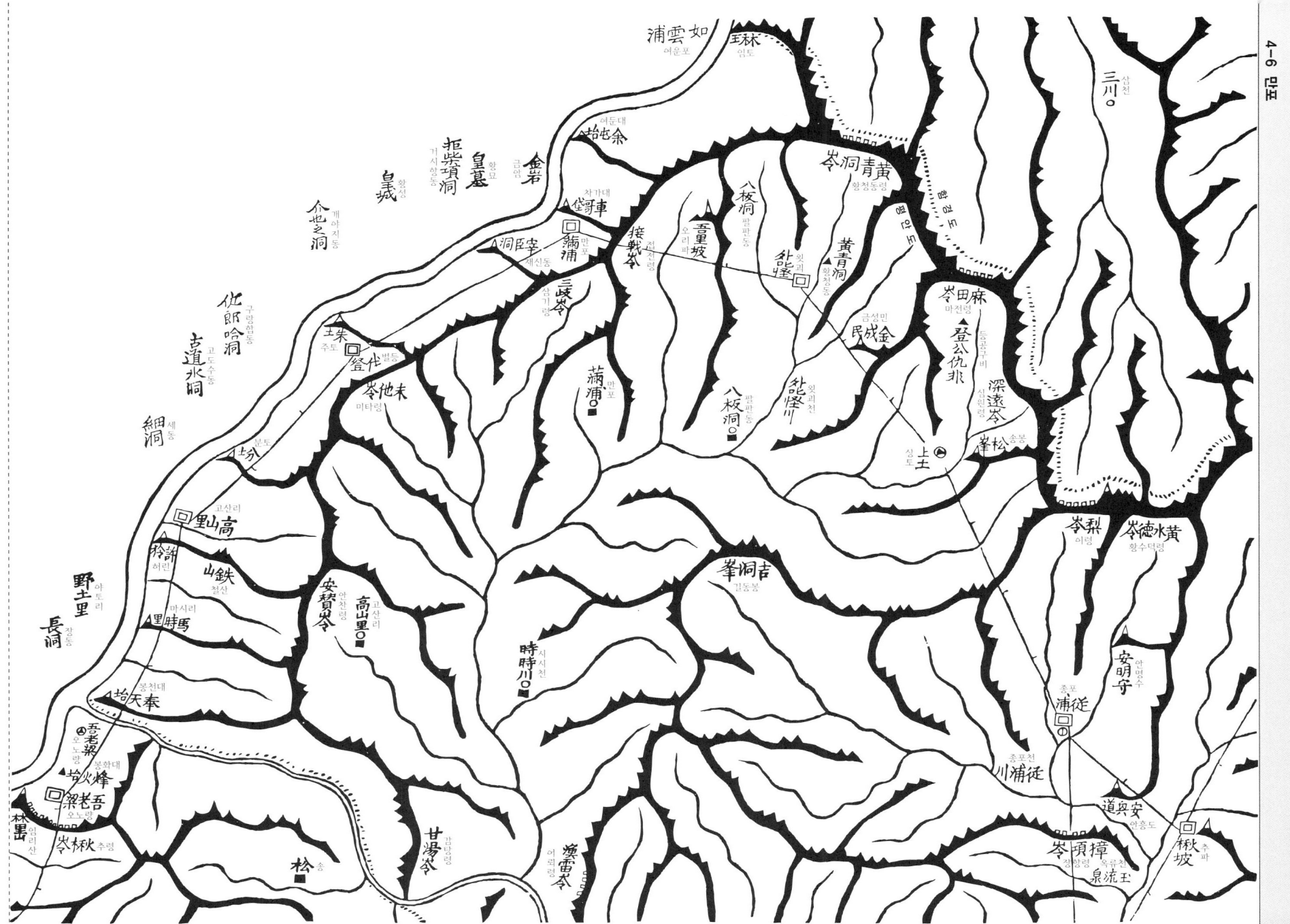

◀◀◀ (뒷면 지도) 4-6 만포

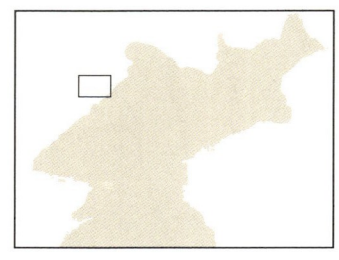

## 4-7 구읍 舊邑

**관방 유적 즐비한 압록강 변의 국경 고을, 구읍**

우측 하단 지역은 위원군 구읍이다. 지도에 표현된 부분은 극히 일부 지역이지만, 압록강 변의 국경 지역답게 관방시설이 골고루 자리하고 있다.

|  |  | 3-7 |
|---|---|---|
|  | 4-7 | 4-6 |
|  | 5-7 | 5-6 |

| 영아 | 영이 있는 읍치는 표시 안함 | 읍치 ○무성 ◯유성 | 성지 ▲산성 ◢관성 | 진보 □무성 ▢유성 | 창고 ■무성 ▣유성 | 목소 囿 牧 場屬 |
| 고현 ●◉유성 ◎구읍지 유성 | 고진보 ▲ ◬유성 | 역참 ① | 방리 ○ | 능침 ○원내 능호 | 봉수 ▲ | 고산성 ▲ | 도로 10리 2 3 4 |

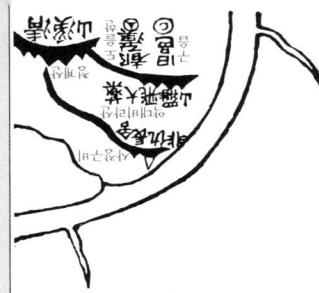

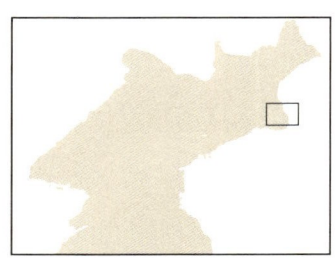

## 5-1 명천明川

**'명태'라는 이름 유래한 명천**

'명태'라는 이름이 유래한 고을인 함경도 명천군 지역이다. 칠보산이 보석처럼 표현되어 있고, 그 깊은 품에는 발해 때 창건된 고찰 개심사가 있다.

| 4-2 | 4-1 | |
| --- | --- | --- |
| 5-2 | 5-1 | |
| 6-2 | 6-1 | |

5-1 0묘권

德寿 수만덕
閑門兒 귀문관
水斜洞 소사동
回在德 재덕
津梨 이진
江陵山 강릉산
竜岩寺 용암사
山里豆 두리산
德 덕
北峯 북봉
立蒼 임암
津花楊 양화진
明源 명원
明川 명천
山鹿白 백록산
污禾川 오화천
双溪寺 쌍계사
津椒 추진
大寺 대사
甑山川 증산천
坪 평
泉温 온천
津黃 황진
甑山 증산
七宝川 칠보천
項浦洞 항포동
德在 재덕
椒洞 추동
山峯五 오봉산
峴站古 고참현
永平山 영평산
津古上 상고진
上古 상고
松 송
站古 고참
山宝七 칠보산
何間 아간
岑豊永 영풍령
開心寺 개심사
山수乙加 가을마산
泉德 천덕
金蔵寺 극장자
回谷 회곡
津木 목진
何間川 아간천
新 신
下古 하고
旡水岩 무수암
西 서
下古津 古津

◀◀◀ (뒷면 지도) 5-1 명천

## 5-2 길주 吉州

**이시애가 난을 일으킨 길주**

백두대간과 장백정간에서 분기한 산줄기들이 동해로 뻗어 간다. 상단 가운데에서 동남으로 흐르는 하천은 길주 남대천이고, 좌측의 남류하는 하천은 단천의 북대천이다.

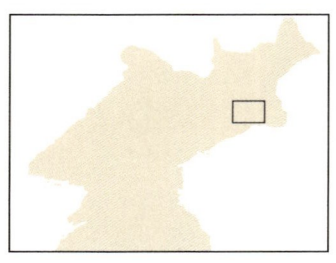

| 4-3 | 4-2 | 4-1 |
| --- | --- | --- |
| 5-3 | 5-2 | 5-1 |
| 6-3 | 6-2 | 6-1 |

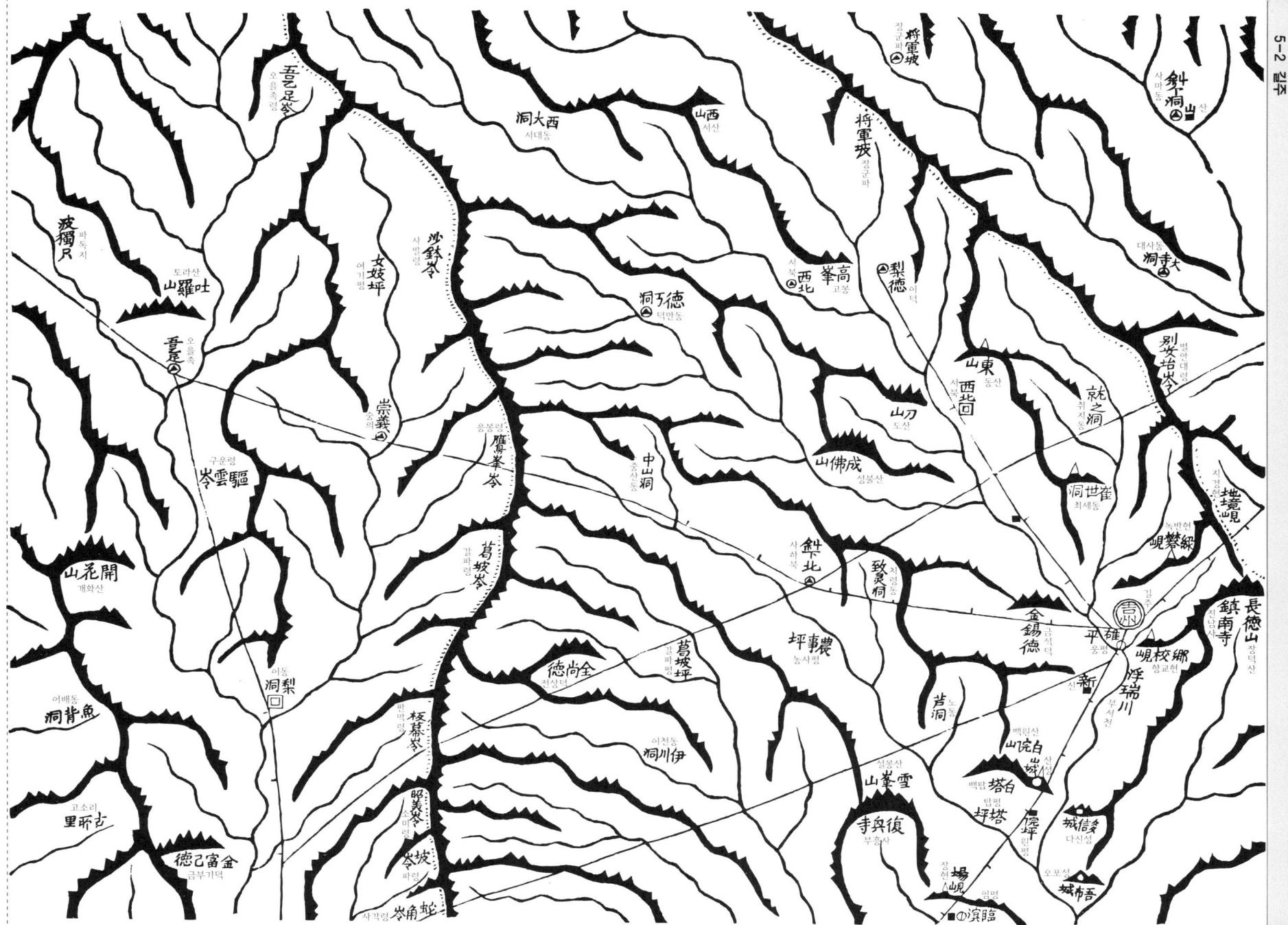

◀◀◀ (뒷면 지도) 5-2 길주

## 5-3 성대산 聖代山

**단천과 갑산과 북청 경계에 솟은 성대산**

백두대간 산줄기가 황토령·조가령·성대산을 지나 남북으로 길게 이어지며 개마고원 중심부를 이룬다. 마저령 북쪽은 조선 시대 갑산 땅이었다.

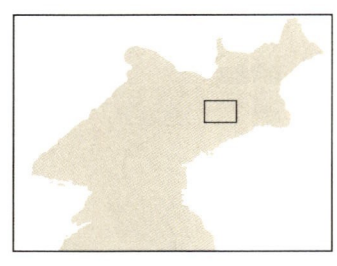

| 4-4 | 4-3 | 4-2 |
| --- | --- | --- |
| 5-4 | 5-3 | 5-2 |
| 6-4 | 6-3 | 6-2 |

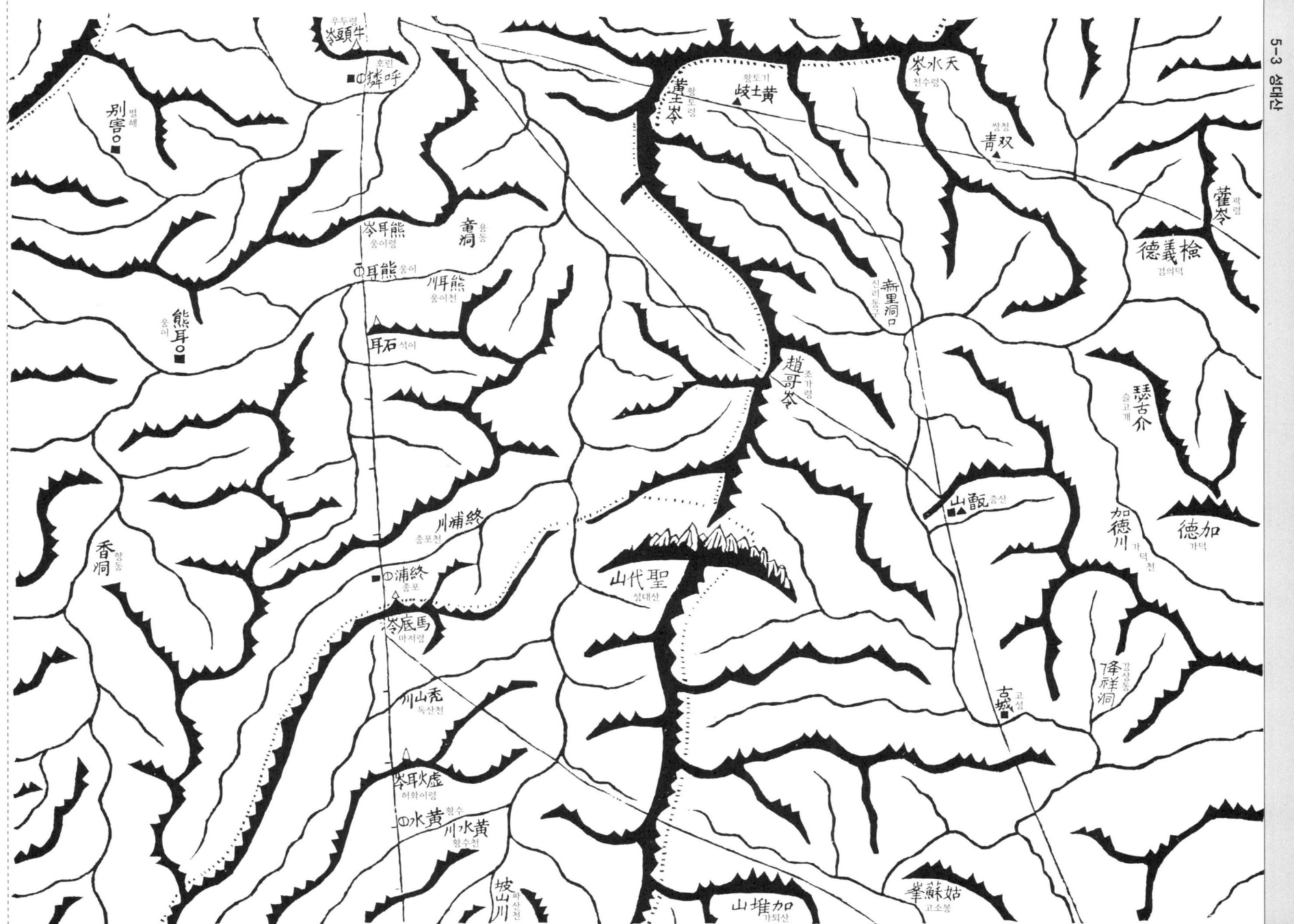

## 5-4 병풍파 屛風坡

**첩첩산중의 외로운 창고, 병풍파**

개마고원의 높고 깊은 산악 지역이다. 부전강을 따라 거리 표시도 없이 이어진 첩첩 산간 도로에 병풍파창 하나만 외로우니 얼마나 깊은 산중인지 짐작이 가능하다. 조선 시대에는 함경도 장진군에 속하였고, 지금은 부전군 지역이다.

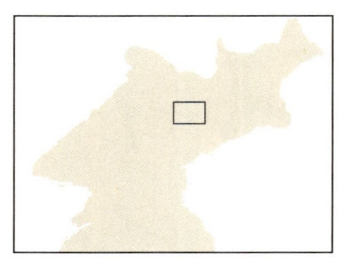

| 4-5 | 4-4 | 4-3 |
|---|---|---|
| 5-5 | 5-4 | 5-3 |
| 6-5 | 6-4 | 6-3 |

| 영아 | □ 영이 있는 읍치는 표시 안함 | 읍치 | ○ 무성 ◎ 유성 | 성지 | 산성 관성 | 진보 | □ 무성 ▣ 유성 | 창고 | ■ 무성 ■ 유성 | 목소 | 圂 牧 場屬 |
| 고현 | ● 유성 ◉ 구읍지 유성 | 고진보 | ▲ ▲ 유성 | 역참 | ① | 방리 | ○ | 능침 | ○ 원내 능호 | 봉수 | ▲ | 고산성 | ▲ | 도로 | 10리 2 3 4 |

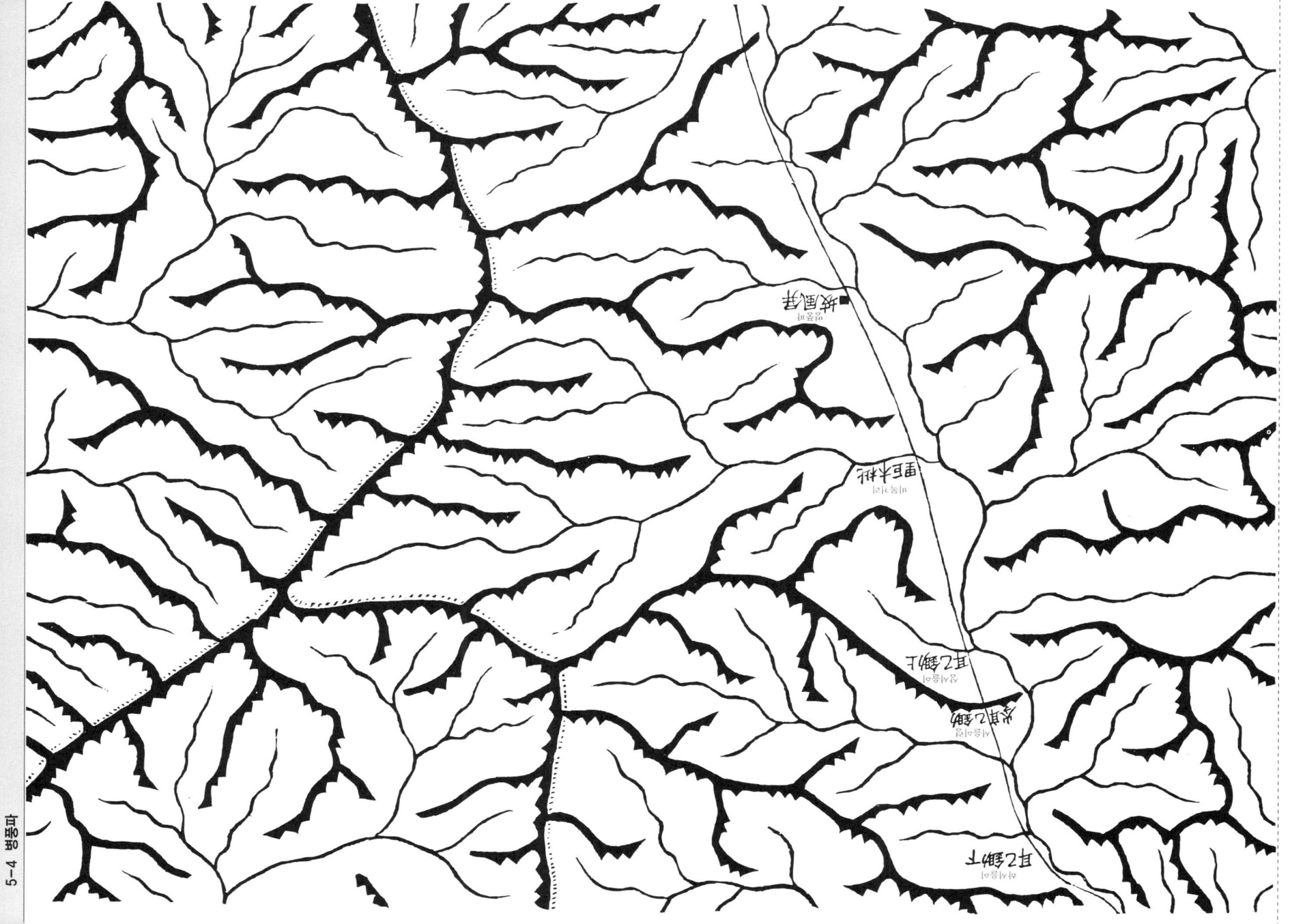

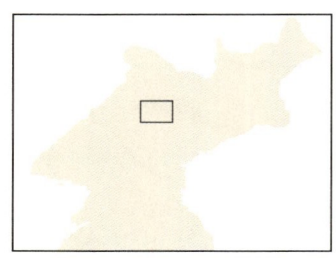

# 5-5 장진 長津

**장진강 상류에 터 잡은 장진**

장진 고을을 지나며 남에서 북으로 흐르는 하천은 장진강이다. 장진 지역에서 서쪽으로 넘어가는 두 고갯길은 모두 강계로 연결된다.

| 4-6 | 4-5 | 4-4 |
|---|---|---|
| 5-6 | 5-5 | 5-4 |
| 6-6 | 6-5 | 6-4 |

| 영아 | □ 영이 있는 읍치는 표시 안함 | 읍치 | ○무성 ◎유성 | 성지 | 산성 관성 | 진보 | □무성 ■유성 | 창고 | ■무성 ■유성 | 목소 | 牧 場屬 |
|---|---|---|---|---|---|---|---|---|---|---|---|
| 고현 | ● ◉유성 ◎구읍지 유성 | 고진보 | ▲ ▲유성 | 역참 | ① | 방리 | ○ | 능침 | ○원내 능호 | 봉수 | ▲ | 고산성 ▲ | 도로 10리 2 3 4 |

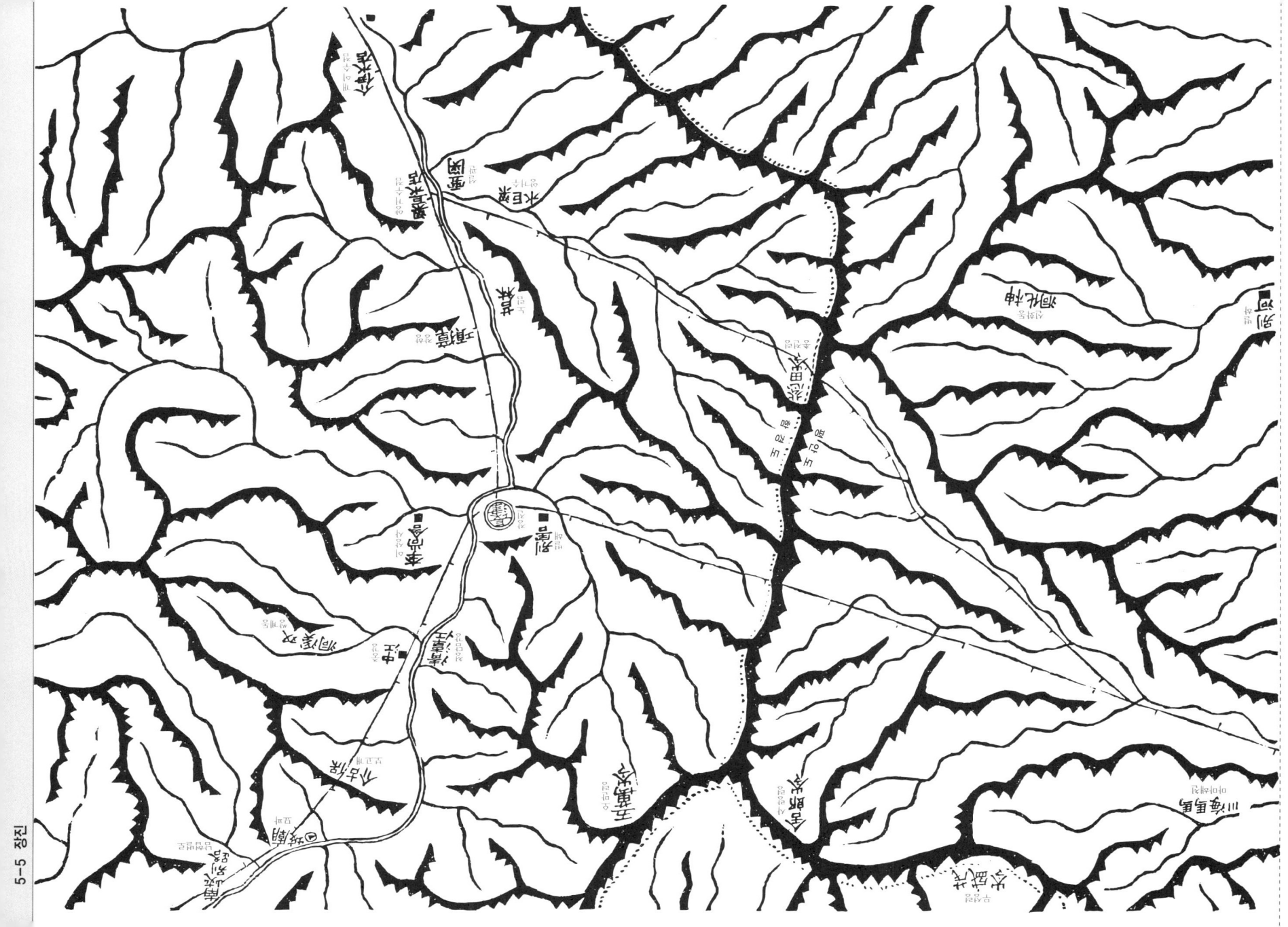

◀◀◀ (뒷면 지도) 5-5 장진

## 5-6 강계 江界

**미인과 포수와 산삼의 고을, 강계**

평안도 강계는 미인과 포수, 산삼의 고을로 이름 떨쳤다. 독로강 상류로 이어진 도로는 희천, 동쪽 도로는 장진 가는 길이다. 서쪽 도로는 압록강 기슭에 있는 위원으로 이어진다.

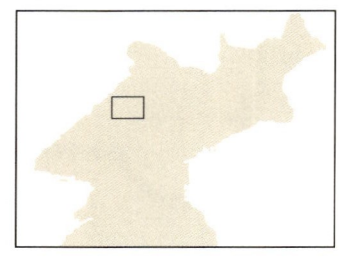

| 4-7 | 4-6 | 4-5 |
| --- | --- | --- |
| 5-7 | 5-6 | 5-5 |
| 6-7 | 6-6 | 6-5 |

| 영아 □ 영이 있는 읍치는 표시 안함 | 읍치 ○무성 ◎유성 | 성지 ⛰산성 ⛰관성 | 진보 □무성 ▣유성 | 창고 ■무성 ▣유성 | 목소 ⊞ 牧 場屬 |
| --- | --- | --- | --- | --- | --- |
| 고현 ●◉유성 ◎구읍지유성 | 고진보 ▲ ⬢유성 | 역참 ① | 방리 ○ | 능침 ○원내능호 | 봉수 ▲  고산성 ⛰  도로 10리 2 3 4 |

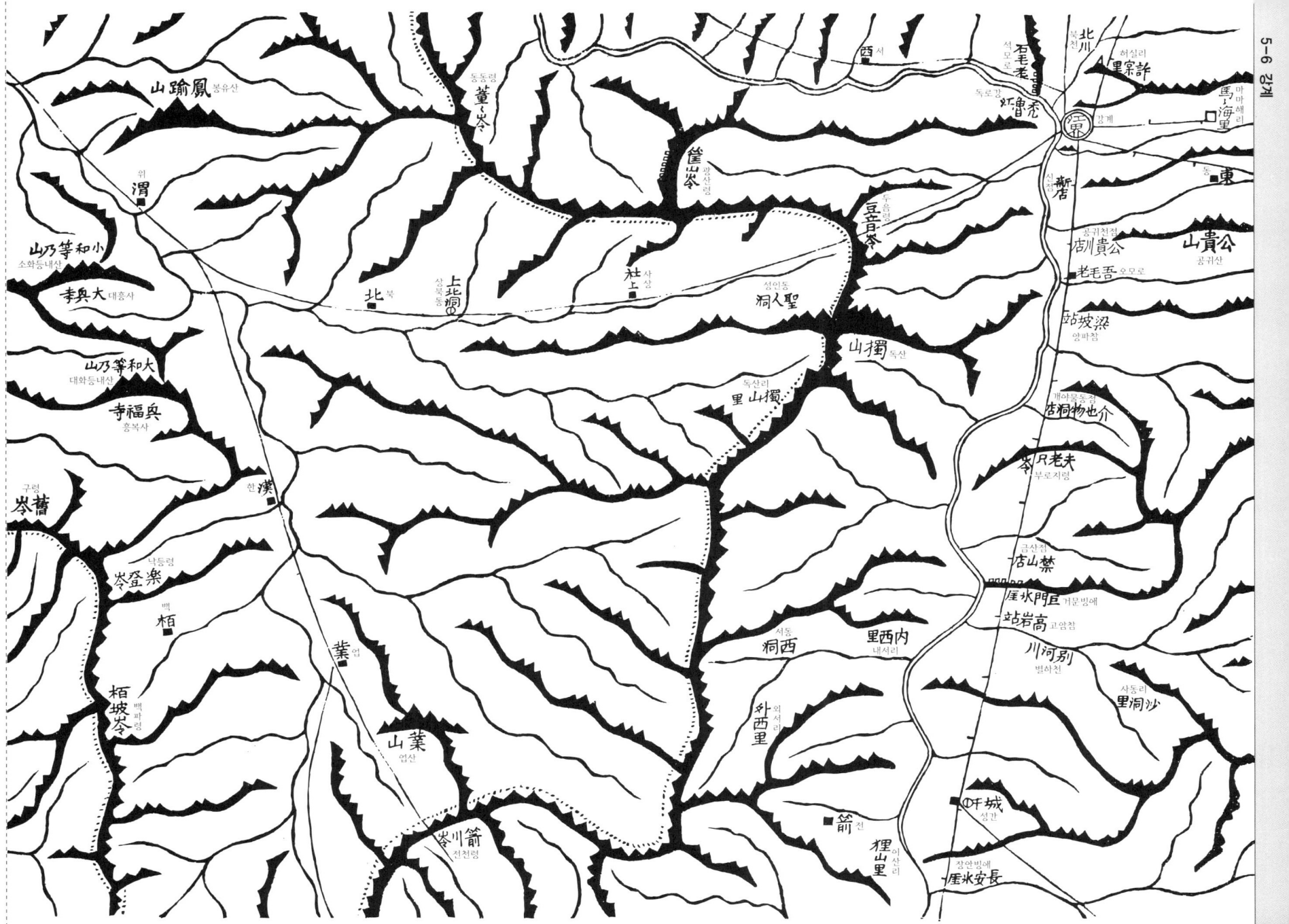

◀◀◀ (뒷면 지도) 5-6 강계

# 5-7 위원渭原 초산楚山

**여진 방어의 최전선 요충지, 초산**

압록강이 평안도 위원·초산을 지난다. 국경 지역답게 압록강 변에는 진보와 봉수 시설이 즐비하다. 이 일대는 현재 수풍호 상류 지역이다.

|  | 4-7 | 4-6 |
|---|---|---|
|  | 5-7 | 5-6 |
| 6-8 | 6-7 | 6-6 |

| 영아 | ▢ 영이 있는 읍치는 표시 안함 | 읍치 ○무성 ◯유성 | 성지 ⌒산성 ⌒관성 | 진보 ▢무성 ▢유성 | 창고 ■무성 ■유성 | 목소 ▣ 牧 場屬 |
|---|---|---|---|---|---|---|
| 고현 | ● ◉유성 ◎구읍지 유성 | 고진보 ▲ ▲유성 | 역참 ① | 방리 ○ | 능침 ○ 원내 능호 | 봉수 ▲  고산성 ▲  도로 10리 2 3 4 |

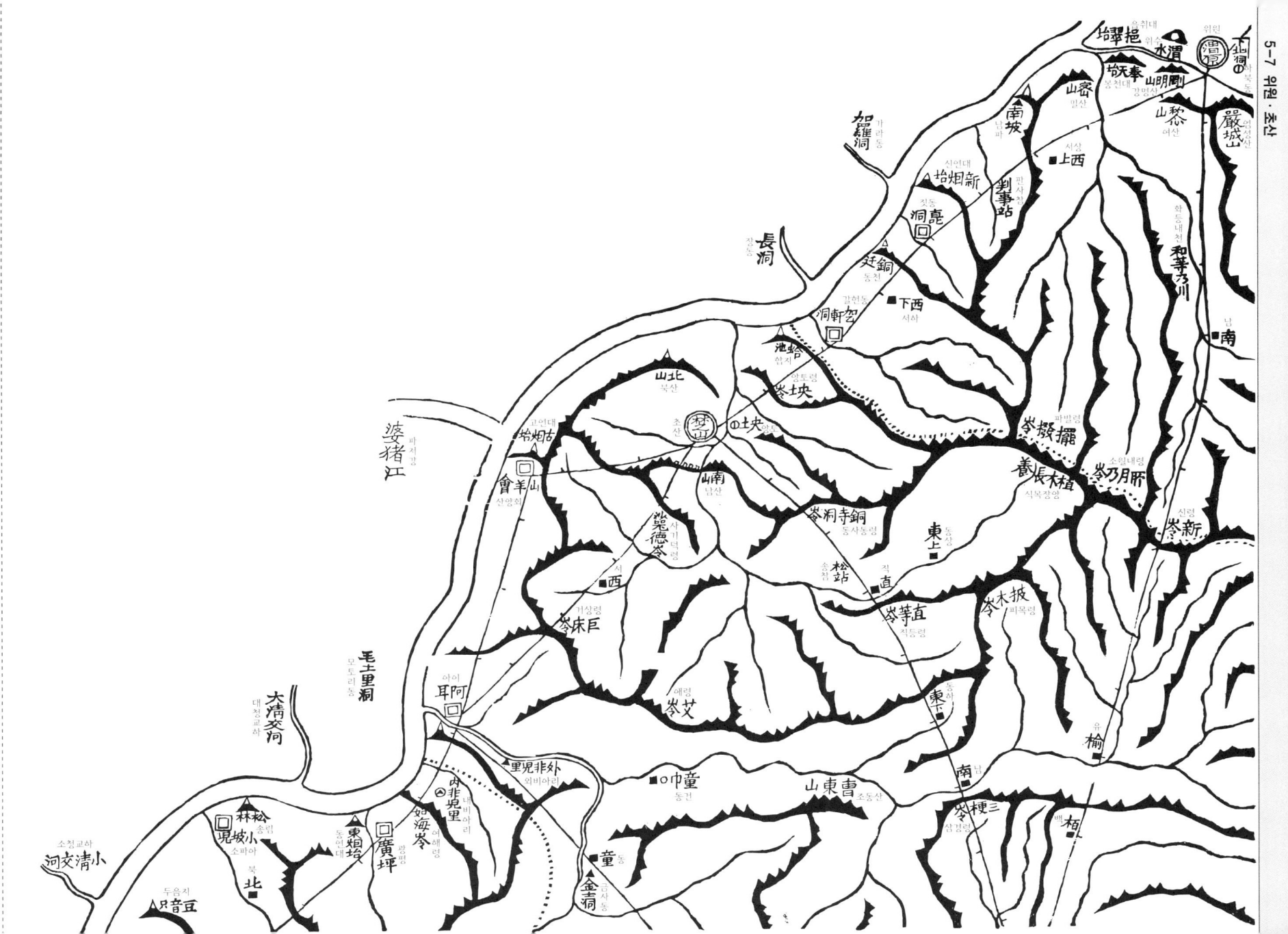

## 6-1 마유산 馬乳山

**현무암으로 덮여 있는 마유산**

조선 시대 함경도 명천의 남부 지역이다. 창고 몇 개 외에는 별다른 시설이 없고 도로 표시도 없을 만큼 한적한 해안 마을로, 지금은 함경북도 화대군 지역이다.

| 5-2 | 5-1 | |
|---|---|---|
| 6-2 | 6-1 | |
| | | |

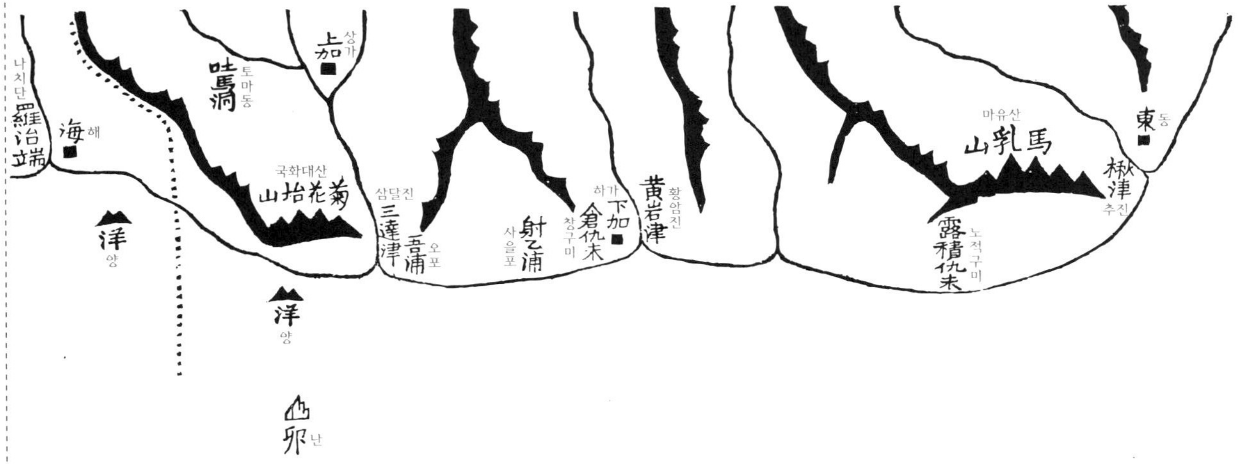

羅治端立
나치단립

海 해

加 상가

嗎洞 토마동

菊花坮山 국화대산

洋 양

洋 양

邪 난

三達津 삼달진

吾浦 오포

射乙浦 사을포

下加倉仇未 하가 칭구미

黃岩津 황암진

山乳馬 마유산

楸津 추진

露積仇未 노적구미

東 동

◀◀◀ (뒷면 지도) 6-1 마유산

## 6-2 단천 端川

**함경남북도의 요충지, 단천**

함경도 중부 동해안의 단천 고을이다. 해안으로 뻗은 굵은 산줄기 끝 부분에는 단천과 길주를 잇는 마천령이 있다.

| 5-3 | 5-2 | 5-1 |
| --- | --- | --- |
| 6-3 | 6-2 | 6-1 |
| 7-1 |  |  |

영아 □ 영이 있는 읍치는 표시 안함    읍치 ○무성 ◯유성    성지 산성 관성    진보 □무성 ■유성    창고 ■무성 ■유성    목소 牧 場屬

고현 ●유성 ◎구읍지 유성    고진보 ▲ ▲유성    역참 ①    방리 ○    능침 ○원내 능호    봉수 ▲    고산성 ▲    도로 10리 2 3 4

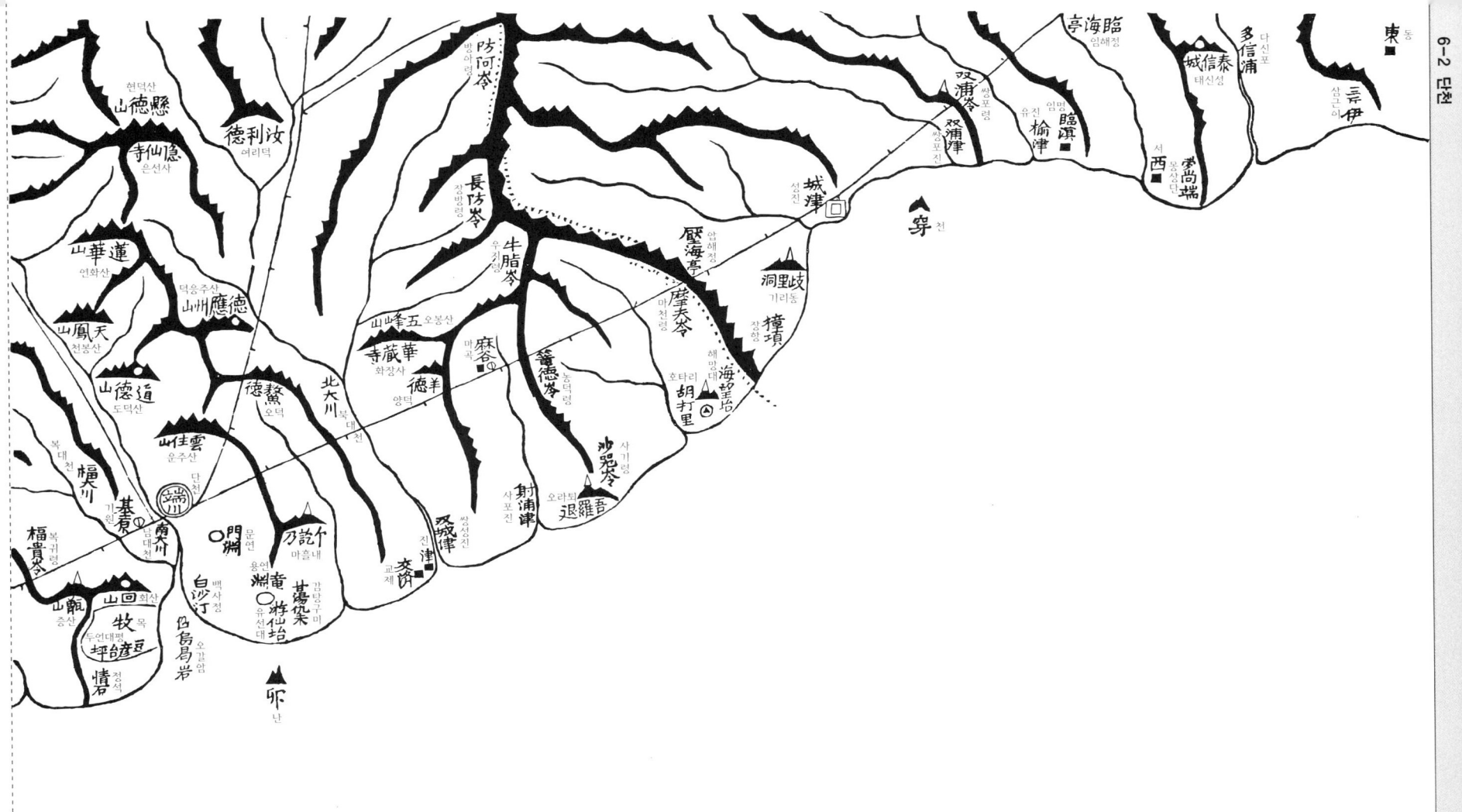

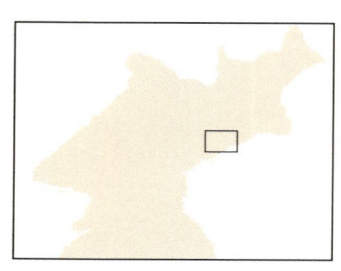

## 6-3 이원利原 북청北靑

**북청사자놀음의 고을, 북청**

금창령~후치령~태백산으로 뻗어 가는 산줄기는 백두대간이다. 백두대간 남쪽에는 함경도 북청 고을이 자리한다.

| 5-4 | 5-3 | 5-2 |
| --- | --- | --- |
| 6-4 | 6-3 | 6-2 |
| 7-2 | 7-1 | |

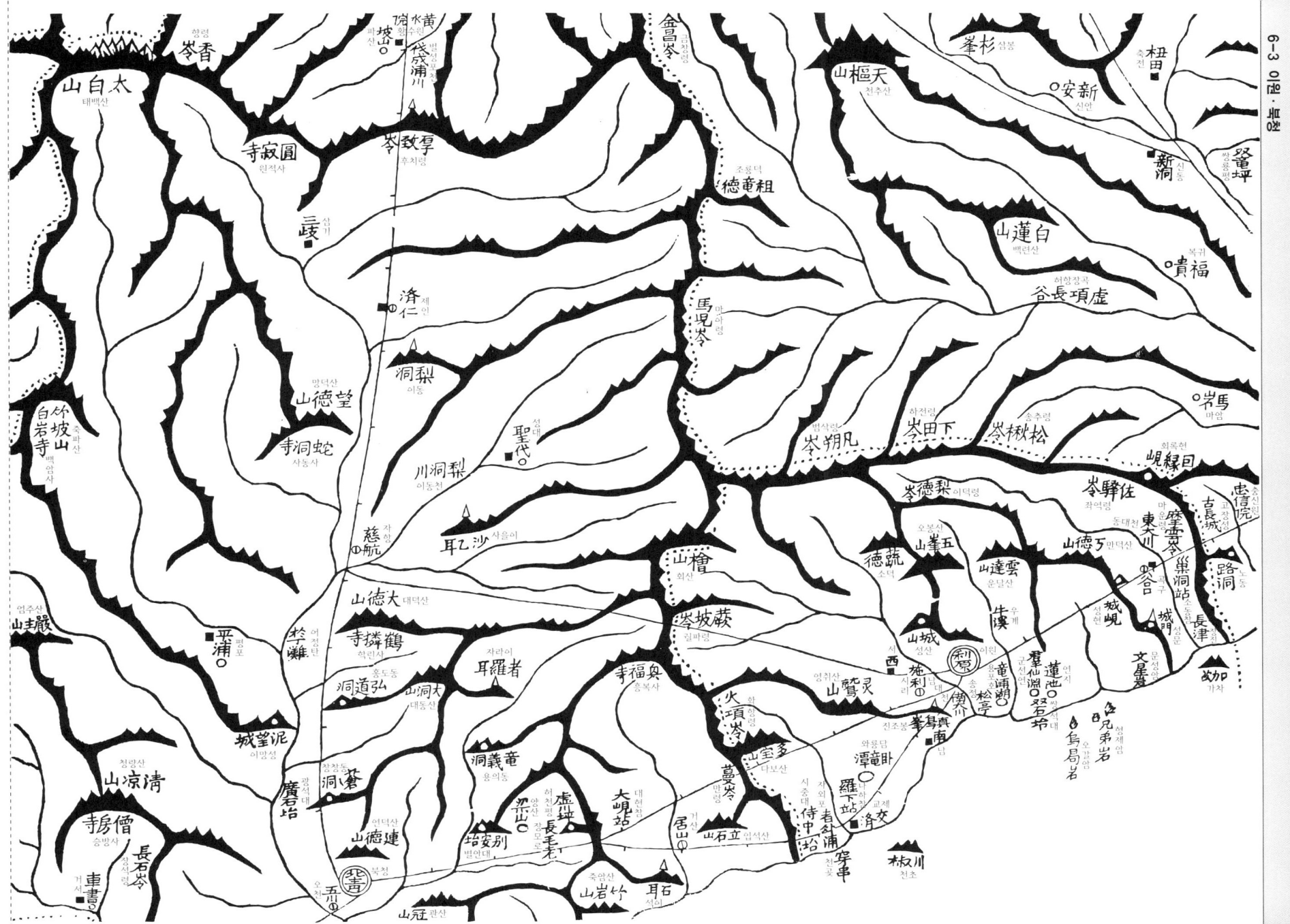

◀◀◀ (뒷면 지도) 6-3 이원·북청

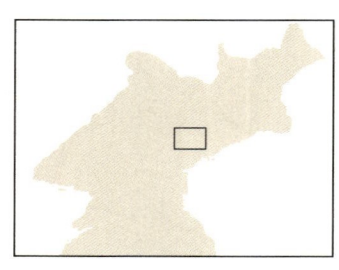

## 6-4 부전령 赴戰嶺

**함흥과 장진을 잇는 고개, 부전령**

우측 상단에서 백두대간의 화피령~부전령~대백역산 산줄기가 서남쪽으로 뻗어 간다. 부전령 북쪽으로는 부전강이 장진강으로 흘러가고, 남쪽으로는 성천강이 함흥을 거쳐 동해로 흘러간다.

| 5-5 | 5-4 | 5-3 |
| --- | --- | --- |
| 6-5 | 6-4 | 6-3 |
| 7-3 | 7-2 | 7-1 |

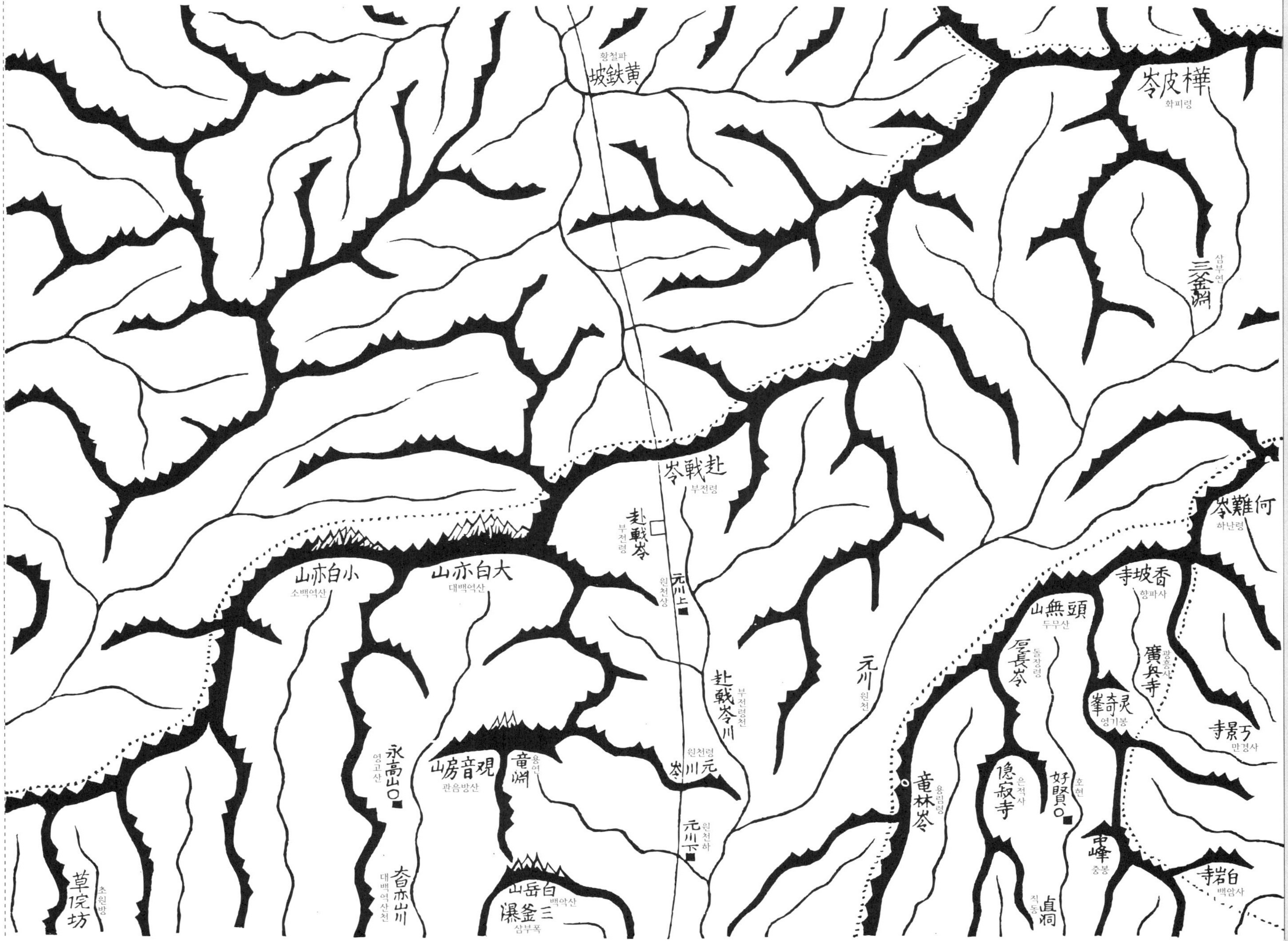

6-4 부전령

黃鐵坡 황철파

樺皮岺 화피령

三釜淵 삼부연

赴戰岺 부전령

何難岺 하난령

赴戰岺 부전령

小白亦山 소백역산

大白亦山 대백역산

香坡寺 향파사

頭無山 투무산

廣兵寺

厚長岺 돌장령

靈奇峯 영기봉

万景寺 만경사

元川上 원천상

元川 원천

赴戰岺川 부전령천

永高山 영고산

觀音房山 관음방산

竜淵 용연

竜林岺 용림령

隱寂寺 은적사

好賢 호현

元川岺 원천령

草院坊 초원방

大白亦山川 대백역산천

白岳山 백악산

三釜瀑 삼부폭

元川下 원천하

中峯 중봉

白岩寺 백암사

眞洞 직동

◀◀◀ (뒷면 지도) 6-4 부전령

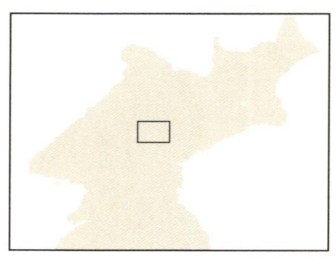

## 6-5 낭림산 狼林山

**백두대간과 청북정맥의 갈림길, 낭림산**

황초령을 지나와 낭림산에서 남쪽의 소백산으로 뻗은 산줄기는 백두대간이고, 서쪽의 태백산·갑현을 잇는 산줄기는 청북정맥이다. 황초령은 진흥왕순수비가 발견된 고개다.

| 5-6 | 5-5 | 5-4 |
|---|---|---|
| 6-6 | 6-5 | 6-4 |
| 7-4 | 7-3 | 7-2 |

영아 □ 영이 있는 읍치는 표시 안함   읍치 ○무성 ◉유성   성지 산성 관성   진보 □무성 ▣유성   창고 ■무성 ▣유성   목소 牧 場屬

고현 ●유성 ◎구읍지 유성   고진보 ▲ ▲유성   역참 ①   방리 ○   능침 ○원내 능호   봉수 ▲   고산성 ▲   도로 10리 2 3 4

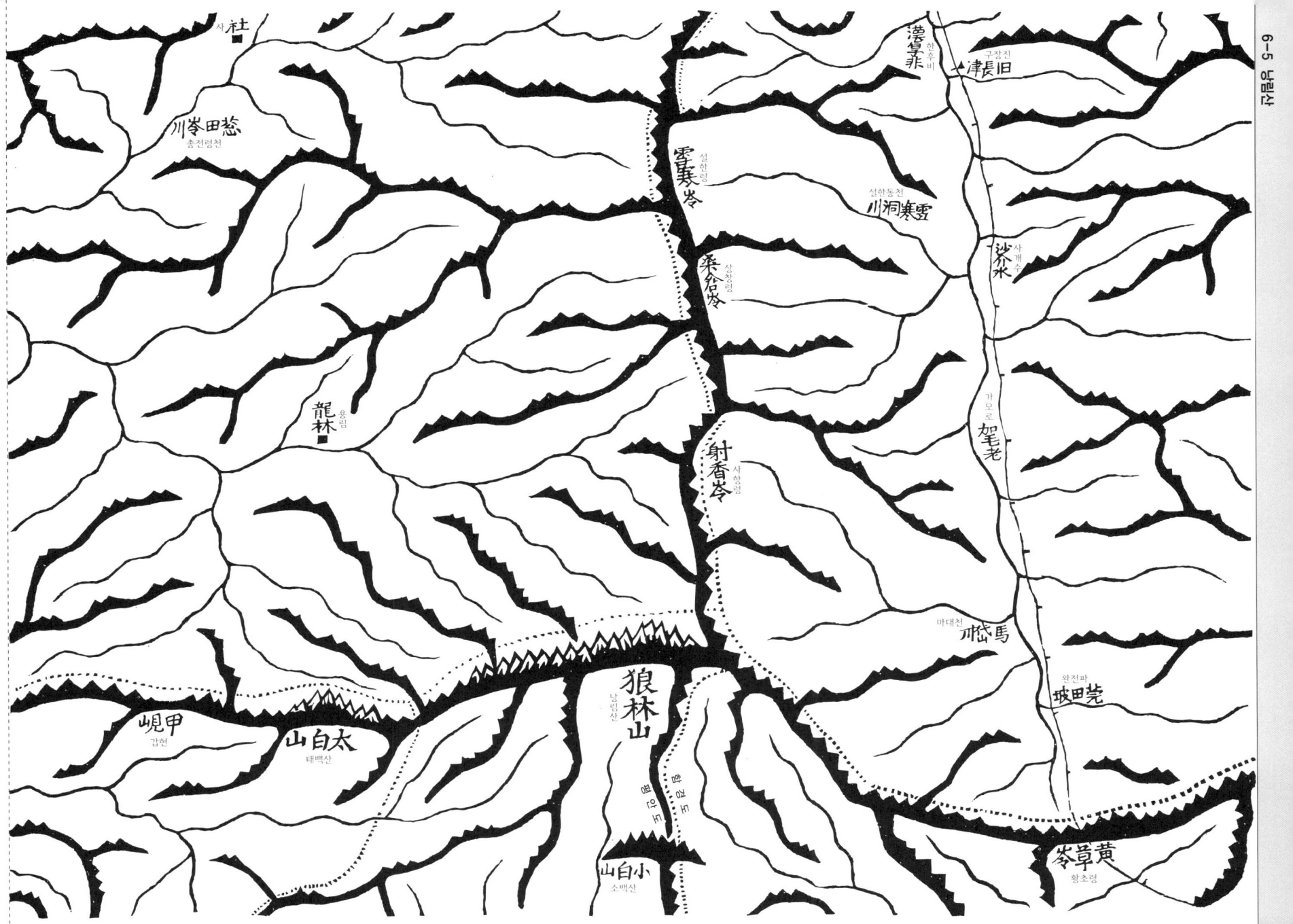

◀◀◀ (뒷면 지도) 6-5 낭림산

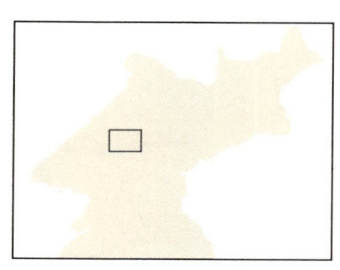

## 6-6 적유령 狄踰岺

**오랑캐들 쫓겨 넘어간 적유령**

우측 하단의 도장령에서 서쪽의 적유령~매화령~모두령으로 뻗어 가는 산줄기는 청북정맥이다. 그 북쪽 일대는 압록강의 수계인 평안도 강계, 남쪽은 청천강의 수계인 희천 고을이다.

| 5-7 | 5-6 | 5-5 |
| --- | --- | --- |
| 6-7 | 6-6 | 6-5 |
| 7-5 | 7-4 | 7-3 |

| 영아 | 읍치 ○무성 ◯유성 | 성지 ▲산성 ▬관성 | 진보 □무성 ■유성 | 창고 ■무성 ■유성 | 목소 🈺 牧 場屬 |
| 고현 ●◉유성 ◎구읍지유성 | 고진보 ▲ ▲유성 | 역참 ① | 방리 ○ | 능침 ○원내능호 | 봉수 ▲ | 고산성 ▲ | 도로 10리 2 3 4 |

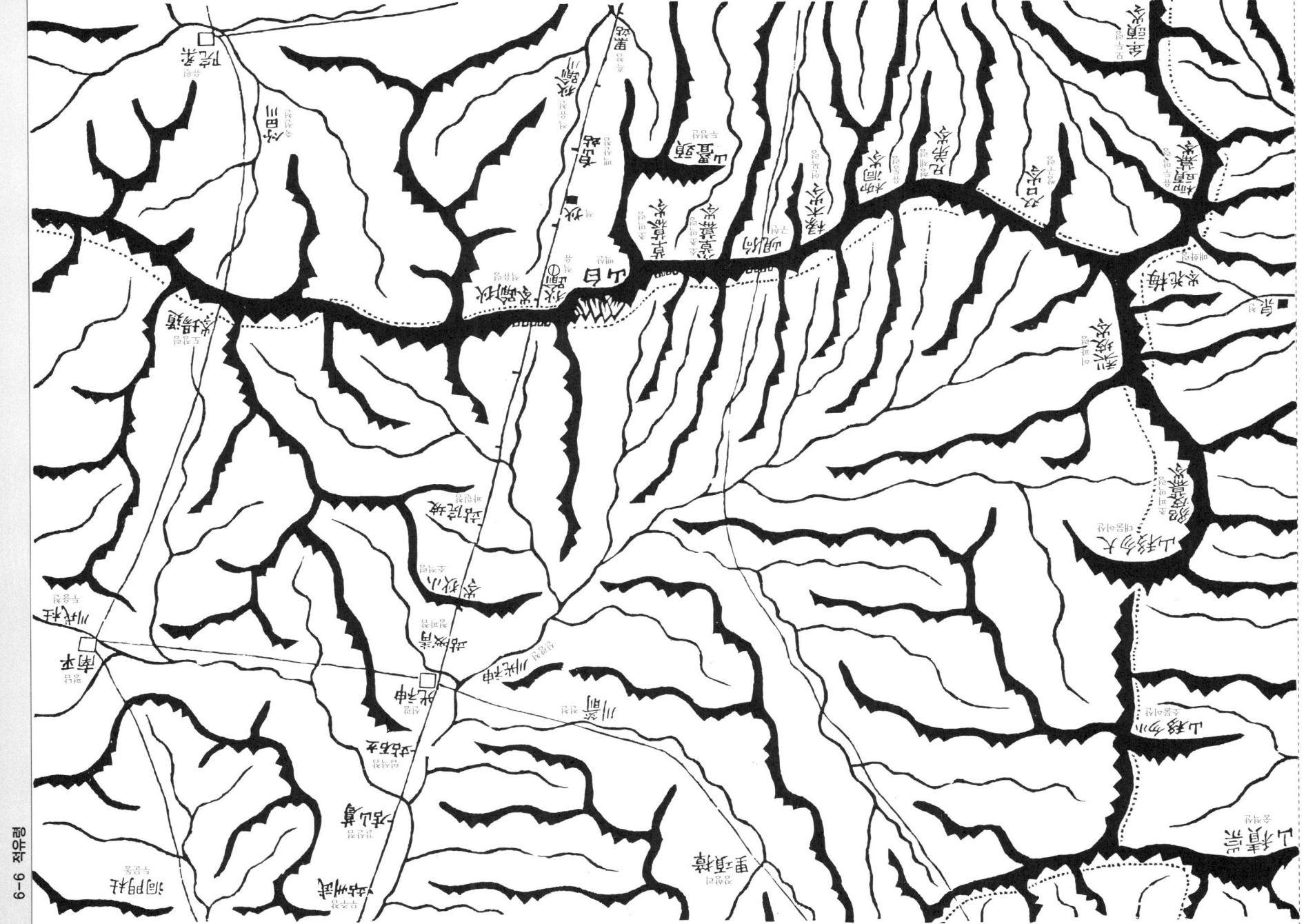

◀◀◀ (뒷면 지도) 6-6 적유령

## 6-7 벽동 碧潼

### '벽창호'라는 말이 유래한 벽동

좌측 상단에 살짝 보이는 큰 강줄기는 압록강인데, 지금은 수풍호로 바뀌었다. 지도 한복판에서 심하게 감입곡류하며 이산성을 지나는 하천은 압록강의 지류인 지금의 충만강이다.

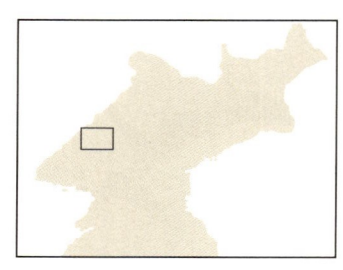

|  | 5-7 | 5-6 |
|---|---|---|
| 6-8 | 6-7 | 6-6 |
| 7-6 | 7-5 | 7-4 |

영아 ☐ 영이 있는 읍치는 표시 안함   읍치 ○무성 ◯유성   성지 ⛰산성 ⌒관성   진보 ☐무성 ■유성   창고 ■무성 ■유성   목소 田 牧 場屬

고현 ●유성 ◎구읍지 유성   고진보 ▲ ▲유성   역참 ①   방리 ○   능침 ○원내 능호   봉수 ▲   고산성 ▲   도로 10리 2 3 4

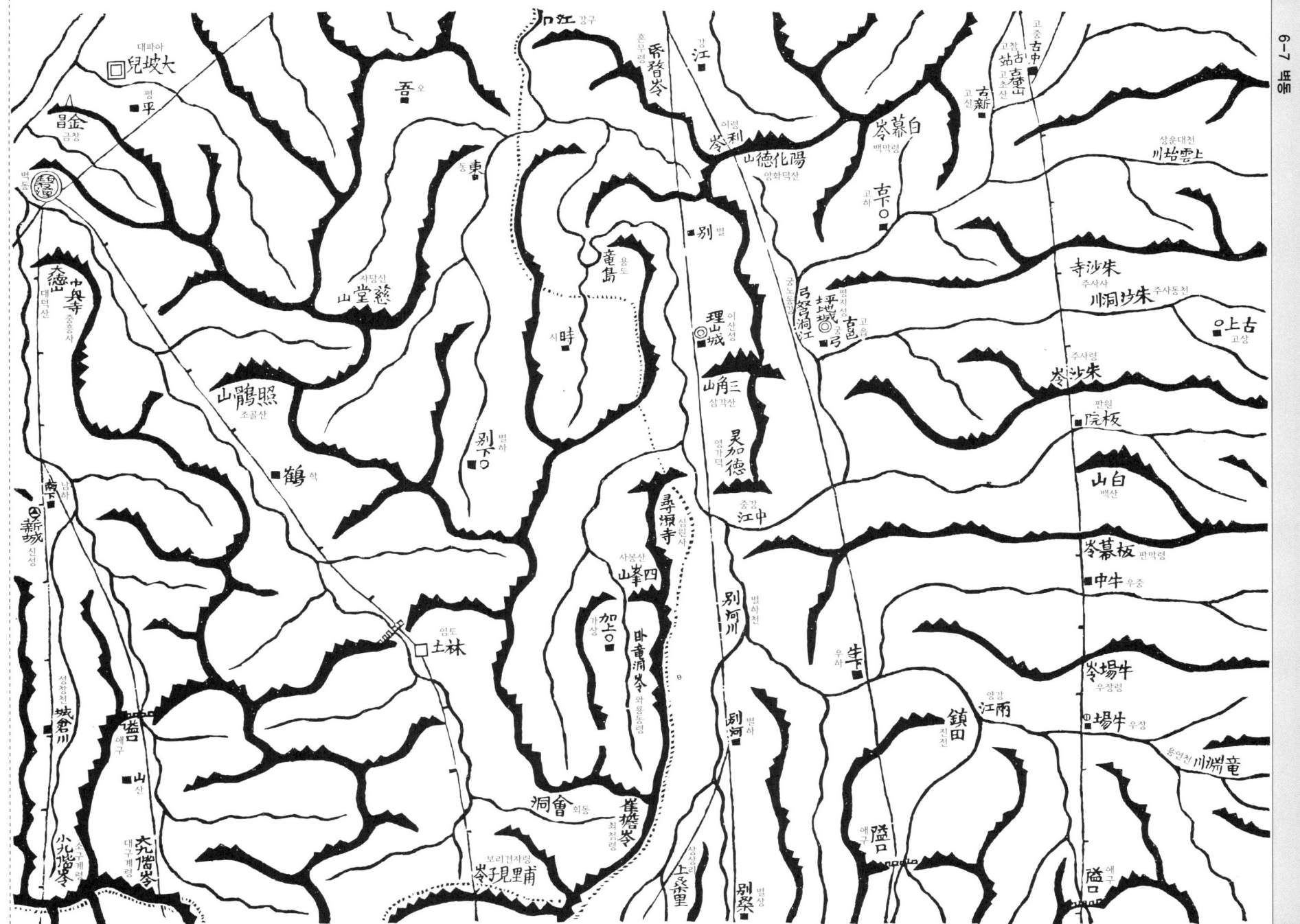

◀◀◀ (뒷면 지도) 6-7 벽동

# 6-8 창성 昌城

**진보와 봉수가 줄지어 있던 창성**

창성은 국경을 이루고 있는 압록강 변의 고을이다. 국경 수비를 위해 설치하였던 진보와 봉수 등 관방 유적은 수풍댐이 건설될 때 대부분 수몰되었다.

|  |  | 5-7 |
|---|---|---|
|  | 6-8 | 6-7 |
| 7-7 | 7-6 | 7-5 |

| 영아 | 영이 있는 읍치는 표시 안함 | 읍치 ○무성 ◯유성 | 성지 산성 관성 | 진보 □무성 ▣유성 | 창고 ■무성 ▣유성 | 목소 牧 場屬 |
|---|---|---|---|---|---|---|
| 고현 ●◉유성 ◎구읍지 유성 | | 고진보 ▲ ▲유성 | 역참 ① | 방리 ○ | 능침 ○원내 능호 | 봉수 ▲ | 고산성 ▲ | 도로 10리 2 3 4 |

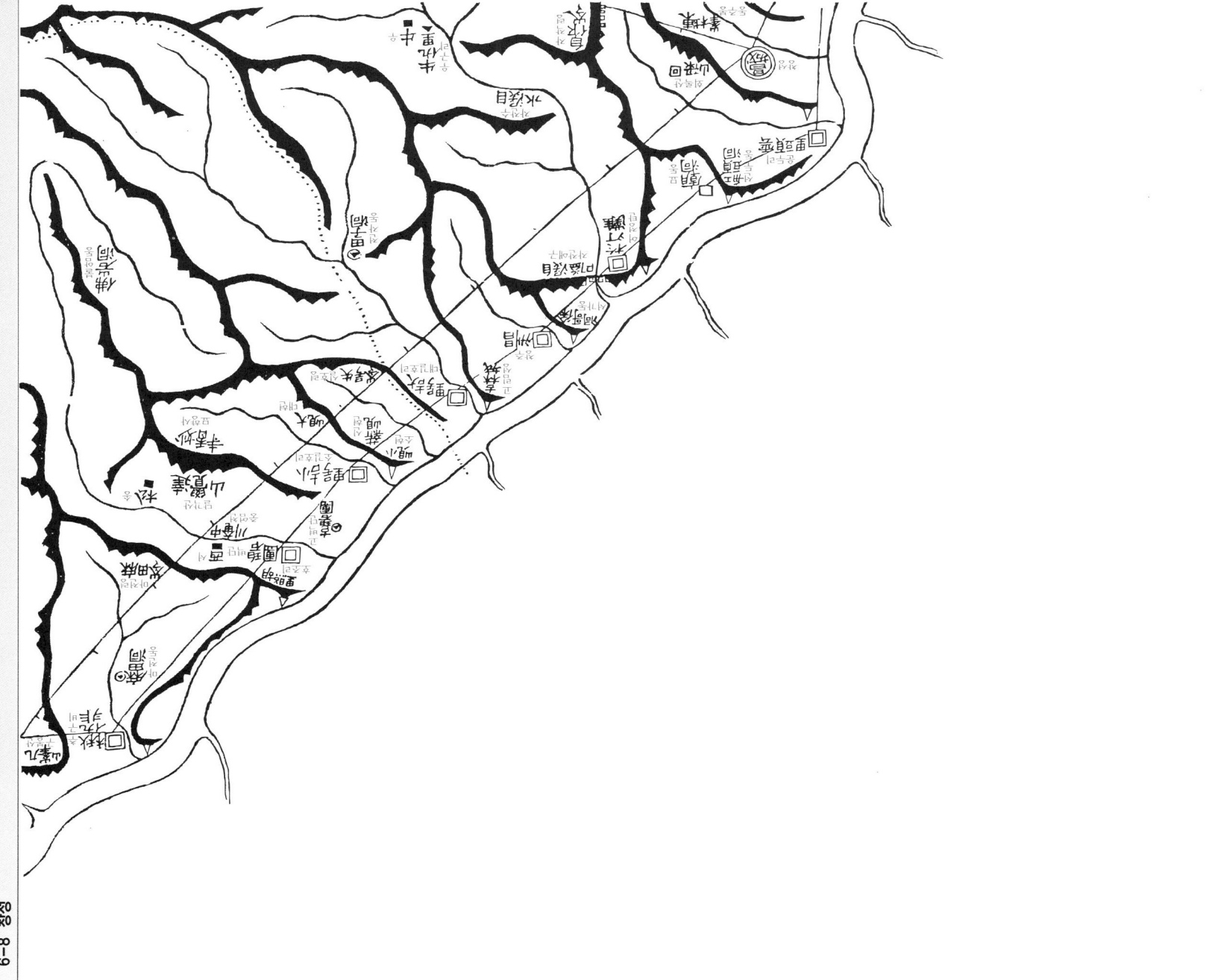

◀◀◀ (뒷면 지도) 6-8 창성

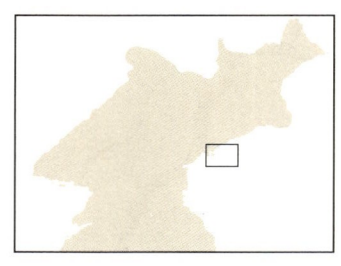

### 7-1 마양도 馬養島

**양화만을 천혜의 항구로 만든 섬, 마양도**

함경도 북청 남부와 홍원 동부의 동해안 지역이다. 마양도 안쪽은 양화만인데, 현재 이곳에는 신포항이 조성되어 있다. 상단의 동해로 흘러드는 남대천은 북청 남대천이다.

| 6-4 | 6-3 | 6-2 |
|---|---|---|
| 7-2 | 7-1 | |
| 8-1 | | |

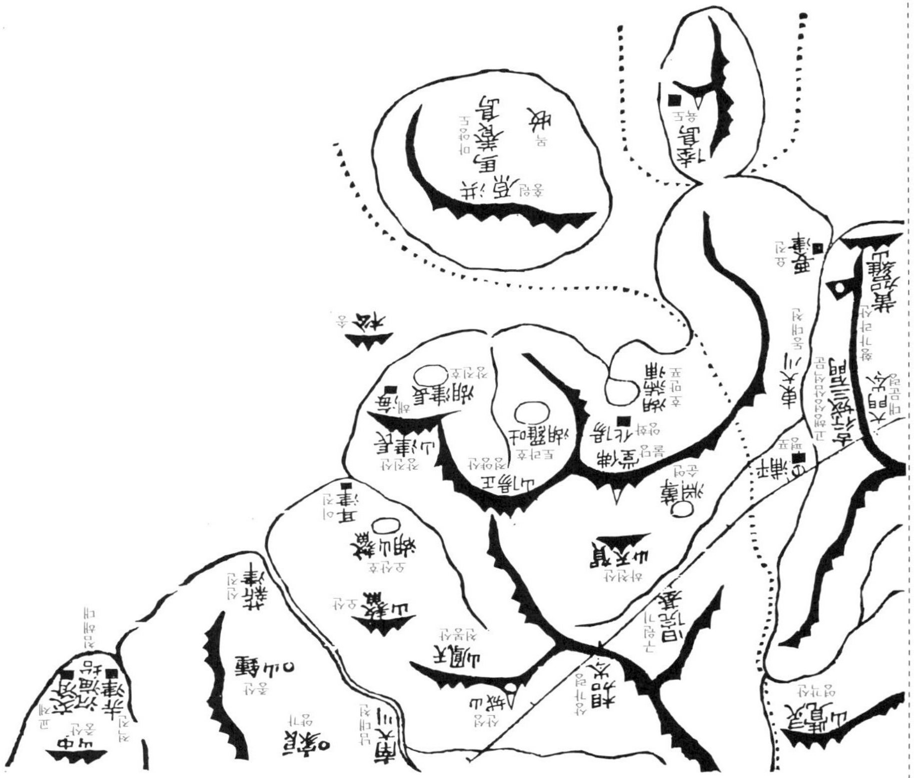

7-1 마운도

靈覺山 영각산
柑苶
城山 산성산
南大川 남대천
喉家 암가
交齊 교제
中沈山 중산
赤津 적진
沈海岾 침해점
침해대
상가령
天鳳山 천봉산
鍾山 종산
종산
薪津 신진
신진
구원기
旧院基
하천산
天賀山
鰲山 오산
오산호
湖山鰲 오산호
耳津 어진
瀞 순연
浦平 평포
불당
佛化堂 양화
正昜山 정양산
吐羅湖 토라호
長津山 장진산
長津湖 장진호
海津 해
東大川 동대천
호만포
湖滿浦
장진호
松 송
大門岾 대문령
古行城三石門 고행성삼석문
황가라산
黃羅山
要津 요진
陸島 육도
洪原馬養島牧 홍원 마양도 목

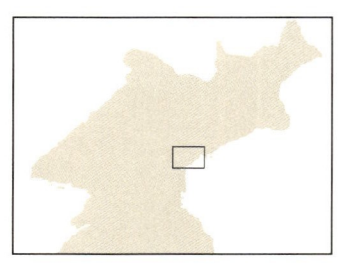

## 7-2 함흥咸興 홍원洪原

### '함흥차사'가 유래한 함흥

함경도 함흥은 조선을 세운 태조 이성계가 살던 곳이라 관련된 유적지와 전설이 많다. 조선 10대로의 하나인 경흥로는 함흥과 홍원을 지나 동북쪽의 북청으로 연결된다.

| 6-5 | 6-4 | 6-3 |
|---|---|---|
| 7-3 | 7-2 | 7-1 |
| 8-2 | 8-1 | |

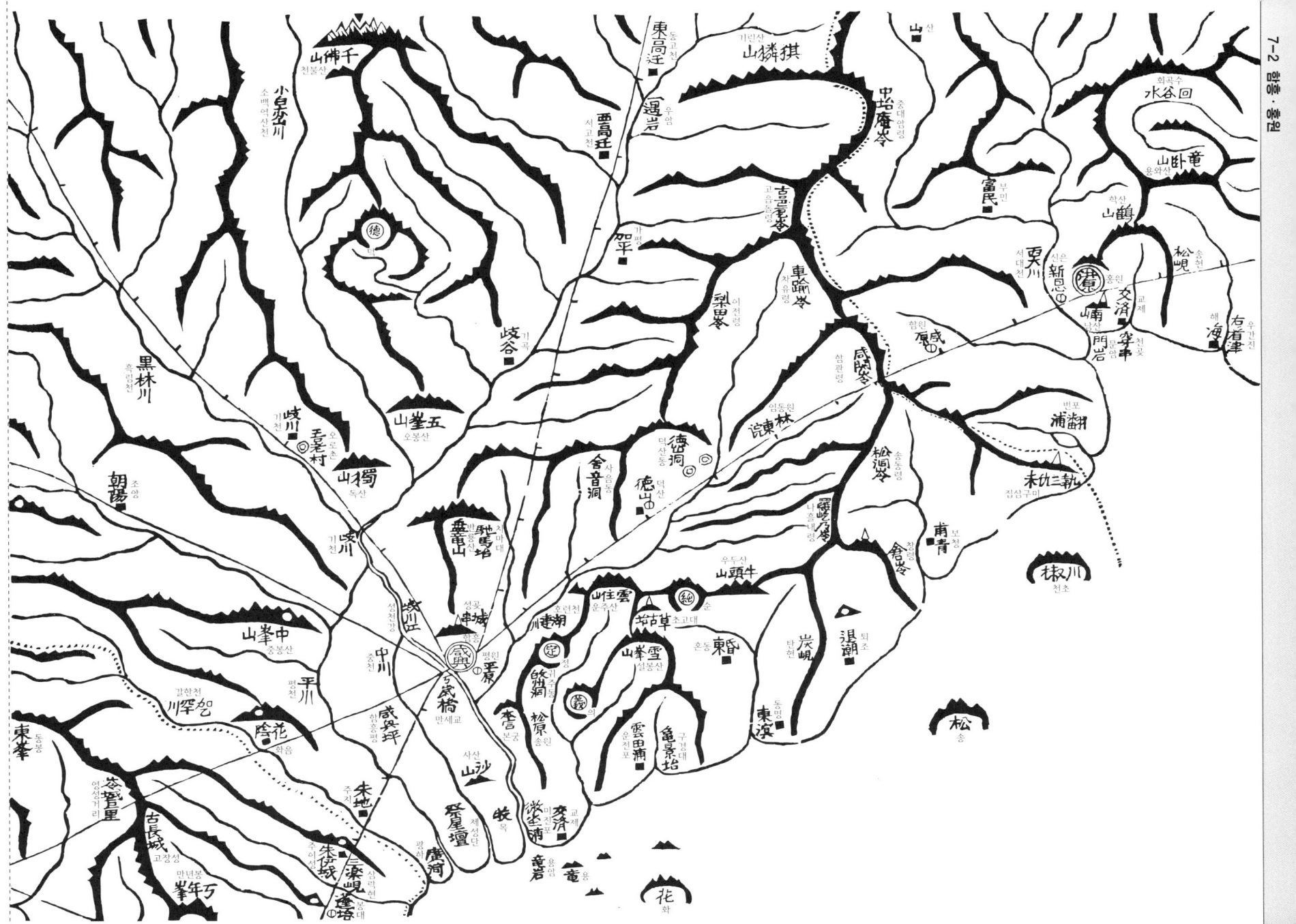

◀◀◀ (뒷면 지도) **7-2 함흥·홍원**

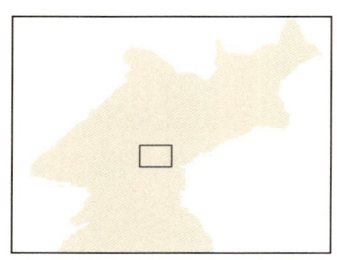

## 7-3 영성 寧城

**영원 동쪽을 지키던 옛 진보, 영성**

북쪽에서 내려온 백두대간 산줄기가 상검산에서 하검산을 지나 남쪽으로 뻗어 내려간다.
백두대간 서쪽은 평안도 영원 고을이고, 동북쪽은 함흥, 동남쪽은 정평 고을이다.

| 6-6 | 6-5 | 6-4 |
| --- | --- | --- |
| 7-4 | 7-3 | 7-2 |
| 8-3 | 8-2 | 8-1 |

| 영아 | □ 영이 있는 읍치는 표시 안함 | 읍치 | ○ 무성 ◎ 유성 | 성지 | 산성 관성 | 진보 | □ 무성 ■ 유성 | 창고 | ■ 무성 ■ 유성 | 목소 | 牧 場屬 |
| 고현 | ● ◉ 유성 ◎ 구읍지 유성 | 고진보 | ▲ ▲ 유성 | 역참 | ① | 방리 | ○ | 능침 | ○ 원내 능호 | 봉수 | ▲ | 고산성 | ▲ | 도로 | 10리 2 3 4 |

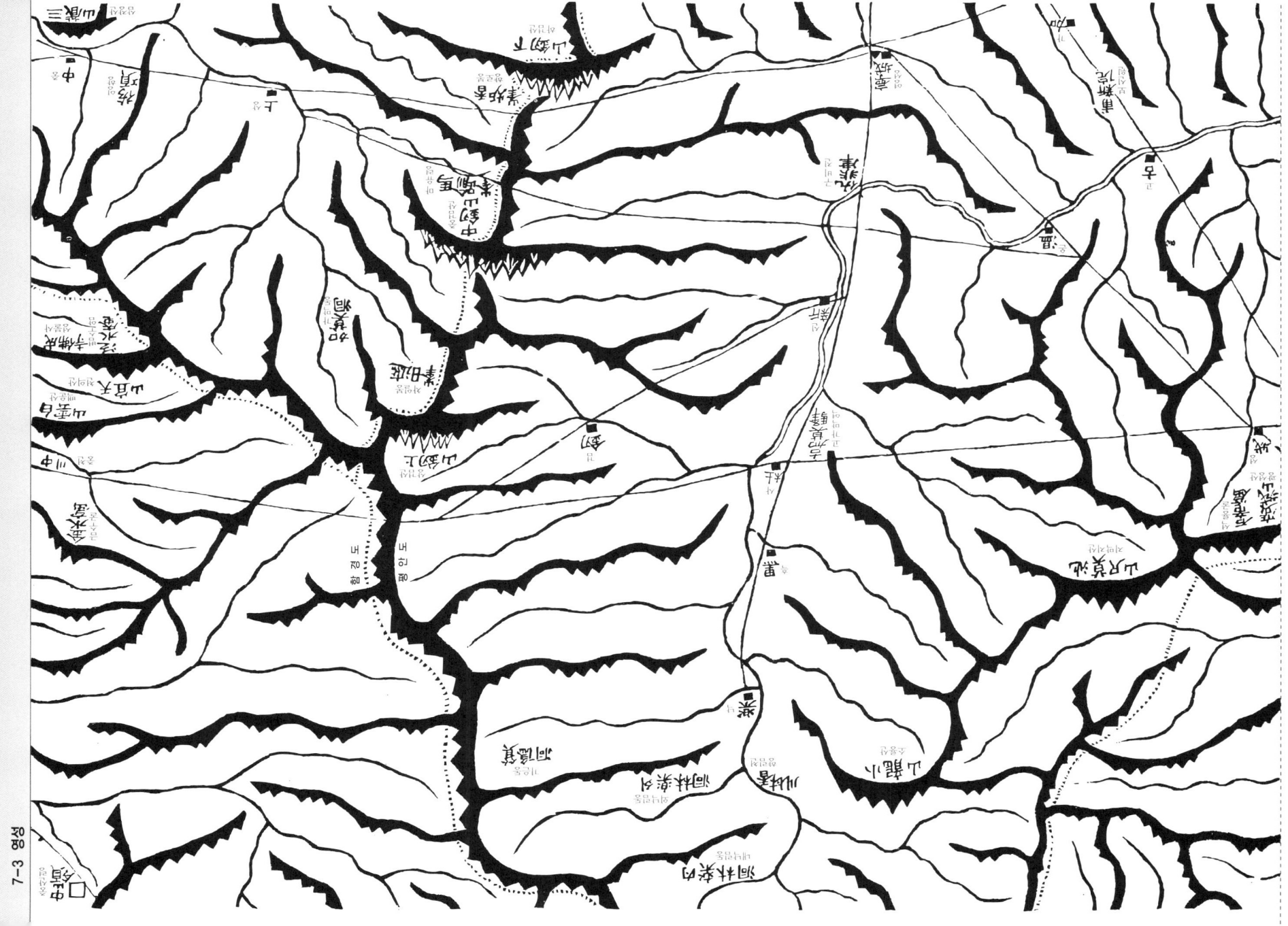

◀◀◀ (뒷면 지도) 7-3 영성

## 7-4 희천 熙川

**김굉필이 유배 왔던 희천**

청남정맥에 솟은 묘향산은 우리나라 4대 명산에 꼽히는 산이다. 상단 가운데에서 서남으로 흐르며 희천 고을을 지나는 하천은 청천강 상류다. 우측 하단의 하천은 대동강 줄기다.

| 6-7 | 6-6 | 6-5 |
|---|---|---|
| 7-5 | 7-4 | 7-3 |
| 8-4 | 8-3 | 8-2 |

| 영아 | 영이 있는 읍치는 표시 안함 | 읍치 | ○무성 ◎유성 | 성지 | 산성 관성 | 진보 | □무성 ■유성 | 창고 | ■무성 ■유성 | 목소 | 牧 場屬 |
|---|---|---|---|---|---|---|---|---|---|---|---|
| 고현 | ●유성 ◉구읍지 유성 | 고진보 | ▲ ▲유성 | 역참 | ① | 방리 | ○ | 능침 | ○원내 능호 | 봉수 | ▲ 고산성 ▲ 도로 10리 2 3 4 |

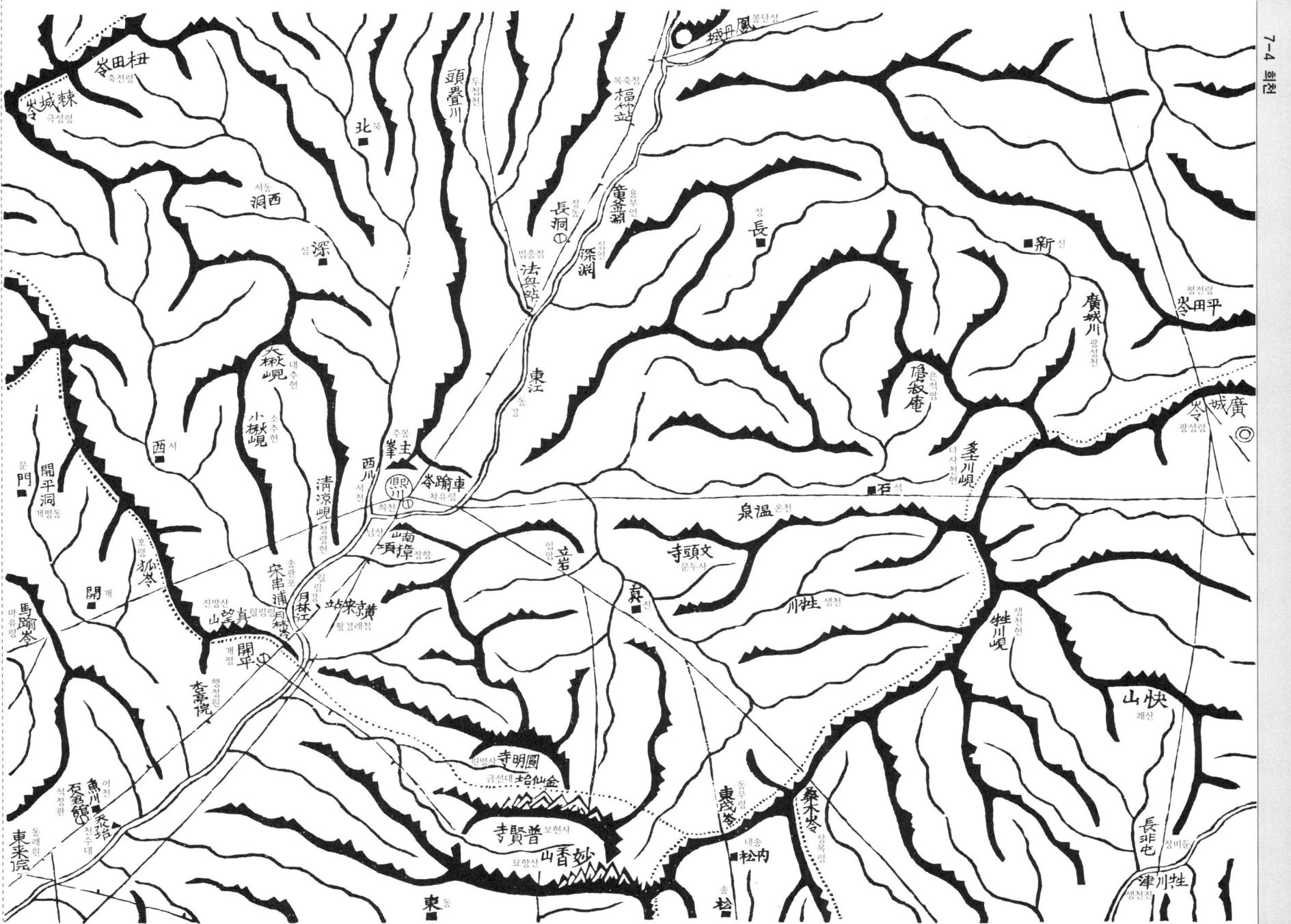

◀◀◀ (뒷면 지도) 7-4 희천

## 7-5 운산 雲山

**연개소문 잠들어 있는 구름의 고을, 운산**

우측 상단의 구인령에서 우현~월은내령으로 뻗는 산줄기는 청북정맥으로서 천리장성 일부를 이룬다. 여기서 발원해 남류하며 운산을 지나는 하천은 지금의 구룡강이고, 서쪽의 당아산성을 지나는 하천은 대정강의 상류다.

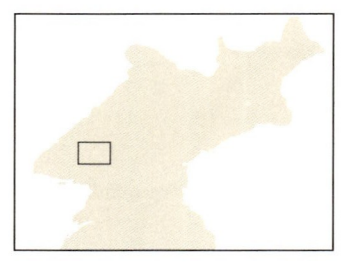

| 6-8 | 6-7 | 6-6 |
| --- | --- | --- |
| 7-6 | 7-5 | 7-4 |
| 8-5 | 8-4 | 8-3 |

| 영아 | 영이 있는 읍치는 표시 안함 | 읍치 ○무성 ◎유성 | 성지 산성 관성 | 진보 □무성 ▣유성 | 창고 ■무성 ▣유성 | 목소 牧 場屬 |
| --- | --- | --- | --- | --- | --- | --- |
| 고현 | ●◉유성 ◎구읍지 유성 | 고진보 ▲▲유성 | 역참 ① | 방리 ○ | 능침 ○원내 능호 | 봉수 ▲ | 고산성 ▲ | 도로 10리 2 3 4 |

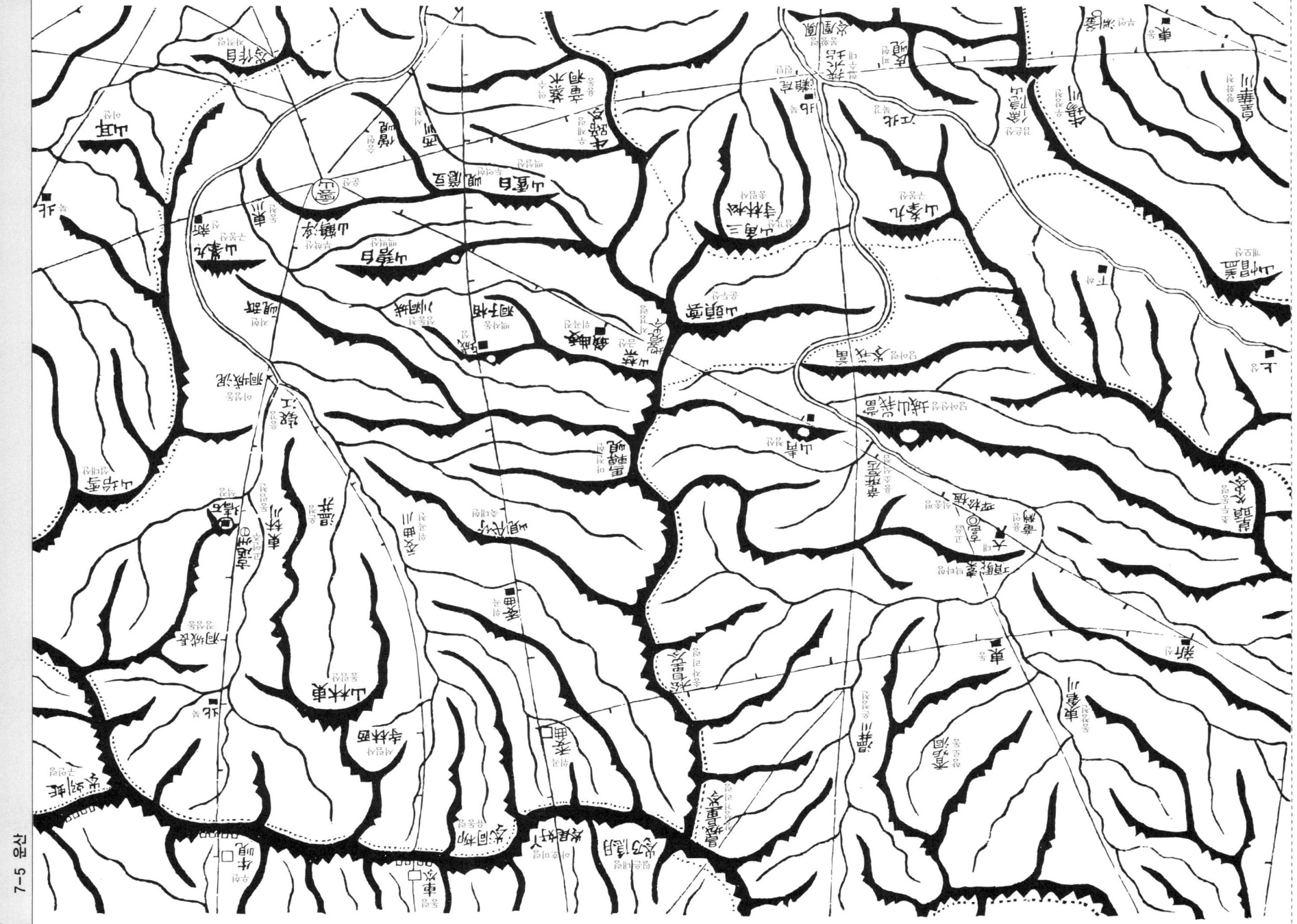

## 7-6 삭주 朔州 구성 龜城

**천리장성 관성이 즐비한 삭주구성**

우측 상단의 완항령에서 서남으로 뻗으며 온정령을 지나는 청북정맥 산줄기에는 천리장성 일부를 담당하던 관성이 줄지어 있다. 좌측 상단의 폭이 넓은 강줄기는 압록강이다.

|  | 6-8 | 6-7 |
| --- | --- | --- |
| 7-7 | 7-6 | 7-5 |
| 8-6 | 8-5 | 8-4 |

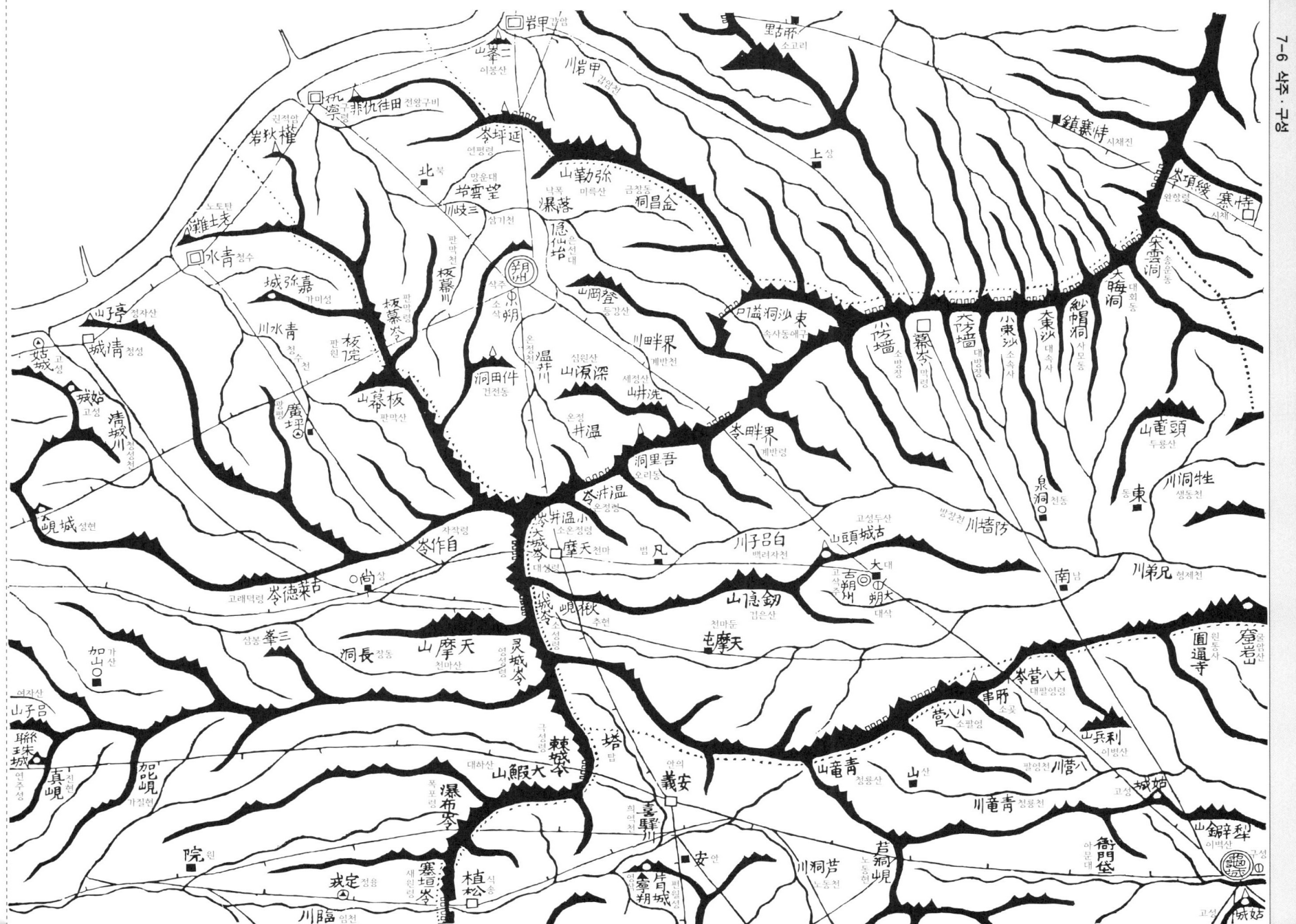

7-6 삭주·구성

(뒷면 지도) 7-6 삭주 · 구성

## 7-7 의주 義州

**심양으로 통하는 해동관문, 의주**

압록강 하구의 의주 고을은 중국 심양으로 통하는 관문이다. 압록강의 10여 개 하중도 중에서 가장 큰 섬인 위화도는 이성계가 회군한 섬이다.

|  |  | 6-8 |
|---|---|---|
|  | 7-7 | 7-6 |
|  | 8-6 | 8-5 |

| 영아 | 영이 있는 읍치는 표시 안함 | 읍치 ○무성 ◎유성 | 성지 산성 관성 | 진보 □무성 ▢유성 | 창고 ■무성 ▣유성 | 목소 牧 場屬 |
|---|---|---|---|---|---|---|
| 고현 ●◉유성 ◎구읍지유성 | | 고진보 ▲ ▲유성 | 역참 ① | 방리 ○ | 능침 ○원내능호 | 봉수 ▲ 고산성 ▲ 도로 10리 2 3 4 |

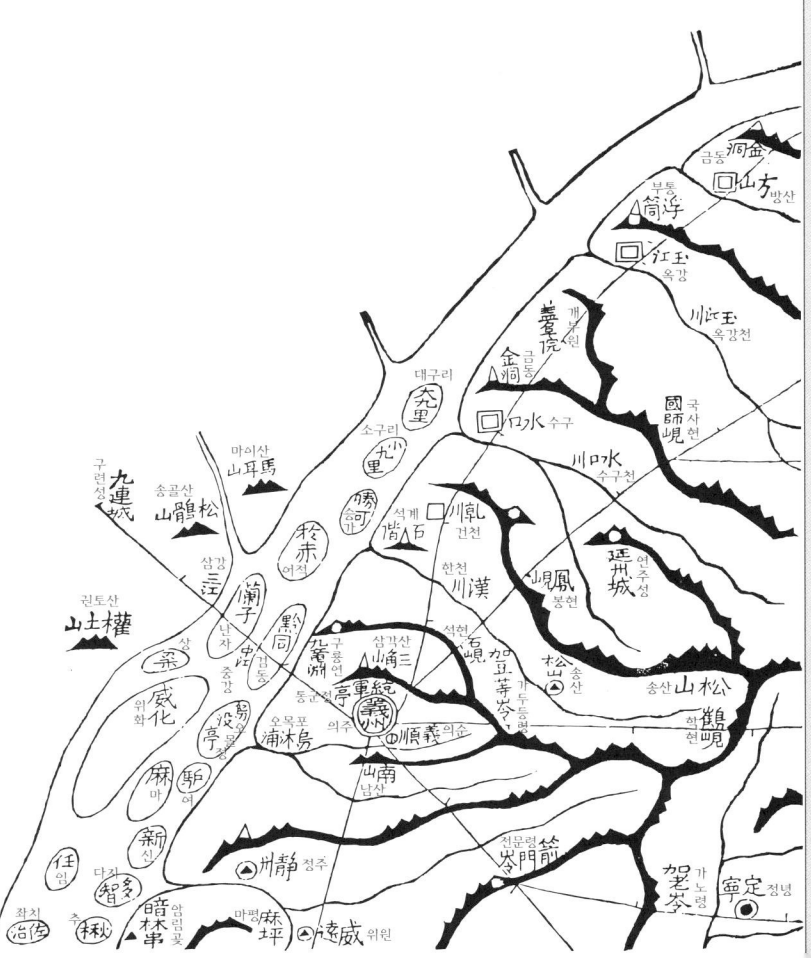

◀◀◀ (뒷면 지도) 7-7 의주

# 8-1 정평定平 영흥永興

### 조선 태조 이성계의 출생지, 영흥

천리장성의 동쪽 끝 지역을 이루는 함경도 영흥은 이성계가 태어난 고을이다.
영흥·정평 해안의 평야지대는 함경도의 식량 창고 역할을 한다.

| 7-3 | 7-2 | 7-1 |
|---|---|---|
| 8-2 | 8-1 | |
| 9-2 | 9-1 | |

8-1 정평·영흥

山日曇 비백산 정평
峯德望 망덕봉
室宰
兄弟岩 성제암
浦頭向 고장성
城長古
都連德州 덕주
嘯岩 구두포
長者浦

山成道 도성산
下 하
德宣 선덕

城知山 산지성
長溪川 장계천

城委汝 여위성
山 산

細即城 세유성현
元定峴 원정현
山安道 도안산 도안포
道安浦

洞金王 왕금동
草川 초원
豫原
山庵靜 정암산
寺奥新 신흥사
南城 예원현
元奥 일흥포
海
南 남

海 해
津祥甘
偦彦津 백안진
山正道 도정산
場峴 장현
寺心安 안심사
古長城 고장성
院彼金 금피원
峴石黑 흑석현
岑城光 광성령
安佛寺 안불사
王城 왕성
德峙 덕치

山菜海 해채산
山里頭 두리산
窟
沸流水 비류수
洛仁浦 제인포
江奥竜 용흥강
秃山 독산

井石 석정
山歷聖 성력산
永興
德
山泰國 국태산
秃峰嶺 동봉령
本宮 본궁
里石黑 흑석리
鳥生王 왕생도

山德大 대덕산
寺奥地 지흥사
海北 해북
松 송

井三 삼정
山德釼 검은산
齊交 교제
原高 고원
水永

山化鳳 봉학산
邑古 고읍
城鎮 진수산
山星七 칠성산
平長 장평

山鶴靈 설학산
石山 석산
長洲浦 장석포
山城屈 굴성산
堂望 망당
邑古 고읍
沙朴川 사박천

◀◀◀ (뒷면 지도) 8-1 정평 · 영흥

## 8-2 요덕 耀德

**철옹성 동쪽을 지키던 진보, 요덕**

백두대간 산줄기가 횡천령~철옹성을 지난 뒤 동남으로 뻗어 간다. 백두대간 동쪽은 함경도 영흥의 큰 하천인 용흥강 상류가 되고, 서쪽은 평안도 땅으로서 모두 대동강 수계다.

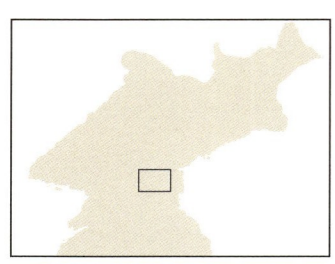

| 7-4 | 7-3 | 7-2 |
| --- | --- | --- |
| 8-3 | 8-2 | 8-1 |
| 9-3 | 9-2 | 9-1 |

| 영아 | □ 영이 있는 읍치는 표시 안함 | 읍치 ○무성 ◎유성 | 성지 산성 관성 | 진보 □무성 ▨유성 | 창고 ■무성 ▣유성 | 목소 ⊞ 牧 場屬 |
| --- | --- | --- | --- | --- | --- | --- |
| 고현 | ● ◉유성 ◎구읍지 유성 | 고진보 ▲ ⬢유성 | 역참 ① | 방리 ○ | 능침 ○원내 능호 | 봉수 ▲ 고산성 ⛰ 도로 10리 2 3 4 |

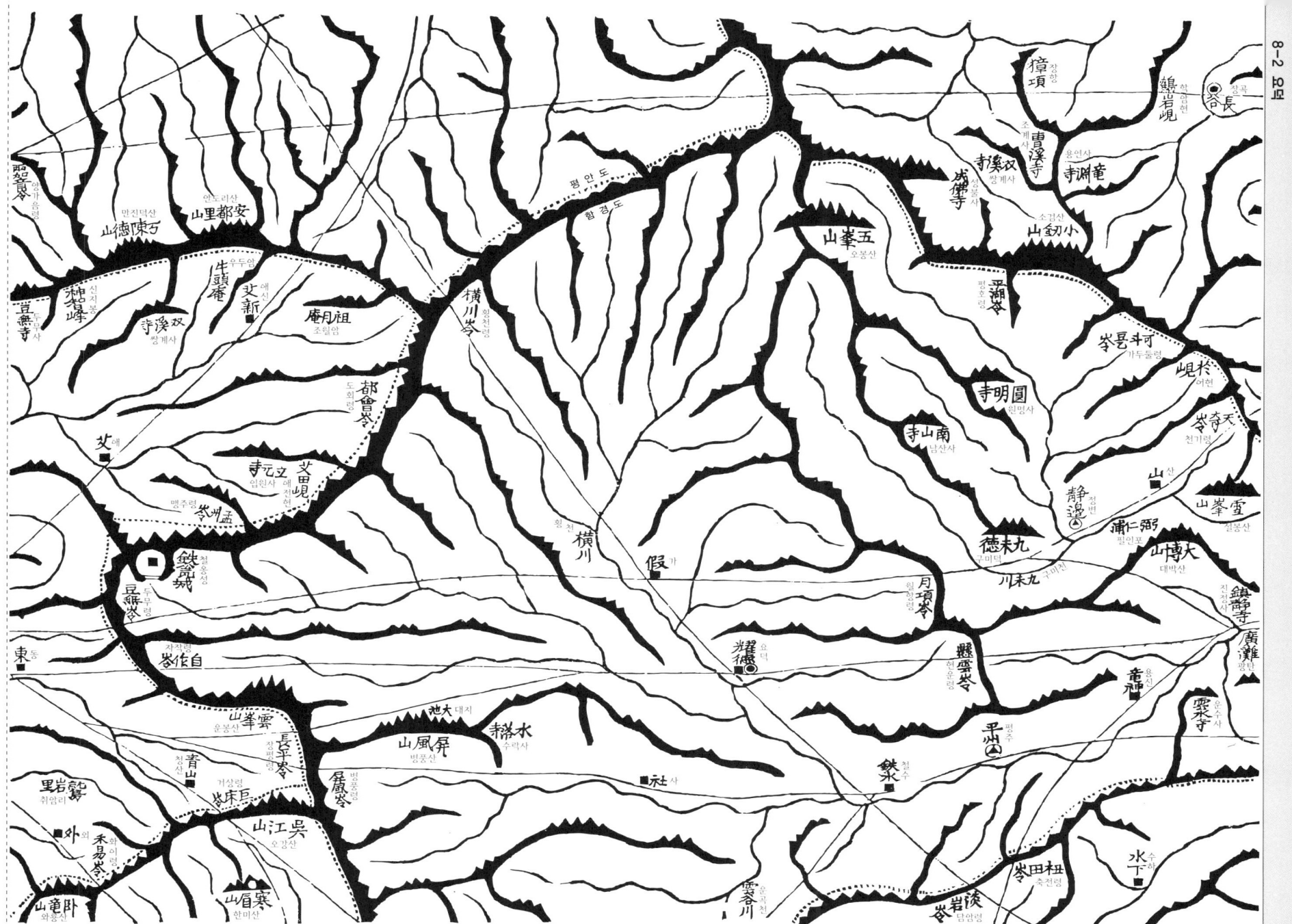

◀◀◀ (뒷면 지도) 8-2 요덕

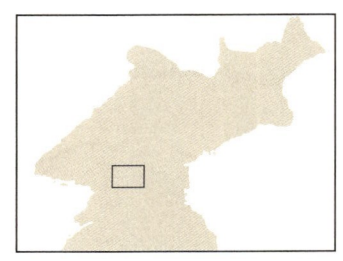

## 8-3 덕천德川 맹산孟山 개천价川

**강가 큰 언덕에 터 잡은 덕천**

우측 상단에서 서남류하며 평안도 영원·덕천을 지나가는 하천은 대동강 상류다.
대동강 서쪽의 장안산~백운산 산줄기는 청남정맥이다.

| 7-5 | 7-4 | 7-3 |
| --- | --- | --- |
| 8-4 | 8-3 | 8-2 |
| 9-4 | 9-3 | 9-2 |

| 영아 | ☐ 영이 있는 읍치는 표시 안함 | 읍치 | ○무성 ◯유성 | 성지 | 산성 관성 | 진보 | ☐무성 ■유성 | 창고 | ■무성 ■유성 | 목소 | 牧 場屬 |
| 고현 | ● ◉유성 ◍구읍지유성 | 고진보 | ▲ ◬유성 | 역참 | ① | 방리 | ○ | 능침 | ○원내능호 | 봉수 | ▲ | 고산성 | ▲ | 도로 | 10리 2 3 4 |

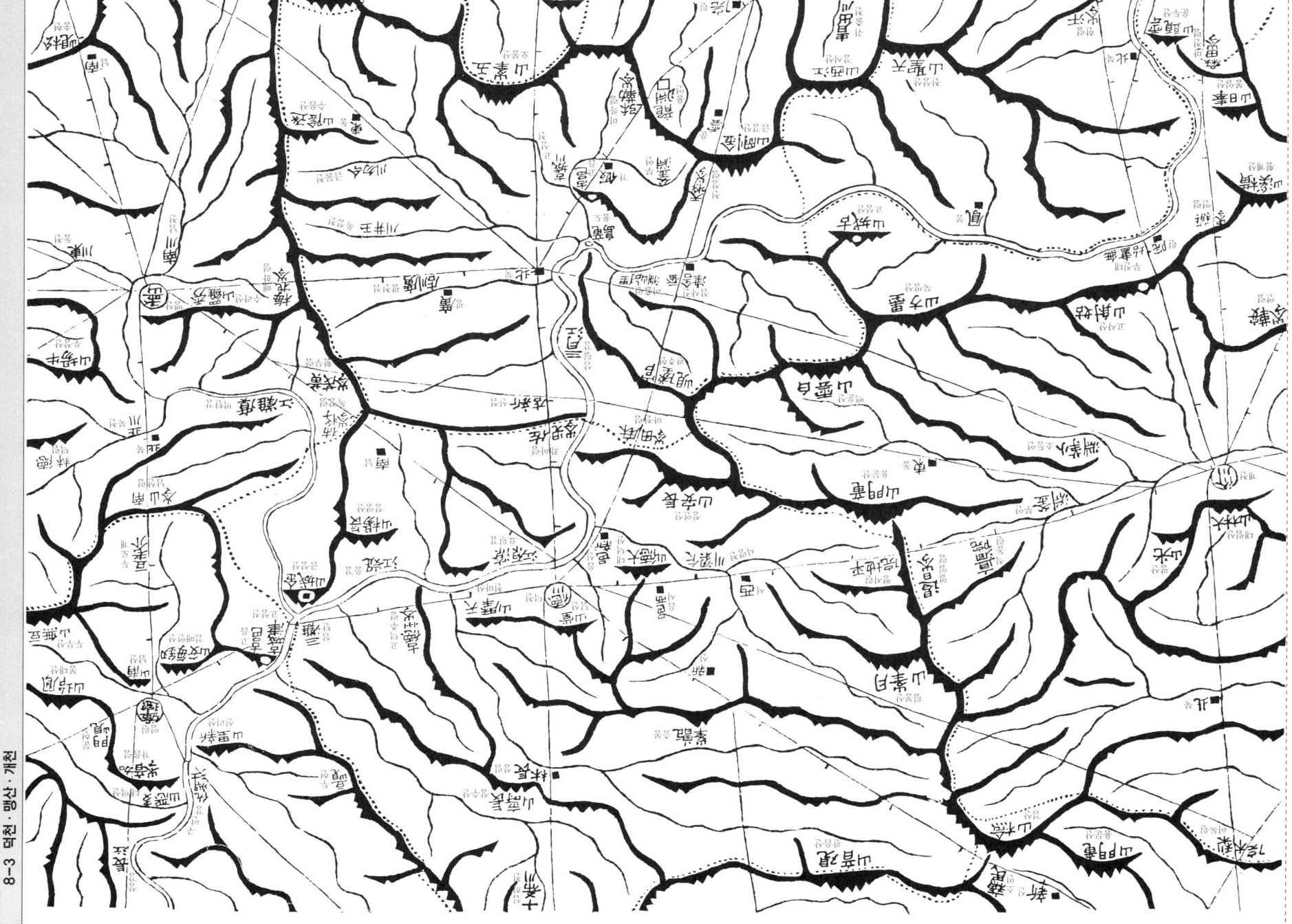

◀◀◀ (뒷면 지도) 8-3 덕천·맹산·개천

# 8-4 영변寧邊 안주安州 태천泰川

### 〈진달래꽃〉의 고을, 영변

우측 상단에서 서남류하는 큰 하천은 청천강이다. 영변을 지나온 공포천(지금의 구룡강)을 노도 부근에서 합류하고, 하구에 이르러 대정강(지금의 대령강)을 받아들인 후 서해로 흘러든다.

| 7-6 | 7-5 | 7-4 |
| --- | --- | --- |
| 8-5 | 8-4 | 8-3 |
|  | 9-4 | 9-3 |

| 영아 | 영이 있는 읍치는 표시 안함 | 읍치 | ○무성 ◎유성 | 성지 | 산성 관성 | 진보 | □무성 ▣유성 | 창고 | ■무성 ▪유성 | 목소 | 牧場屬 |
| --- | --- | --- | --- | --- | --- | --- | --- | --- | --- | --- | --- |
| 고현 | ●◉유성 ◎구읍지 유성 | 고진보 | ▲▲유성 | 역참 | ① | 방리 | ○ | 능침 | ○원내 능호 | 봉수 ▲ 고산성 ▲ | 도로 10리 2 3 4 | |

106

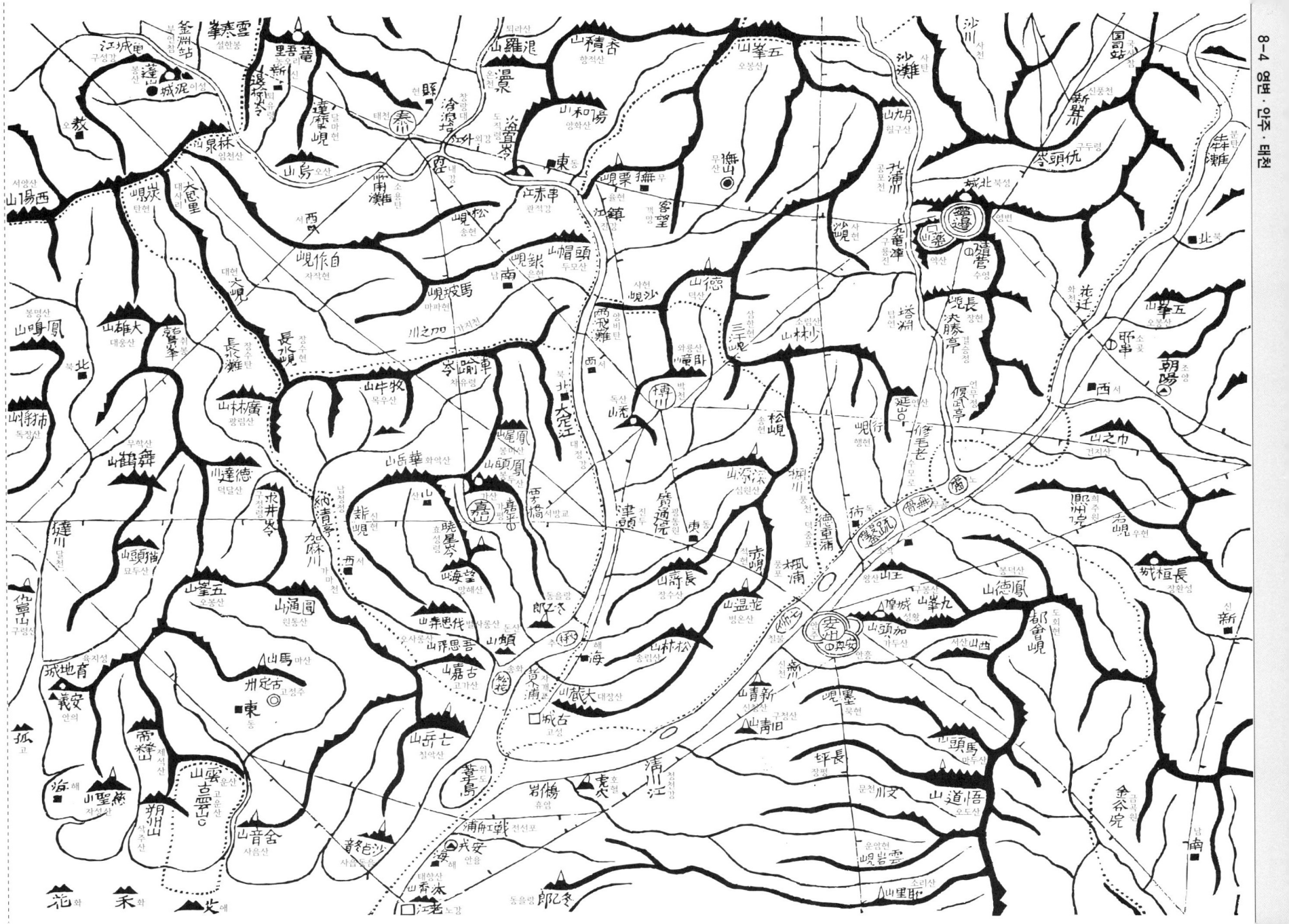

◀◀◀ (뒷면 지도) 8-4 영변·안주·태천

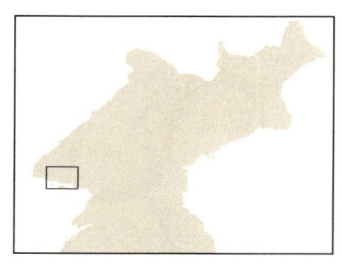

## 8-5 철산鐵山 선천宣川 정주定州

**서희가 되찾은 강동 6주 지역**

상단 가운데 부근의 장현에서 서남쪽의 이현~보광산~망일산~용골산으로 뻗은 산줄기는 청북정맥이고, 하단의 바다는 서해다. 이 일대는 고려 때 회복한 강동 6주에 속한다.

| 7-7 | 7-6 | 7-5 |
|---|---|---|
| 8-6 | 8-5 | 8-4 |
|  |  | 9-4 |

| 영아 | □ 영이 있는 읍치는 표시 안함 | 읍치 | ○ 무성 ◯ 유성 | 성지 | ⛰ 산성 〰 관성 | 진보 | □ 무성 ▢ 유성 | 창고 | ■ 무성 ▣ 유성 | 목소 | ⊞ 牧 場屬 |
|---|---|---|---|---|---|---|---|---|---|---|---|
| 고현 | ● 유성 ◎ 구읍지 유성 | 고진보 | ▲ ▲ 유성 | 역참 | ① | 방리 | ○ | 능침 | ○ 원내 능호 | 봉수 | ▲ | 고산성 | ⛰ | 도로 | 10리 2 3 4 |

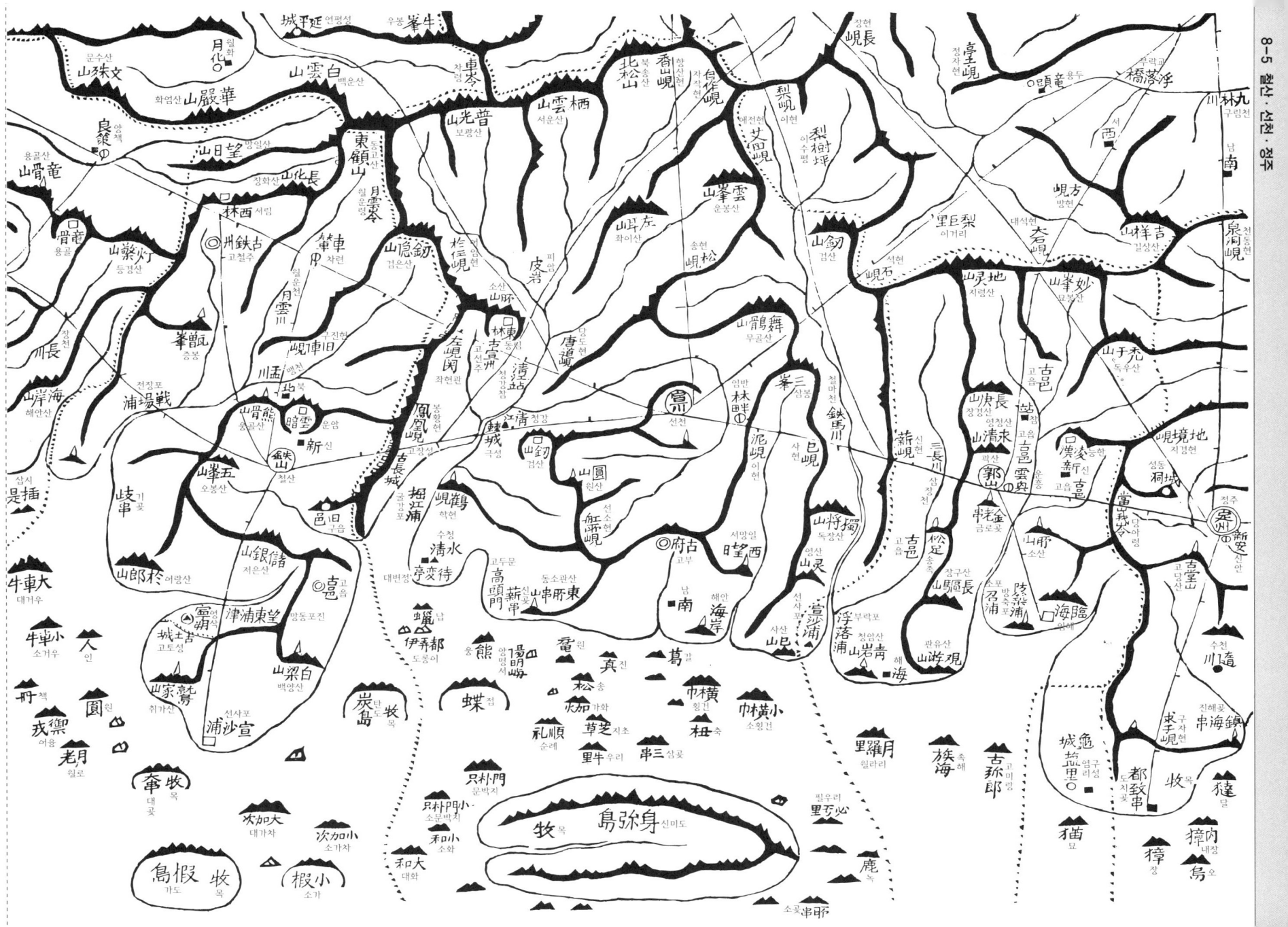

(뒷면 지도) 8-5 철산 · 선천 · 정주

## 8-6 용천 龍川

**압록강 하류의 동쪽 고을, 용천**

압록강 하구로서 신의주 일대다. 하구 동쪽의 미라산은 청북정맥의 끝자락이다. 도랑강은 거란과의 귀주대첩 당시 강물을 막아 크게 승리한 하천으로서, 지금의 삼교천이다.

|  | 7-7 | 7-6 |
|---|---|---|
|  | 8-6 | 8-5 |
|  |  |  |

◀◀◀ (뒷면 지도) 8-6 용천

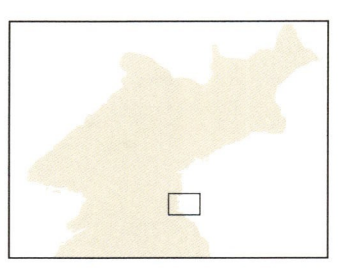

## 9-1 고원高原 문천文川 덕원德源

**고구려 동천왕이 피난 왔던 문천**

좌측 하단의 마수령이 표기된 굵은 산줄기는 백두대간이다. 현재는 호도반도와 송전만, 목장이 있는 사눌도, 영흥만, 원산항이 해안으로 이어져 있다.

| 8-2 | 8-1 | |
| --- | --- | --- |
| 9-2 | 9-1 | |
| 10-3 | 10-2 | 10-1 |

| 영아 | 영이 있는 읍치는 표시 안함 | 읍치 ○무성 ◎유성 | 성지 ⛰산성 〜〜관성 | 진보 □무성 ▣유성 | 창고 ■무성 ▣유성 | 목소 ⊞ 牧 場屬 |
| --- | --- | --- | --- | --- | --- | --- |
| 고현 | ●◉유성 ◎구읍지 유성 | 고진보 ▲ ▲유성 | 역참 ① | 방리 ○ | 능침 ○원내 ○능호 | 봉수 ▲ | 고산성 ▲ | 도로 10리 2 3 4 |

9-1 고원·문천·덕원

◀◀◀ (뒷면 지도) 9-1 고원·문천·덕원

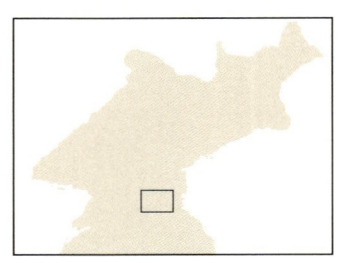

## 9-2 양덕 陽德

**고려 때 여진과 거란의 침략을 막던 변방, 양덕**

좌측 상단의 미놀령에서 동남의 운령~기린령~두류산으로 뻗어 가는 굵은 산줄기는 백두대간이다. 양덕을 지나는 하천은 대동강 지류인 남강이며, 좌측 상단의 쌍선 하천은 대동강 지류인 비류강이다.

| 8-3 | 8-2 | 8-1 |
|---|---|---|
| 9-3 | 9-2 | 9-1 |
| 10-4 | 10-3 | 10-2 |

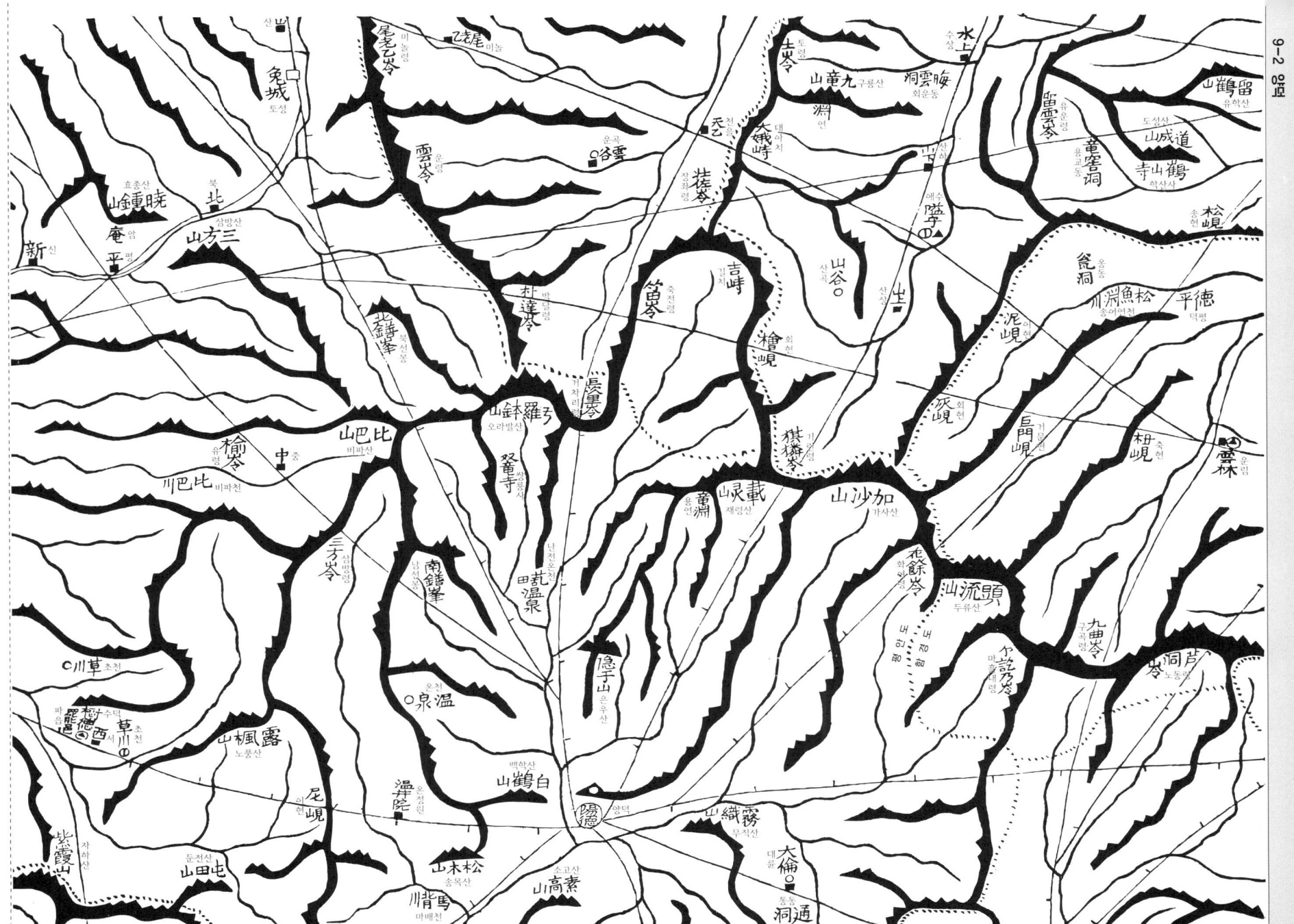

◀◀◀ (뒷면 지도) 9-2 양덕

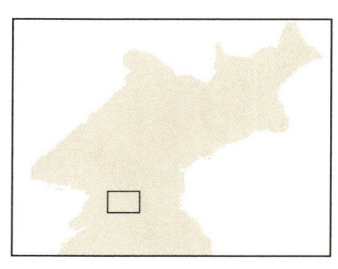

# 9-3 은산 殷山　성천 成川　강동 江東

**주몽의 설화가 전해 오는 성천**

좌측 상단의 북에서 남으로 흐르는 하천은 대동강, 우측 가운데에서 서쪽으로 흐르며 성천을 지나 대동강에 합류하는 하천은 비류강이다.

| 8-4 | 8-3 | 8-2 |
| --- | --- | --- |
| 9-4 | 9-3 | 9-2 |
| 10-5 | 10-4 | 10-3 |

| 영아 | □ 영이 있는 읍치는 표시 안함 | 읍치 | ○ 무성　◎ 유성 | 성지 | ⛰ 산성　⛰ 관성 | 진보 | □ 무성　■ 유성 | 창고 | ■ 무성　■ 유성 | 목소 | 囧 牧 場屬 |
| --- | --- | --- | --- | --- | --- | --- | --- | --- | --- | --- | --- |
| 고현 | ● 유성　◎ 구읍지 유성 | 고진보 | ▲　△ 유성 | 역참 | ① | 방리 | ○ | 능침 | ○ 원내 능호 | 봉수 | ▲ | 고산성 | ▲ | 도로 | 10리 2 3 4 |

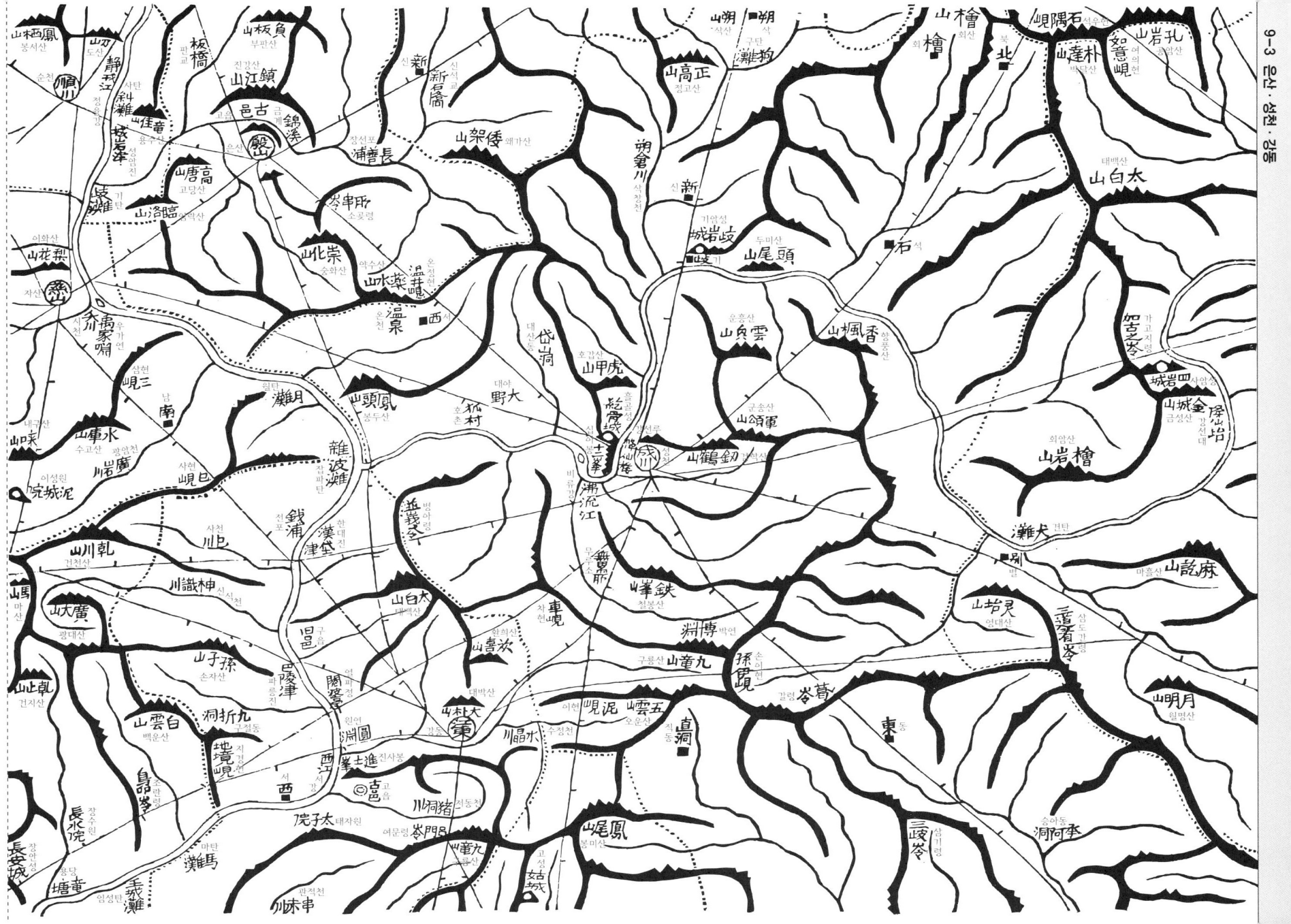

◀◀◀ (뒷면 지도) 9-3 은산·성천·강동

## 9-4 숙천 肅川  영유 永柔  순안 順安

**평양의 식량 창고, 순안**

우측 상단에서 청남정맥이 도운산~황룡산~법흥산~미두산~두등산 등을 세우며 서남쪽으로 뻗어 간다. 남부의 미륵천 기슭에는 순안벌이 펼쳐져 있다. 평양 북부 지역이다.

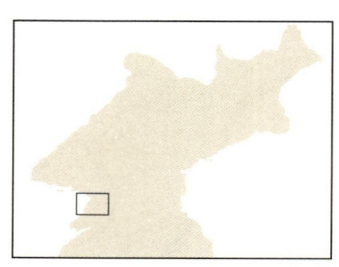

| 8-5 | 8-4 | 8-3 |
|---|---|---|
|  | 9-4 | 9-3 |
| 10-6 | 10-5 | 10-4 |

| 영아 | ☐ 영이 있는 읍치는 표시 안함 | 읍치 ○무성 ◯유성 | 성지 ⛰산성 ⛰관성 | 진보 ☐무성 ☐유성 | 창고 ■무성 ■유성 | 목소 ⊞ 牧 場屬 |
|---|---|---|---|---|---|---|
| 고현 ●◉유성 ◎구읍지 유성 | 고진보 ▲ ◭유성 | 역참 ① | 방리 ○ | 능침 ○원내 능호 | 봉수 ▲ | 고산성 ▲ | 도로 10리 2 3 4 |

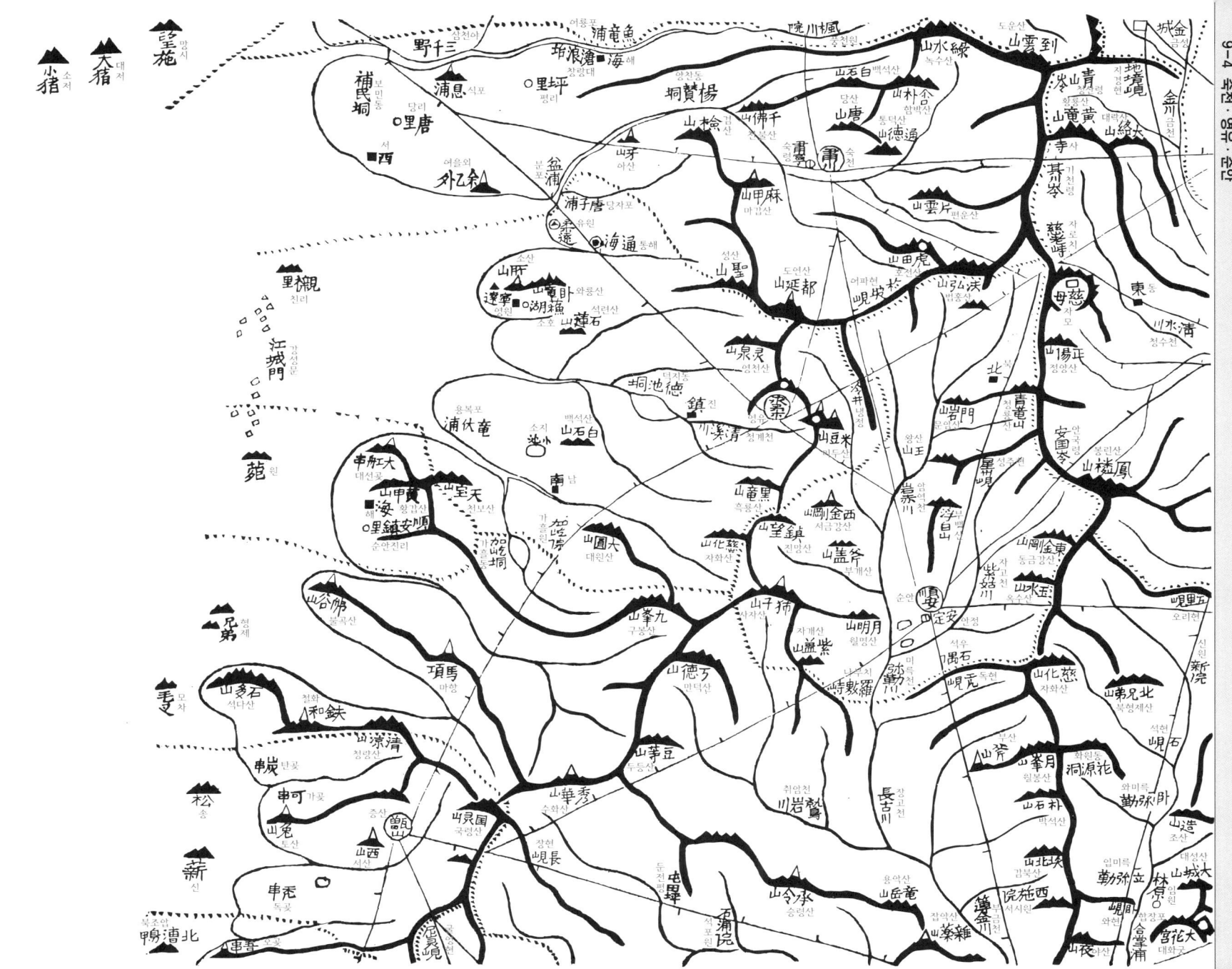

## 10-1 문암 門岩

**겸재 정선이 화폭에 담은 바위, 문암**

지도에 드러난 부분은 강원도 통천의 동남부 해안이다. 조진역은 통천과 고성을 잇는 해안길에 위치한 역이다. 동해에는 황도, 송도, 사도 등의 섬들이 떠 있다.

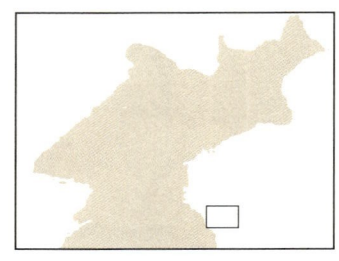

|  |  |  |
|---|---|---|
| 9-1 |  |  |
| 10-2 | 10-1 |  |
| 11-2 | 11-1 |  |

| 영아 | □ 영이 있는 읍치는 표시 안함 | 읍치 ○무성 ◎유성 | 성지 산성 관성 | 진보 □무성 ▣유성 | 창고 ■무성 ■유성 | 목소 🅁 牧 場屬 |
| 고현 | ● ◉유성 ◎구읍지 유성 | 고진보 ▲ ⬤유성 | 역참 ① | 방리 ○ | 능침 ○원내 ◎능호 | 봉수 ▲ | 고산성 ⛰ | 도로 10리 2 3 4 |

◀◀◀ (뒷면 지도) 10-1 문암

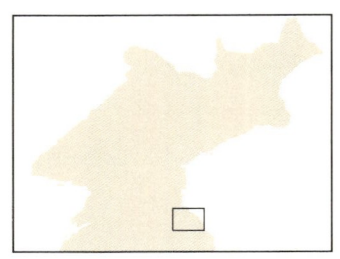

## 10-2 안변安邊 회양淮陽 통천通川
**〈신고산타령〉의 배경지, 안변**

좌측 상단에 백두대간이 살짝 모습을 드러냈다가 좌측 하단에 다시 나타나 회양 고을을 품고 크게 호를 그리며 남쪽으로 뻗어 간다. 동해안에는 안변, 흡곡, 통천 고을이 보인다.

| 9-2 | 9-1 | |
|---|---|---|
| 10-3 | 10-2 | 10-1 |
| 11-3 | 11-2 | 11-1 |

| 영아 | 영이 있는 읍치는 표시 안함 | 읍치 ○무성 ◎유성 | 성지 산성 관성 | 진보 □무성 ■유성 | 창고 ■무성 ■유성 | 목소 牧 場屬 |
|---|---|---|---|---|---|---|
| 고현 | ●유성 ◎구읍지 유성 | 고진보 ▲ ▲유성 | 역참 ① | 방리 ○ | 능침 ○원내 능호 | 봉수 ▲ | 고산성 ▲ | 도로 10리 2 3 4 |

漢川 한천 　雙川 쌍천 　方下山站 방하산점 　津 진 　安 안
俗谷 서곡 　鞍岾 안재 　鶴城山 학성산 　霜陰 상음 　國 국
寶城庵 보성암 　安邊 안변 　朔安 삭안 　香燈岾 향등치 　戎串 융곶
老人峯 노인치 　釼山峯 　白雲山 백운산 　飛雲岾 비운치 　沙流 유사 　戎古 융고
釋王寺 석왕사 　南大川 남대천 　女心寺 　火灯 화등 　元助岾 원조치
釋王川 석왕천 　法水山 법수산 　　　　　　郡山 군산 　鶴浦 학포
南山 남산 　深川 심천 　　毛只 모지 　池 지 　仙坪 선평
翼門站 익문참 　　　　　　　　毛只川 모지천 　　　鐵堨 철갈 　戎古
鶴翼洞 학익동 　富平 부평 　沙峴 사현 　　烏鴨山 오압산 　黃龍山 황룡산 　派川 파천 　白卯 백묘 　白卵 백란
龍池院 용지원 　　　　　九龍州 구룡주 　磨叙津 마서진 　石松 석송
翼谷川 익곡천 　鶴峴 학현 　　　　　　華藏寺 화장사 　花鶴岾 화학치 　瓦甑 와증 　東德 동덕
釼洞 검동 　　衛山 위산 　　　　　　馬寺山 마사산 　朴山 박산 　黃石山 황석산
翼谷 익곡 　　　　　　　　板機岾 판기령 　吉岾 길치 　綻谷 　魚水山 어수산
真洞 진동 　高山 고산 　　法所岾 법소령 　後峯山 후봉산 　黑峙 흑치 　寒橋川 한교천 　文峙 문치 　穿 천
　　　　　池 지 　　　　平竹岾 평죽령 　騎竹山 기죽산 　　　　致空山 치공산 　叢石 총석
風流山 풍류산 　　　　　　頓合岾 　十三嶺川 십삼현천 　巨豊 거풍 　雙鶴山 쌍학산
下房 하방 　　　安國寺 안국사 　鐵岾 철령 　沙洞里 사동리 　猪蹄岾 저제령 　通川 통천 　黃山 황천 　金蘭山 금란산
永興 　　　　　木谷里 목곡리 　吾里里 오리리 　獐尾山 장미산 　童貢寺 동공사 　中臺菴 중대관 　南川 남천 　猪 저
森浦岾 　比巴里 비파리 　郎里吾 　楸池岾 추지령 　碧山 벽산 　馬山 마산
道峯 봉도지 　江津新義舘山 　呑介山 개탄산 　和川 화천 　臨道 임도 　藤路 등로
金洞里 금동리 　立石里 입석리 　三千兵馬洞 삼천병마동 　馬川 마천 　馬山川 마산천
直洞 직동 　銀溪 은계 　古未里 고미리 　岾破寨 　孝經洞 효경동
　　　　　　窪陽 　　栢山 백산 　板幕岾 판막령 　雲岩川 운암천
小山 소산 　南山 남산 　　天寶山
柳邑里 유읍리 　鳳逸寺 봉일사

◀◀◀ (뒷면 지도) 10-2 안변·회양·통천

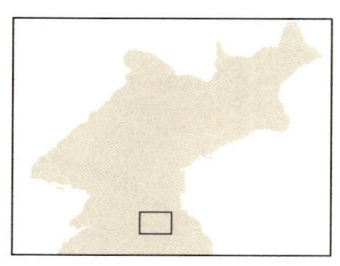

## 10-3 문성 文城 방장치 防墻峙

**길이 험한 완벽한 요새, 문성**

우측의 박달령~설운령~설탄령을 잇는 산줄기는 백두대간이다. 좌측의 쌍선으로 표현한 하천은 대동강 지류인 남강, 가운데 서남으로 흐르는 하천은 임진강이다.

| 9-3 | 9-2 | 9-1 |
| 10-4 | 10-3 | 10-2 |
| 11-4 | 11-3 | 11-2 |

| 영아 | □ 영이 있는 읍치는 표시 안함 | 읍치 ○무성 ◉유성 | 성지 🔺산성 ～관성 | 진보 □무성 ■유성 | 창고 ■무성 ■유성 | 목소 田 牧 場屬 |
| 고현 ●◉유성 ◎구읍지 유성 | 고진보 ▲△유성 | 역참 ① | 방리 ○ | 능침 ○원내 능호 | 봉수 ▲ | 고산성 ▲ | 도로 10리 2 3 4 |

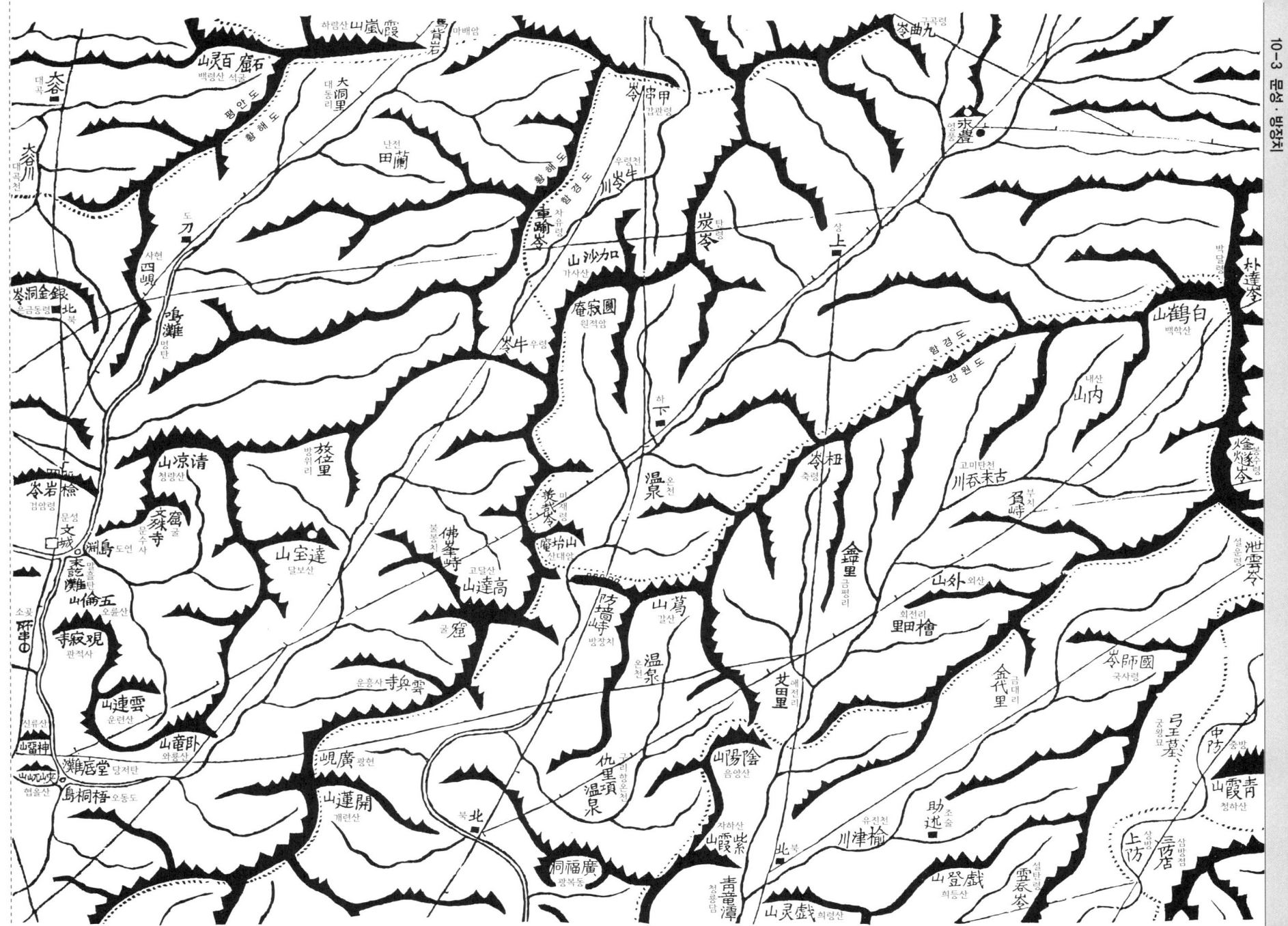

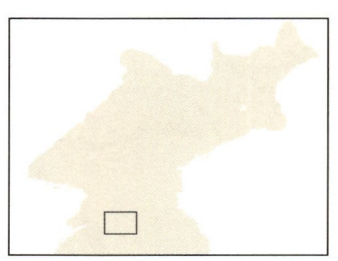

## 10-4 삼등三登 상원祥原 수안遂安

**한반도에서 가장 오래된 구석기 유적이 발견된 상원**

우측 가운데에서 서북으로 흐르며 삼등을 지나는 하천은 대동강 지류인 남강이다. 그 남쪽으로는 대각산~언진산~천자산~양파령을 잇는 해서정맥이 수안 고을을 감싸고 뻗어 간다.

| 9-4 | 9-3 | 9-2 |
|---|---|---|
| 10-5 | 10-4 | 10-3 |
| 11-5 | 11-4 | 11-3 |

| 영아 | ☐ 영이 있는 읍치는 표시 안함 | 읍치 | ○ 무성 ◎ 유성 | 성지 | 산성 관성 | 진보 | ☐ 무성 ☐ 유성 | 창고 | ■ 무성 ■ 유성 | 목소 | 牧 場屬 |
| 고현 | ● 유성 ◎ 구읍지 유성 | 고진보 | ▲ 유성 | 역참 | ① | 방리 | ○ | 능침 | ○ 원내 능호 | 봉수 | ▲ | 고산성 | ⛰ | 도로 | 10리 2 3 4 |

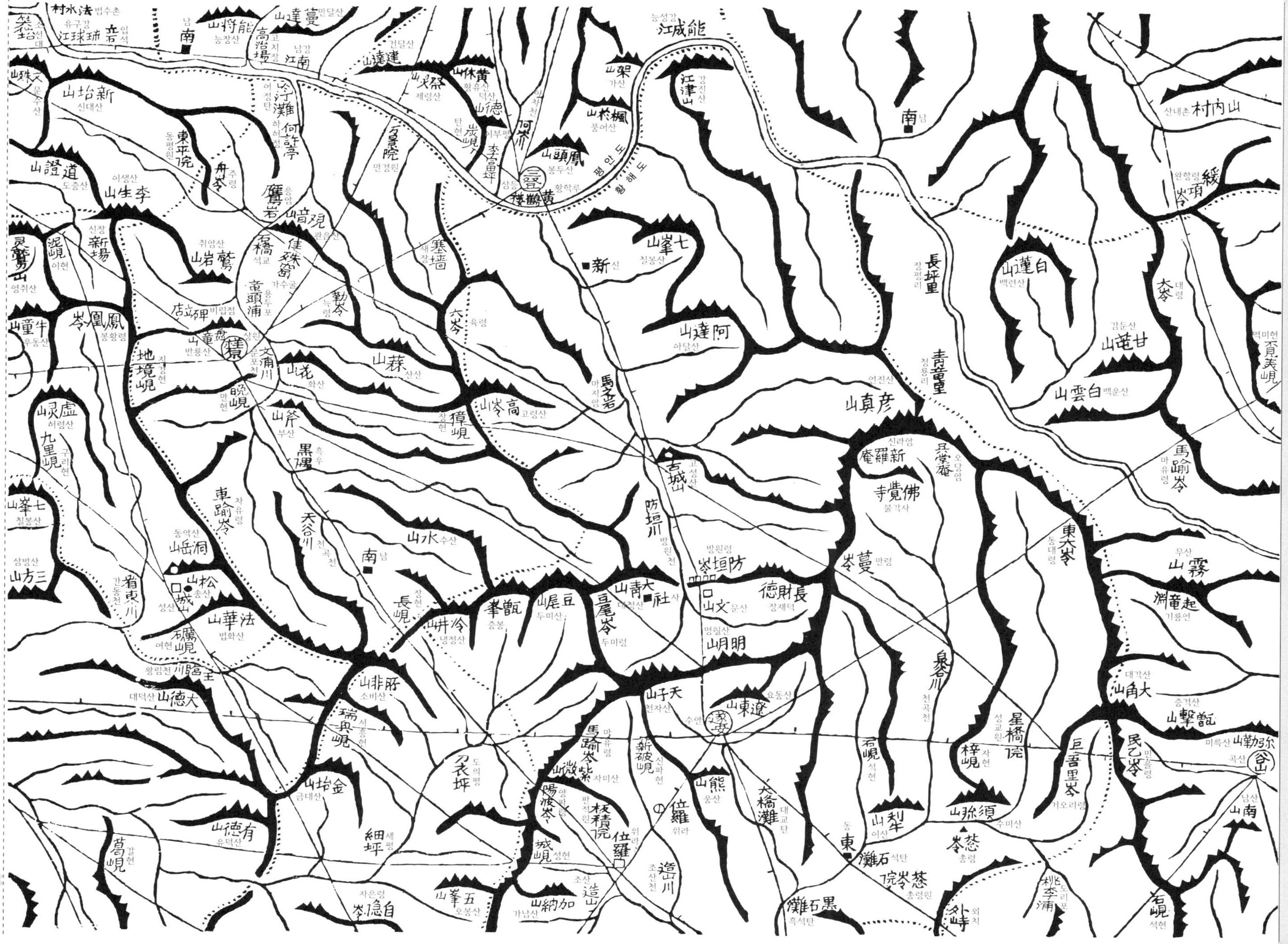

능성강
법수촌
유구강
입석
만달산
능장산
고치장
남강
건달산
문수산
신대산
제령산
황휴산
덕산
가산
강진산
산내촌
어정탄
하허정
탄현
이부평
풍어산
동평원
만경원
봉두산
황학루
삼등
평안도
황해도
완항령
이생산
도증산
주령
응암
신장
이현
취암산
석교
관음산
칠봉산
백련산
대령
영취산
용두포
가수굴
늑령
육령
비립점
봉황령
반룡산
상원
문포천
감둔산
아달산
역미현
우동산
지경현
화산
산산
청룡리
언진산
마지암
백운산
만현
장현
고령산
부산
허령산
구리현
흑우
신라암
오당암
고성산
마유령
불각사
차유령
천곡천
수산
방원천
동대령
무산
동악산
삼방산
간동천
송산
만령
방원령
증봉
두미산
대청산
문산
장재덕
기룡연
성산
법화산
냉정산
두미령
명월산
여현
왕림천
대덕산
소비산
요동산
천자산
수안
대각산
증격산
서흥현
신파현
석현
성교원
자현
민을령
미륵산
곡산
도의평
자미산
금대산
판적원
위라
웅산
대교탄
이산
수미산
거오리령
남산
유덕산
세평
갈현
성현
조산천
석탄
총령
자은령
오봉산
가납산
총령원
흑석탄
도리포
외치

◀◀◀ (뒷면 지도) **10-4 삼등 · 상원 · 수안**

## 10-5 평양 平壤  강서 江西  황주 黃州

**고구려의 마지막 도읍지, 평양**

대동강이 평양을 지나 월당강(지금의 재령강)을 합류한 뒤 서해로 흘러든다.
평양은 고구려의 마지막 도읍지로서 고분과 성터 등 수많은 유적이 산재한다.

|  | 9-4 | 9-3 |
|---|---|---|
| 10-6 | 10-5 | 10-4 |
| 11-6 | 11-5 | 11-4 |

| 영아 | 영이 있는 읍치는 표시 안함 | 읍치 | ○무성 ◎유성 | 성지 | 산성 관성 | 진보 | □무성 ■유성 | 창고 | ■무성 ■유성 | 목소 | 牧 場屬 |
|---|---|---|---|---|---|---|---|---|---|---|---|
| 고현 | ●◉유성 ◎구읍지 유성 | 고진보 | ▲●유성 | 역참 | ① | 방리 | ○ | 능침 | ○원내 능호 | 봉수 | ▲ | 고산성 | ⛰ | 도로 | 10리 2 3 4 |

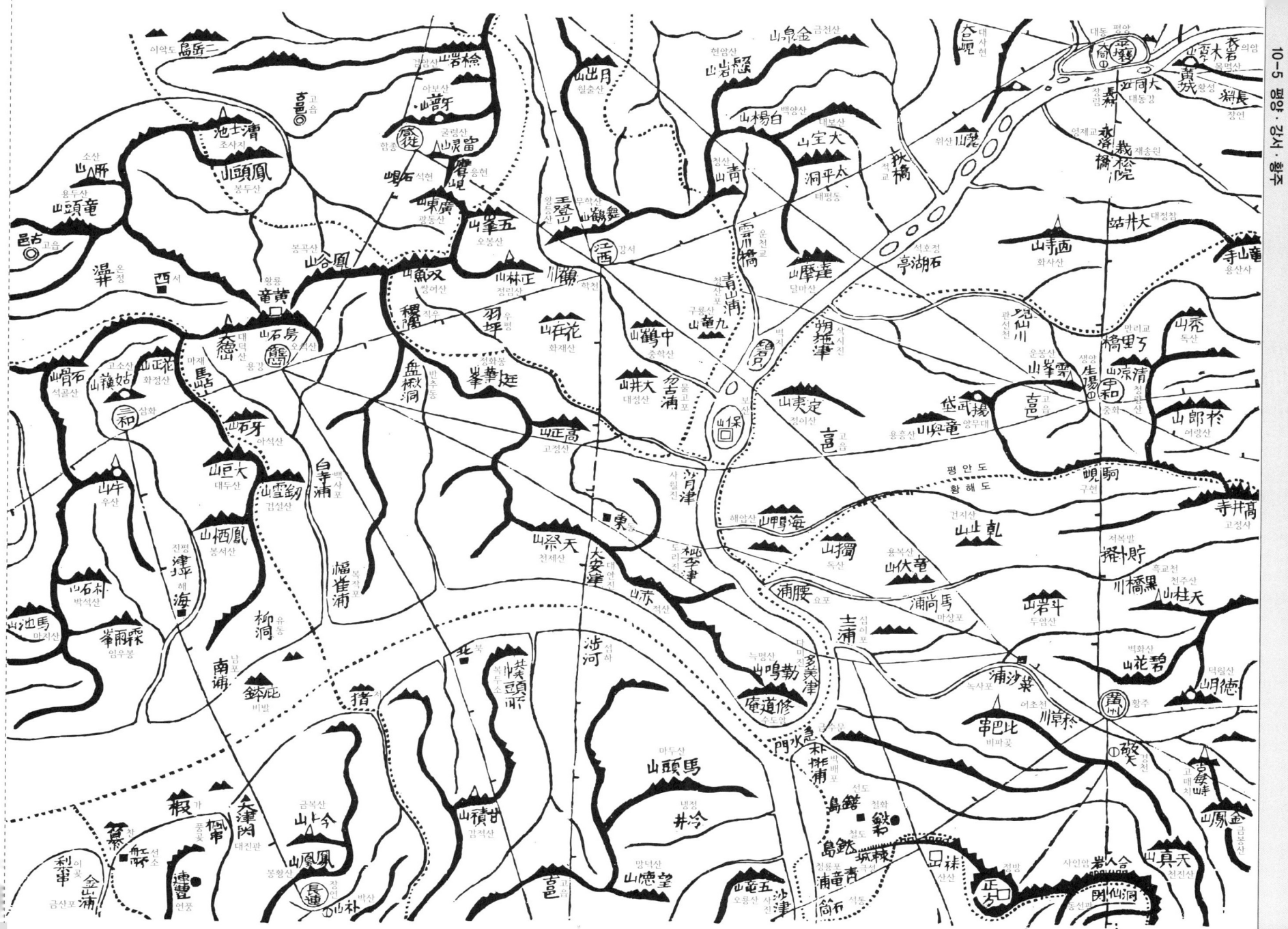

## 10-6 광량 廣梁

**대동강 하구의 방어 진지, 광량**

대동강 하구인 광량만 지역이다. 우측 가운데의 증복산~자정산~증악산~광량진은 청남정맥이다. 광량진 동쪽은 광량만이고, 그 안쪽 하구에 1986년 건설한 서해갑문이 있다.

|  |  | 9-4 |
|---|---|---|
|  | 10-6 | 10-5 |
|  | 11-6 | 11-5 |

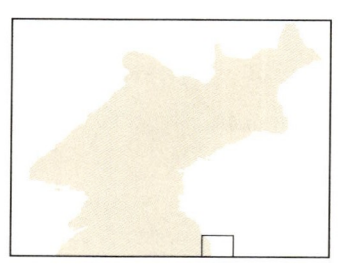

## 11-1 고성 高城

**금강산과 해금강을 품은 고성**

좌측 하단의 회전령~탄령~삽운령으로 이어지는 굵은 산줄기는 금강산에서 뻗어 내려온 백두대간이다. 지도의 고성은 현재 북한의 고성군 지역이다.

| 10-2 | 10-1 | |
|---|---|---|
| 11-2 | 11-1 | |
| 12-2 | 12-1 | |

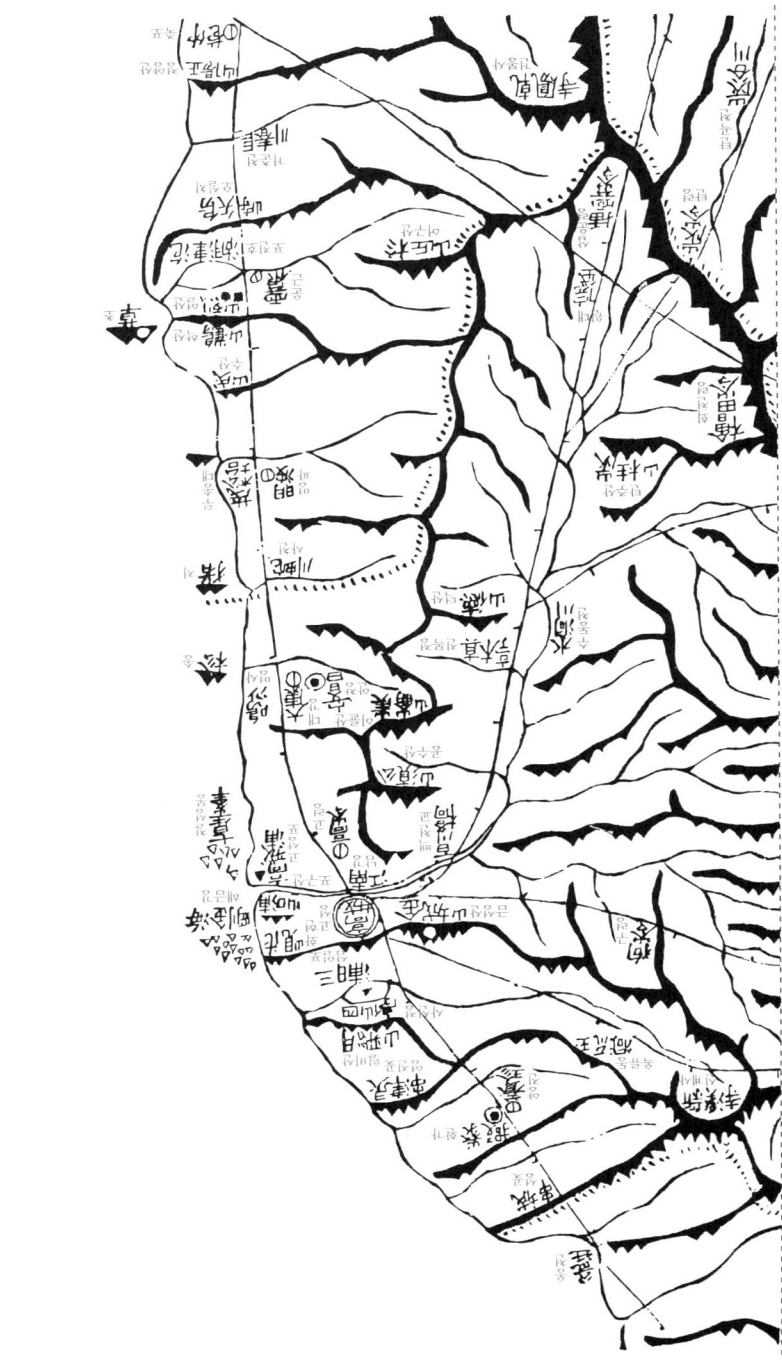

◀◀◀ (뒷면 지도) 11-1 고성

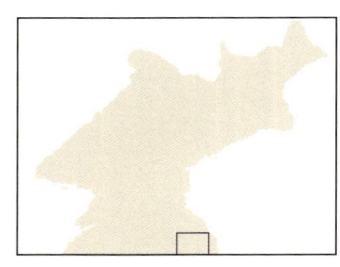

## 11-2 금강산 金剛山  금성 金城

**세계적인 명산, 금강산**

우측의 백두대간에 금강산이 솟아 있는데, 석화성 같은 기암괴석들로 이루어진 1만 2천 봉을 모두 표현하려는 듯 매우 화려하다. 좌측의 북에서 남으로 흐르는 맥판강은 북한강 최상류다.

| 10-3 | 10-2 | 10-1 |
| --- | --- | --- |
| 11-3 | 11-2 | 11-1 |
| 12-3 | 12-2 | 12-1 |

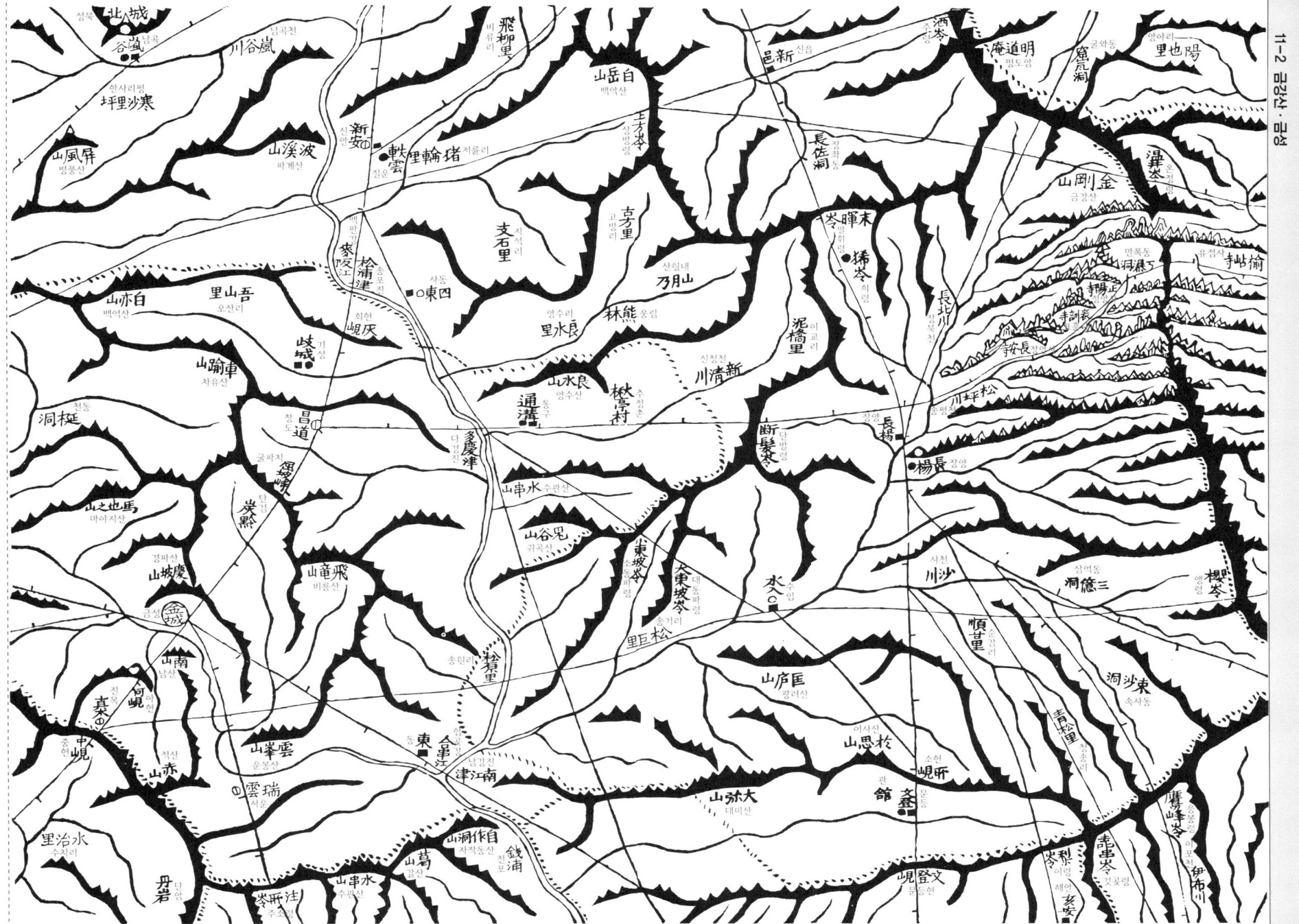

(뒷면 지도) 11-2 금강산 · 금성

## 11-3 이천伊川 평강平康 철원鐵原

**궁예가 삼한 통일의 꿈을 키운 철원**

우측 상단으로는 백두대간 산줄기가 내려와 분수령을 지나 동북쪽으로 빠져나간다. 분수령 동쪽에서 분기해 쌍령~장현~오신산으로 뻗은 산줄기는 한북정맥이다. 좌측의 이천·안협을 지나는 하천은 임진강이다.

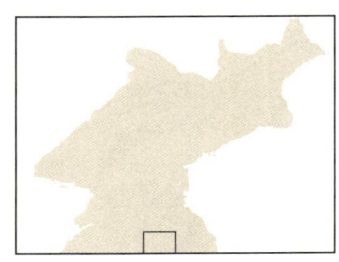

| 10-4 | 10-3 | 10-2 |
| --- | --- | --- |
| 11-4 | 11-3 | 11-2 |
| 12-4 | 12-3 | 12-2 |

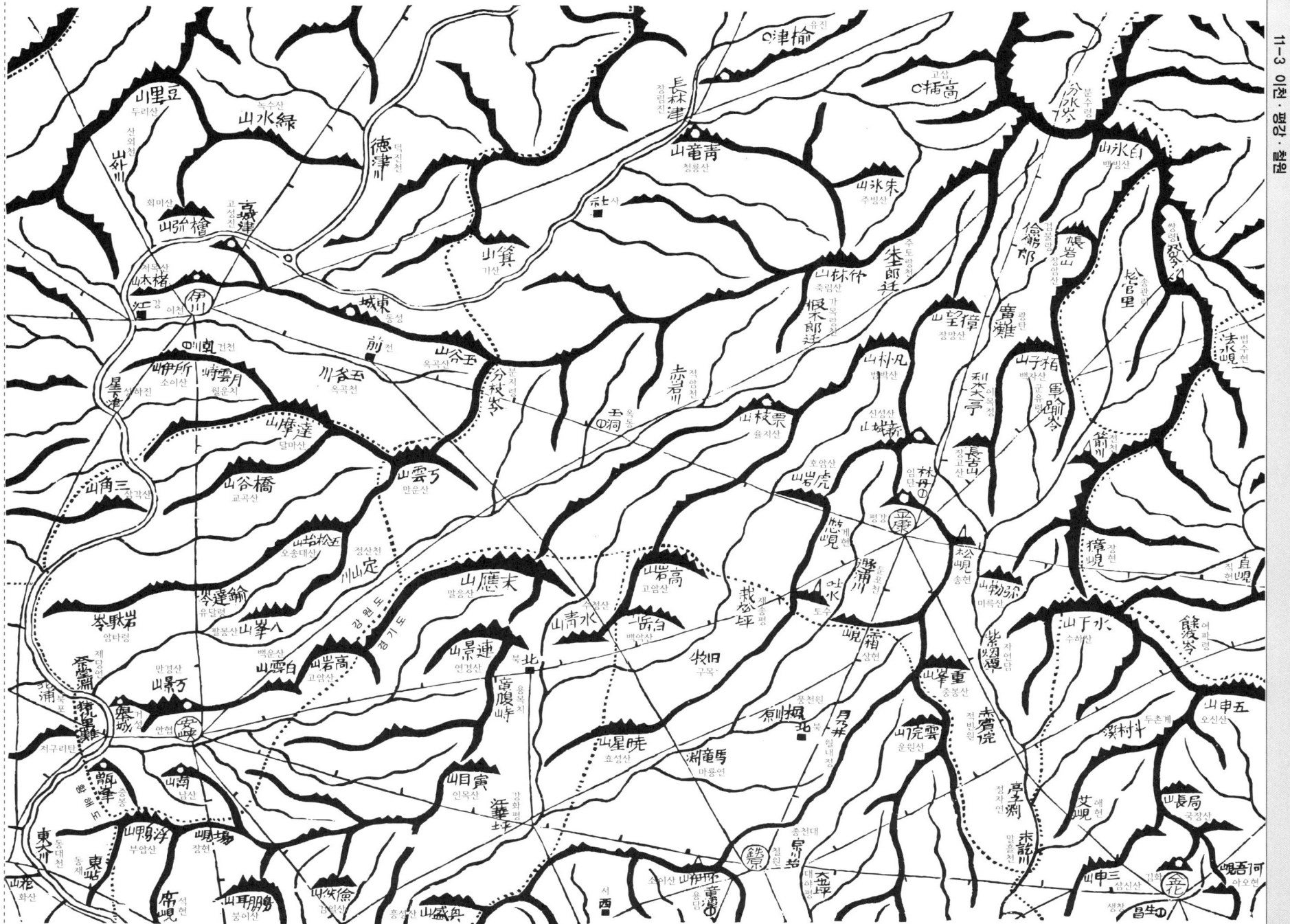

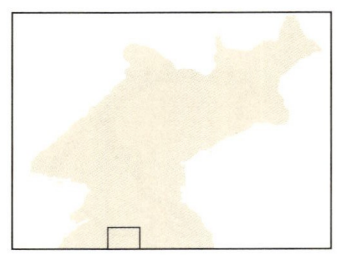

## 11-4 신계 新溪 서흥 瑞興 평산 平山

**천혜의 요새 자비령을 거느린 서흥**

우측의 기달산~화개산~학봉산~석현을 잇는 산줄기는 임진북예성남정맥, 좌측의 웅파산~황룡산~멸악산~운봉산을 잇는 산줄기는 해서정맥이다. 두 산줄기 사이의 신계와 평산을 지나는 하천은 예성강이다.

| 10-5 | 10-4 | 10-3 |
| 11-5 | 11-4 | 11-3 |
| 12-5 | 12-4 | 12-3 |

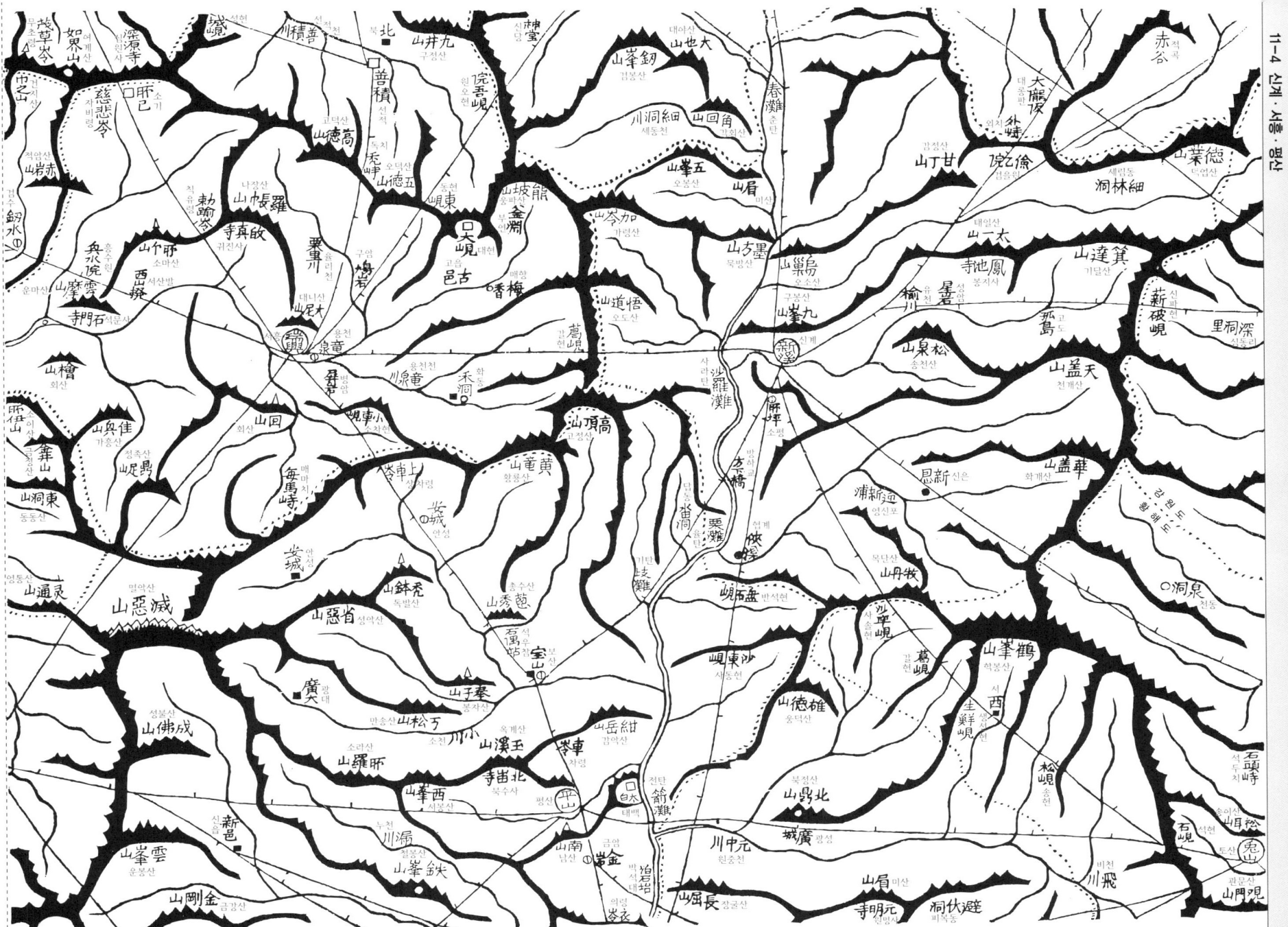

◀◀◀ (뒷면 지도) 11-4 신계·서흥·평산

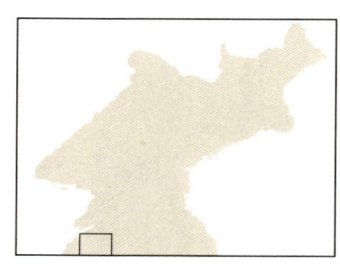

## 11-5 봉산鳳山 안악安岳 재령載寧

**봉산탈춤의 본고장, 봉산**

대동강 지류인 재령강 하류에는 재령평야가 널찍하다. 그 서쪽은 황해도 명산인 구월산이 석화성으로 표현되어 있다. 동쪽의 봉산은 봉산탈춤으로 잘 알려진 고을이다.

| 10-6 | 10-5 | 10-4 |
| 11-6 | 11-5 | 11-4 |
| 12-6 | 12-5 | 12-4 |

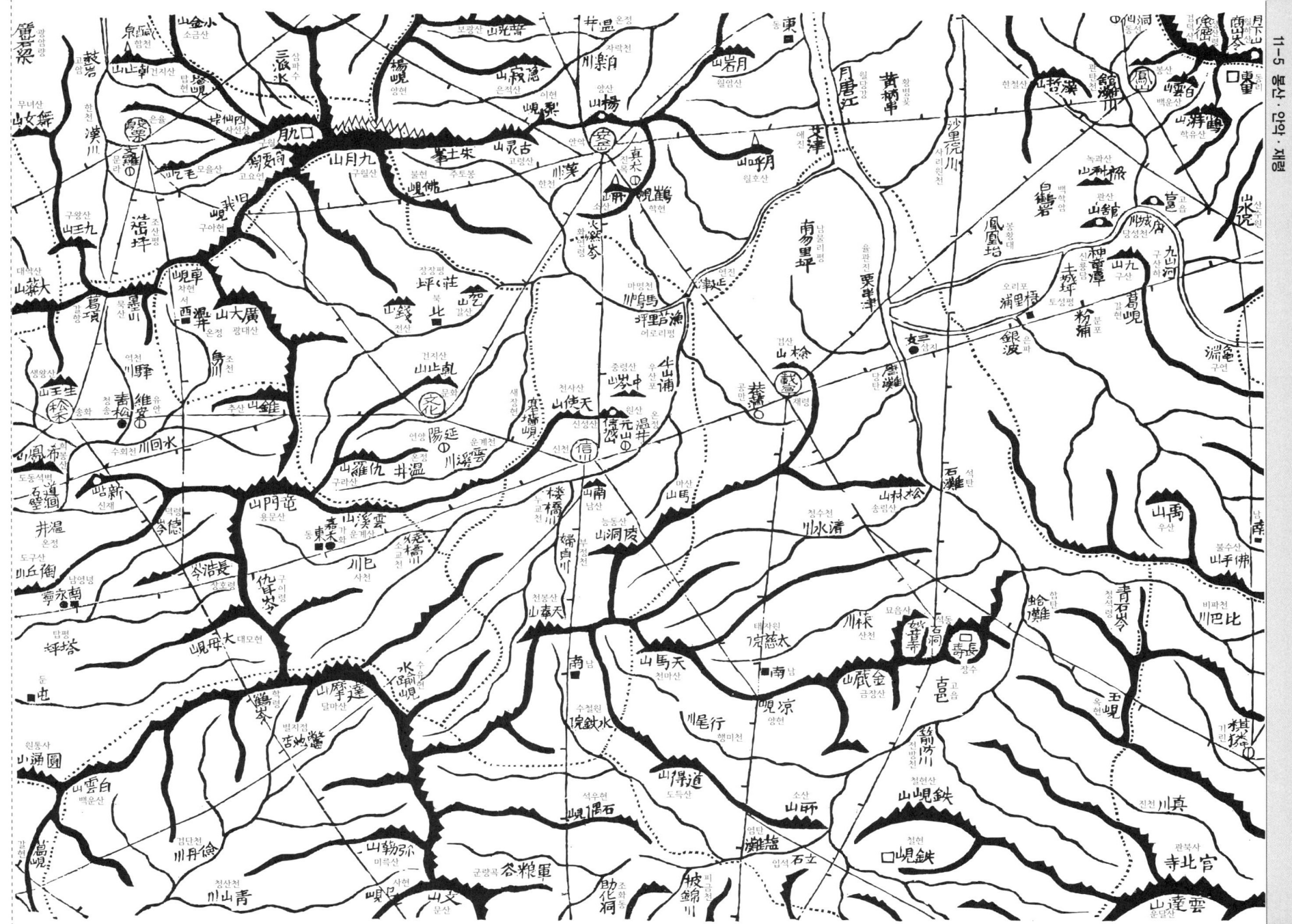

◀◀◀ (뒷면 지도) 11-5 봉산 · 안악 · 재령

## 11-6 풍천豊川 장연長淵

**〈몽금포타령〉 울려 퍼지는 장연**

우측 하단의 해서정맥이 불타산을 지나 서쪽의 장산곶으로 뻗어 간다. 장산곶 앞바다는 심청이 뛰어든 인당수다. 해안에는 국방을 위한 진보와 봉수가 많고, 세곡을 보관하던 창고도 많다.

|  | 10-6 | 10-5 |
|---|---|---|
|  | 11-6 | 11-5 |
|  | 12-6 | 12-5 |

## 12-1 간성 杆城 양양 襄陽

**강릉에 버금가던 관동의 큰 고을, 양양**

남북으로 뻗은 굵은 산줄기는 백두대간이다. 금강산에 버금가는 아름다움을 지닌 설악산에는 고산성과 폭포들이 표현되어 있다.

| 11-2 | 11-1 |      |
|------|------|------|
| 12-2 | 12-1 |      |
| 13-3 | 13-2 | 13-1 |

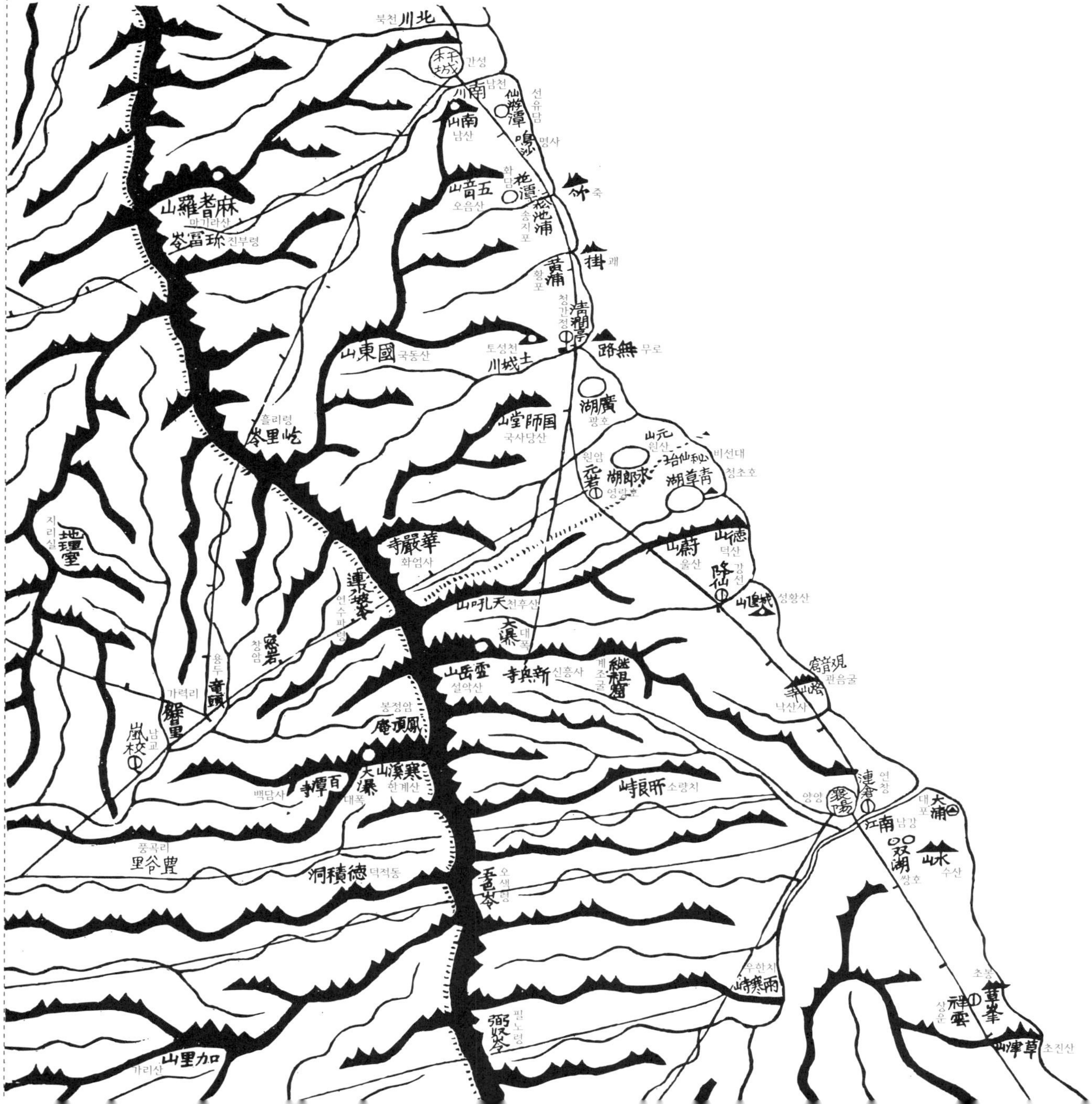
북천
간성
남천
선유담
명사
남산
화담
죽
오음산
송지포
마기라산
진부령
괘
황포
청간정
토성천
무로
국동산
광호
흘리령
국사당산
원산
비선대
원암
청초호
영랑호
지리실
화엄사
덕산
울산
강선
성황산
천후산
연수파령
대폭
창암
용두
신흥사
계조굴
관음굴
설악산
가력리
봉정암
낙산사
남교
한계산
백담사
연창
양양
대포
남강
쌍호
수산
풍곡리
덕적동
오색령
우한치
초봉
상운
필노령
초진산
가리산

◀◀◀ (뒷면 지도) 12-1 간성·양양

## 12-2 양구 楊口 인제 麟蹄 춘천 春川

**맥국의 도읍, 춘천**

회양·금성을 지나온 북한강이 낭천(지금의 화천)을 지나고 춘천에서 소양강을 받아들인다. 좌측 상단의 불정산~대성산은 한북정맥 산줄기다.

| 11-3 | 11-2 | 11-1 |
|------|------|------|
| 12-3 | 12-2 | 12-1 |
| 13-4 | 13-3 | 13-2 |

| 영아 | ☐ 영이 있는 읍치는 표시 안함 | 읍치 ○ 무성 ◎ 유성 | 성지 ⛰ 산성 ◠ 관성 | 진보 ☐ 무성 ☐ 유성 | 창고 ■ 무성 ■ 유성 | 목소 田 牧場屬 |
| 고현 ●◉ 유성 ◎ 구읍지 유성 | 고진보 ▲ ▲ 유성 | 역참 ① | 방리 ○ | 능침 ○ 원내 능호 | 봉수 ▲ | 고산성 ▲ | 도로 10리 2 3 4 |

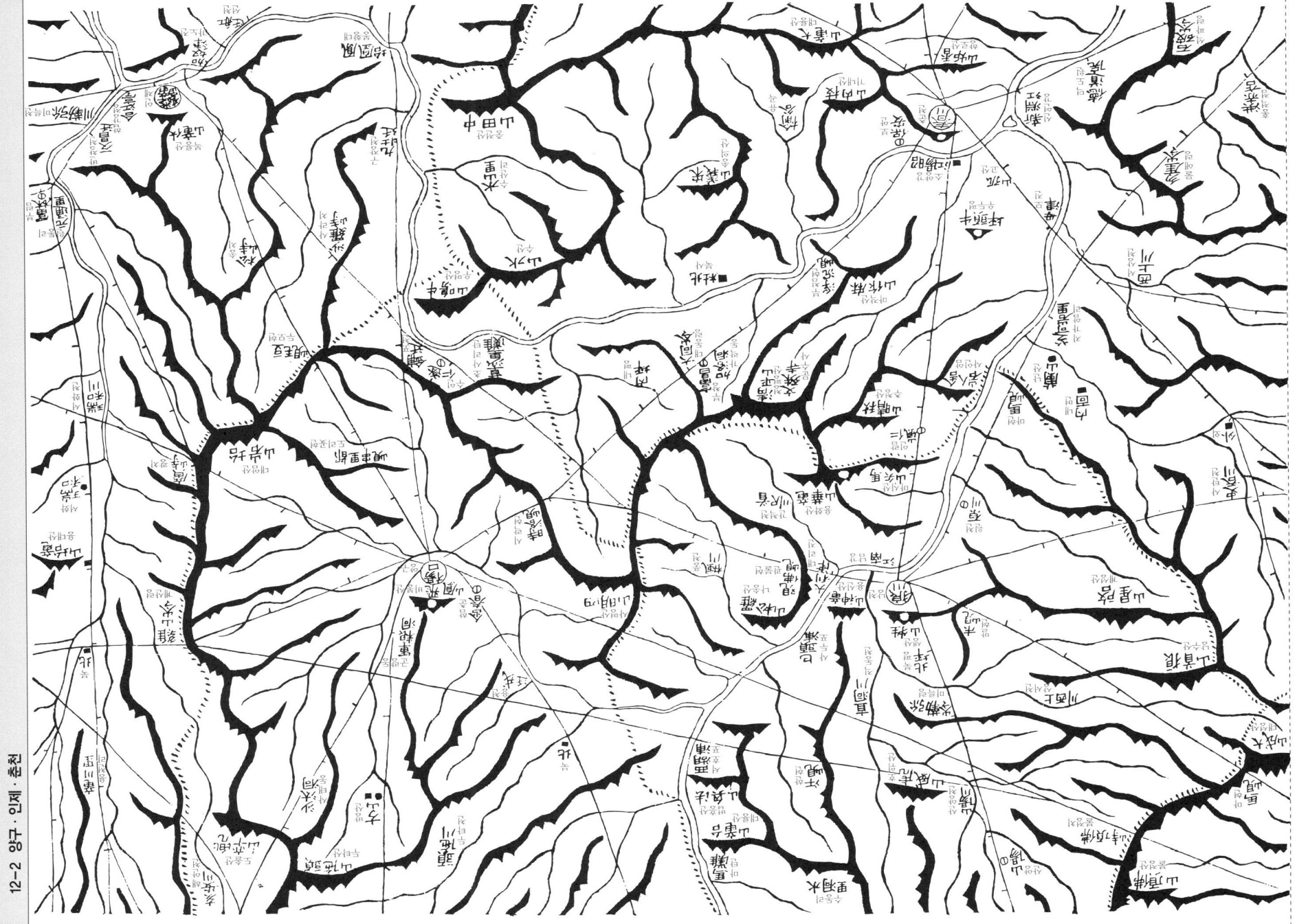

◀◀◀ (뒷면 지도) 12-2 양구 · 인제 · 춘천

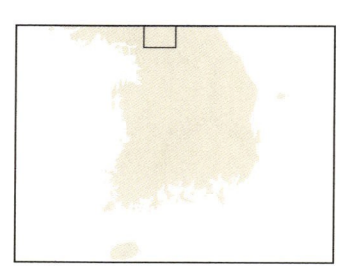

## 12-3 연천漣川 영평永平 포천抱川

**임진강과 한탄강 사이에 터 잡은 연천**

연천을 지나온 임진강, 철원을 지나온 한탄강이 마전 근처에서 합류해 파주를 향해 흐른다.
우측의 백운산~망국산~운악을 세우며 서남쪽으로 뻗는 산줄기는 한북정맥이다.

| 11-4 | 11-3 | 11-2 |
| 12-4 | 12-3 | 12-2 |
| 13-5 | 13-4 | 13-3 |

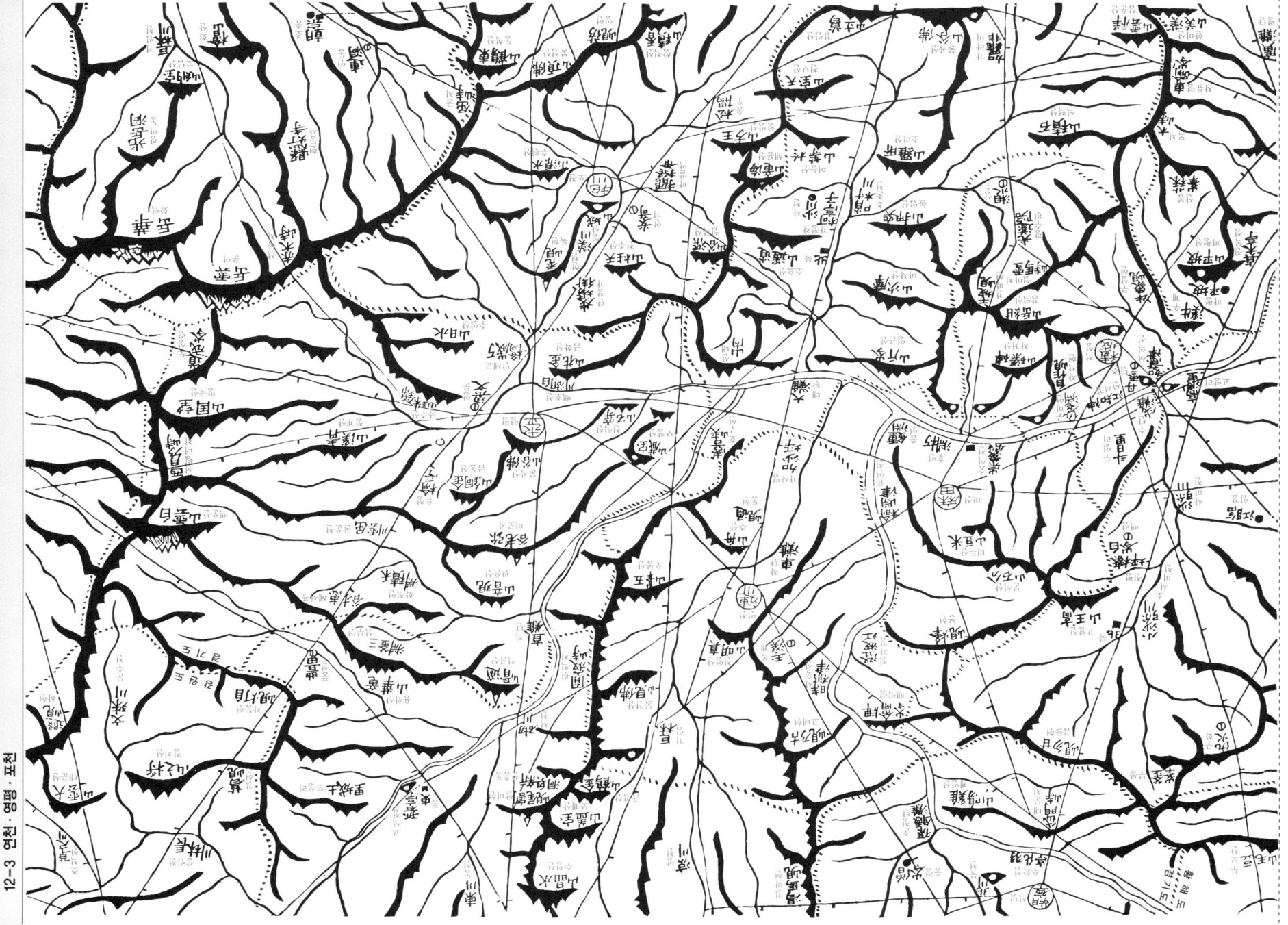

◀◀◀ (뒷면 지도) 12-3 연천·영평·포천

## 12-4 개성開城 장단長湍 배천白川

**고려 5백 년 도읍지, 개성**

우측으로는 임진북예성남정맥이 수룡산~천마산을 거쳐 개성을 향해 힘차게 뻗어 간다. 중앙의 남류하는 하천은 예성강이고, 우측 하단은 임진강이 서남류하며 파주를 지나 한강으로 합류한다.

| 11-5 | 11-4 | 11-3 |
|---|---|---|
| 12-5 | 12-4 | 12-3 |
| 13-6 | 13-5 | 13-4 |

| 영아 | ▢ 영이 있는 읍치는 표시 안함 | 읍치 | ○무성 ◉유성 | 성지 | 산성 관성 | 진보 | ▢무성 ▣유성 | 창고 | ■무성 ▣유성 | 목소 | 牧 場屬 |
|---|---|---|---|---|---|---|---|---|---|---|---|
| 고현 | ●◉유성 ◎구읍지 유성 | 고진보 | ▲ ⬢유성 | 역참 | ① | 방리 | ○ | 능침 | ○원내 능호 | 봉수 | ▲ | 고산성 | ⛰ | 도로 | 10리 2 3 4 |

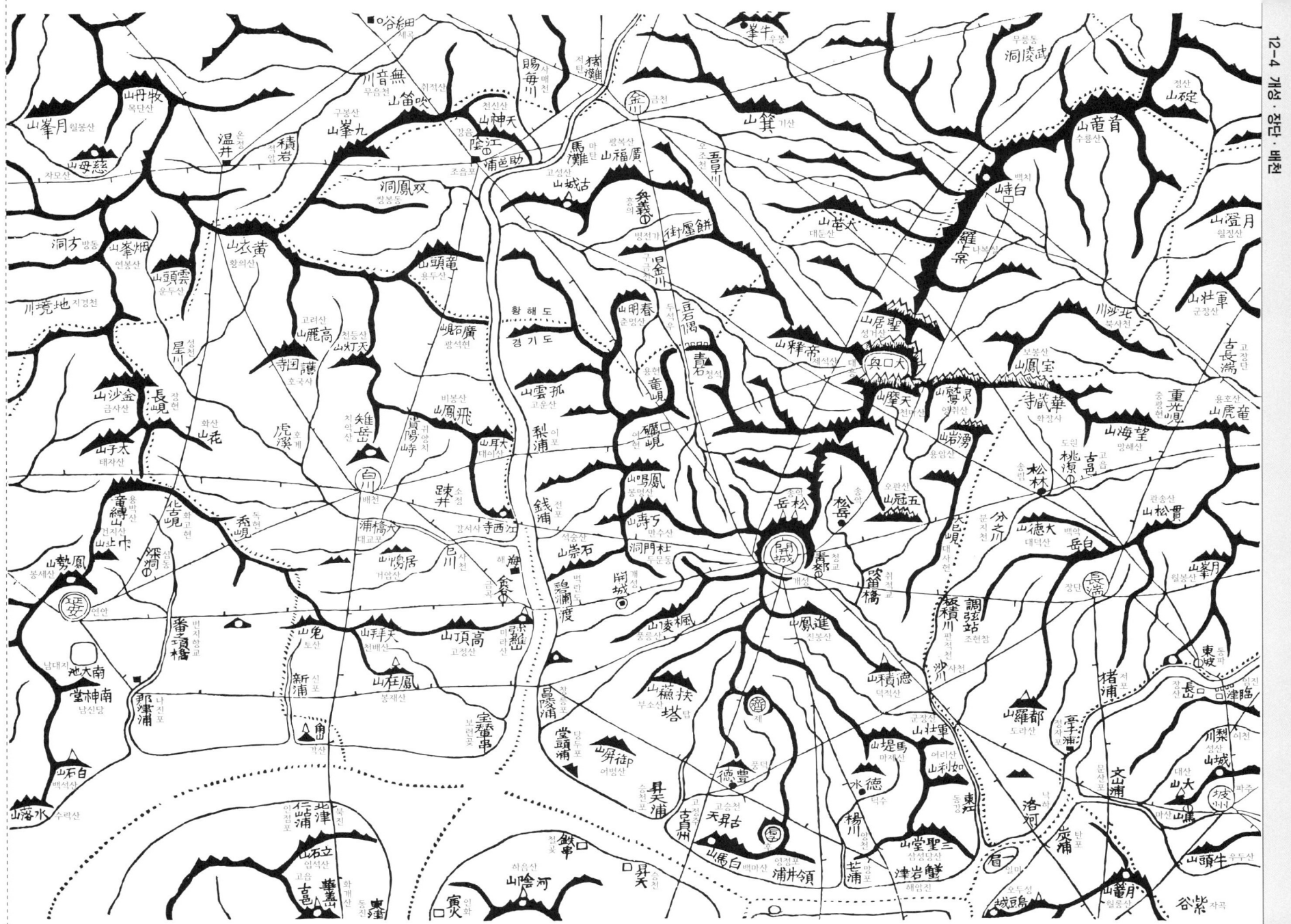

## 12-5 해주 海州 강령 康翎 옹진 甕津

**관서의 큰 고을, 해주**

우측 상단의 취라산~미륵산~불족산으로 이어지는 산줄기는 해서정맥이다. 해주 남쪽으로는 해주만이 펼쳐져 있고, 해주만 서쪽에는 강령반도가 서해를 향해 돌출해 있다.

| 11-6 | 11-5 | 11-4 |
|---|---|---|
| 12-6 | 12-5 | 12-4 |
|  | 13-6 | 13-5 |

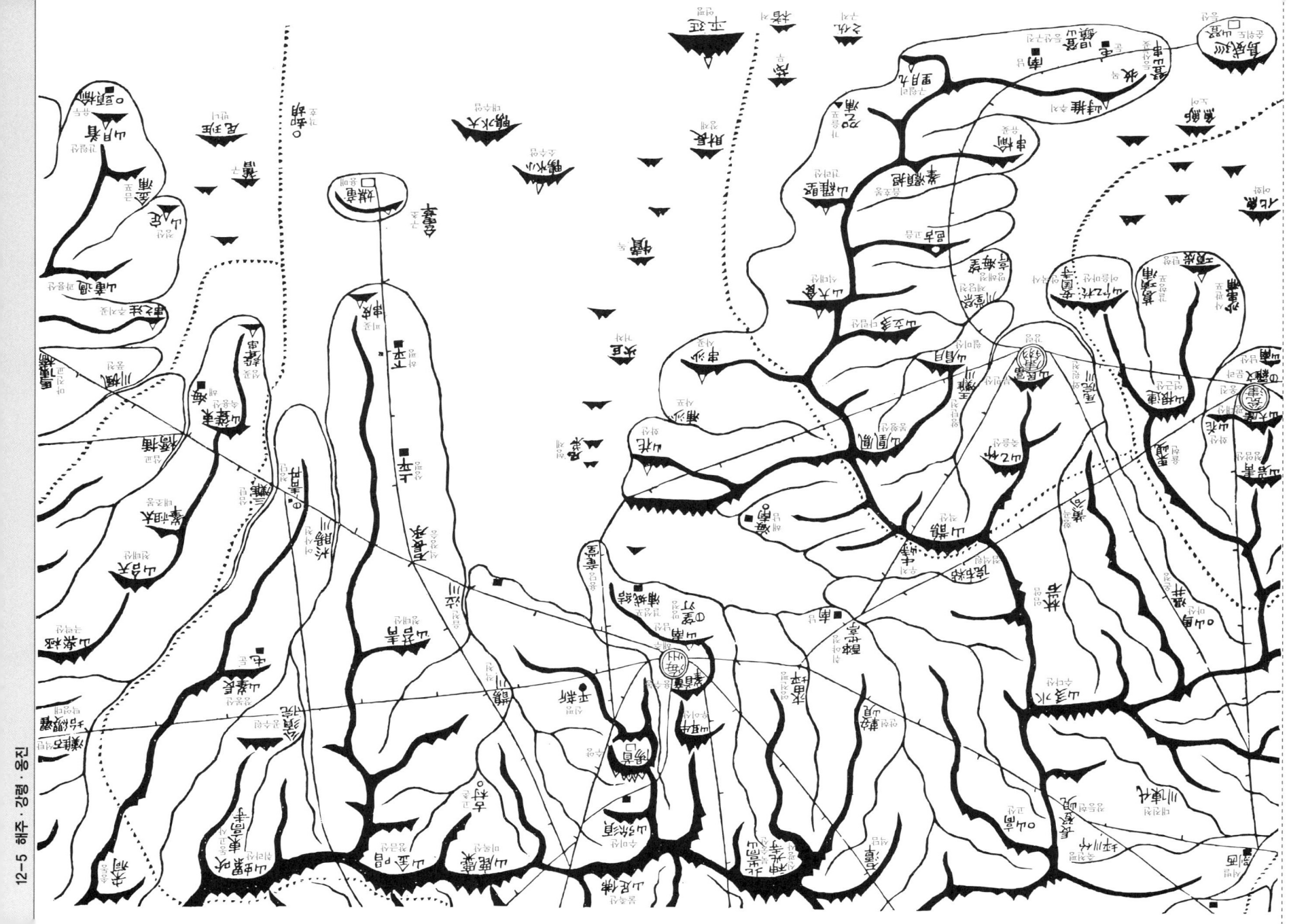

12-5 해주·강릉·울진

◀◀◀ (뒷면 지도) 12-5 해주·강령·옹진

## 12-6 백령 白翎 행영 行營

**대한민국 서해 최북단 섬, 백령**

상단은 용연반도의 남부 지역, 우측 가운데는 옹진반도의 서부 지역이다. 용연반도와 옹진반도 사이에 있는 만은 대동만이다. 좌측 상단의 큰 섬은 백령도다. 옹진반도와 백령도 사이에 대청도와 소청도가 떠 있다.

|  | 11-6 | 11-5 |
|---|---|---|
|  | 12-6 | 12-5 |
|  |  | 13-6 |

| 영아 | 영이 있는 읍치는 표시 안함 | 읍치 ○무성 ●유성 | 성지 산성 관성 | 진보 □무성 ■유성 | 창고 ■무성 ■유성 | 목소 牧 場屬 |
|---|---|---|---|---|---|---|
| 고현 ●유성 ●구읍지 유성 | | 고진보 ▲ ▲유성 | 역참 ① | 방리 ○ | 능침 ○원내 능호 | 봉수 ▲ | 고산성 ▲ | 도로 10리 2 3 4 |

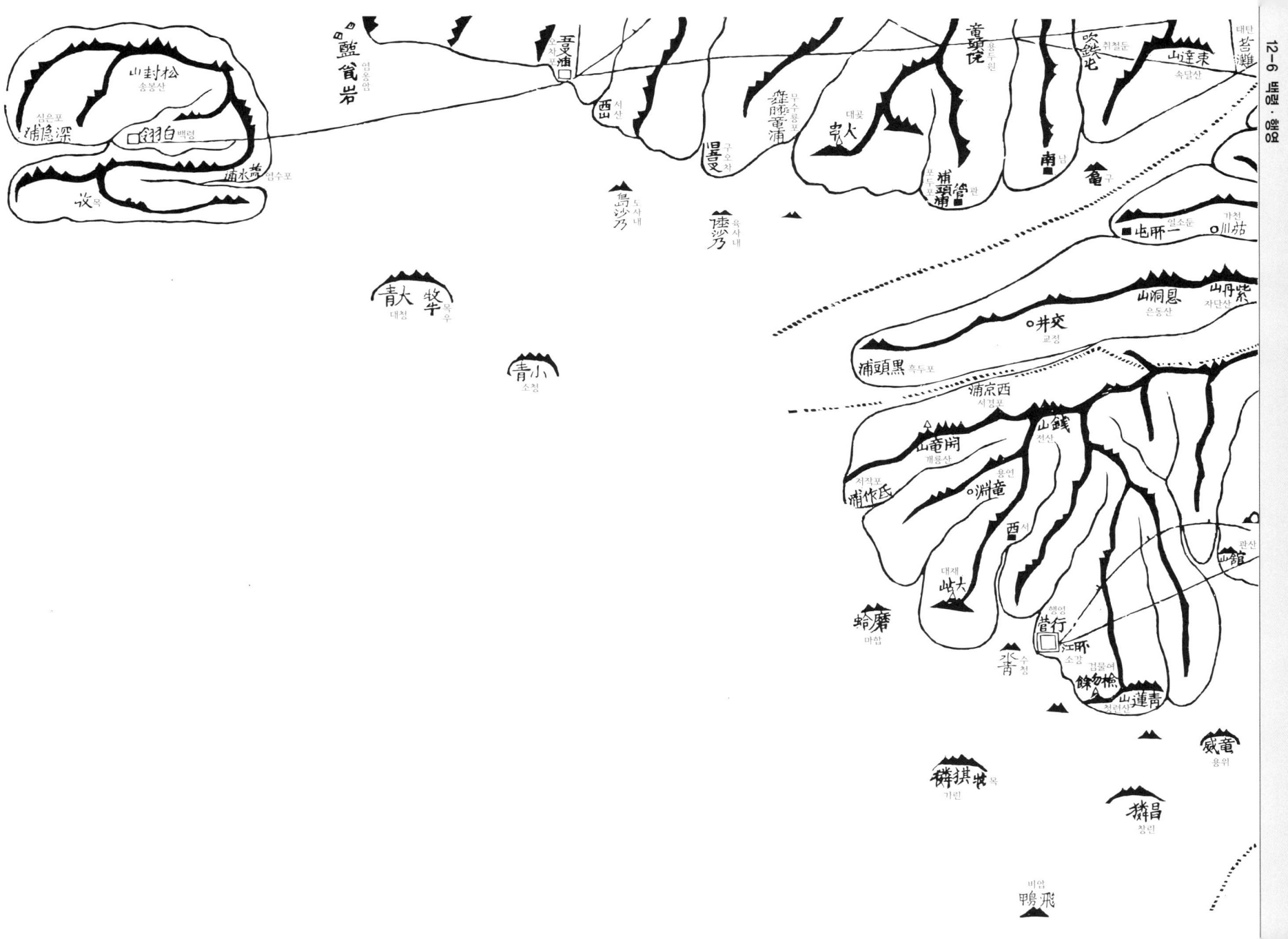

### 13-1 우계 羽溪

**강릉의 속현이었던 우계**

영동 지방의 큰 고을 강릉 앞바다다. 가장 북쪽의 백사정은 경포해변이고, 견조도 안쪽은 안목해변, 안인포는 안인진이다. 그 남쪽의 정동진, 옥계, 망상해변 등은 표기되지 않았다.

| 12-1 | | |
|---|---|---|
| 13-2 | 13-1 | |
| 14-3 | 14-2 | 14-1 |

13-1 우계

◀◀◀ (뒷면 지도) 13-1 우계

## 13-2 강릉 江陵 평창 平昌

**관동의 으뜸 고을, 강릉**

상단 가운데에서 동남으로 뻗어 내리는 굵은 산줄기는 백두대간이다. 조선 시대에는 대관령 동서쪽 대부분이 강릉 소속이었으나, 지금은 대관령 서쪽의 횡계·봉평·오대산 일대는 평창 땅이다.

| 12-2 | 12-1 | |
|---|---|---|
| 13-3 | 13-2 | 13-1 |
| 14-4 | 14-3 | 14-2 |

| 영아 | 영이 있는 읍치는 표시 안함 | 읍치 ○무성 ◎유성 | 성지 산성 관성 | 진보 □무성 ■유성 | 창고 ■무성 ■유성 | 목소 牧 場屬 |
|---|---|---|---|---|---|---|
| 고현 ●◉유성 ◎구읍지 유성 | | 고진보 ▲ ●유성 | 역참 ① 방리 ○ | 능침 ○원내 능호 | 봉수 ▲ 고산성 ▲ | 도로 10리 2 3 4 |

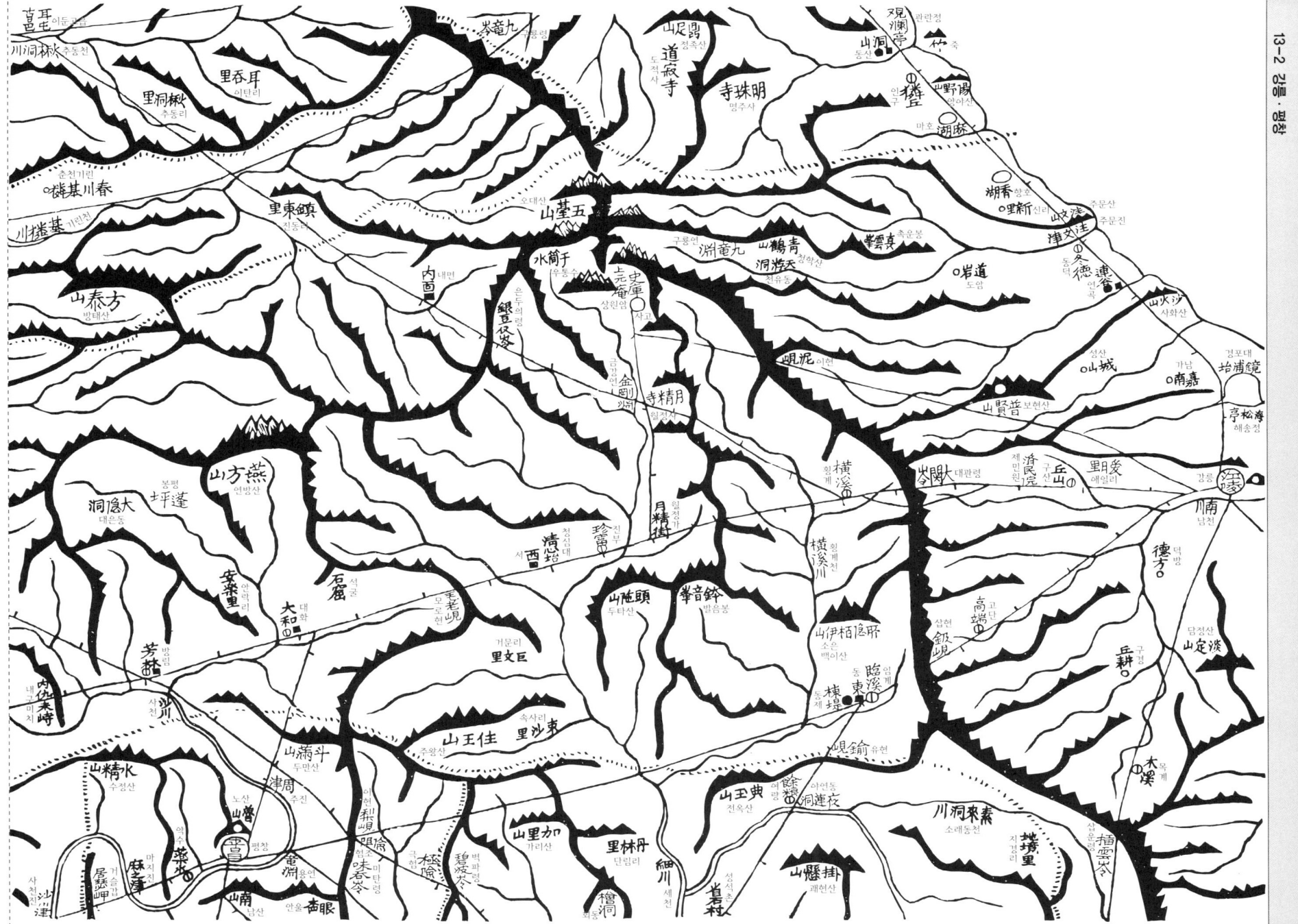

## 13-3 홍천洪川 횡성橫城

**홍천강 기슭에 터 잡은 홍천**

우측 상단에 살짝 보이는 물줄기는 북한강 지류인 내린천, 좌측 상단은 북한강이다.
중앙에는 홍천강이 홍천 고을을 지나 북한강으로 흘러간다. 횡성을 지나는 하천은 섬강이다.

| 12-3 | 12-2 | 12-1 |
|------|------|------|
| 13-4 | 13-3 | 13-2 |
| 14-5 | 14-4 | 14-3 |

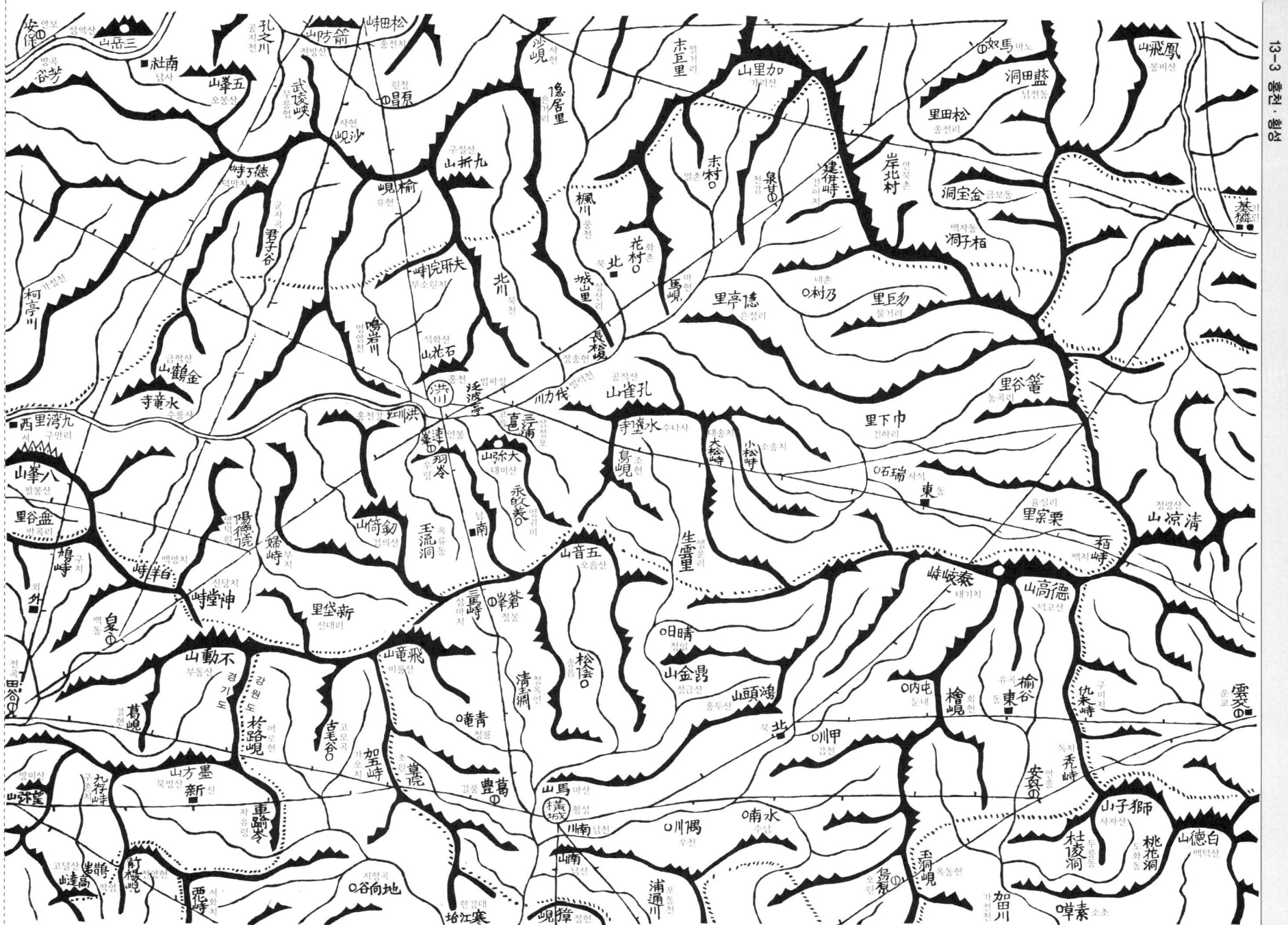

◀◀◀ (뒷면 지도) 13-3 홍천·횡성

## 13-4 한양 漢陽 광주 廣州 양근 楊根

**조선 왕조 6백 년 도읍지, 한양**

한양 북쪽의 도봉산·삼각산은 한북정맥이고, 좌측 하단의 광교산·수리산은 한남정맥이다.
북한강과 남한강 두 물줄기가 양근 땅 서쪽 끝에서 하나로 만나 한양을 지나 서해로 흘러간다.

| 12-4 | 12-3 | 12-2 |
| --- | --- | --- |
| 13-5 | 13-4 | 13-3 |
| 14-6 | 14-5 | 14-4 |

| 영아 | 영이 있는 읍치는 표시 안함 | 읍치 ○무성 ◎유성 | 성지 산성 관성 | 진보 □무성 ▣유성 | 창고 ■무성 ■유성 | 목소 牧 場屬 |
| 고현 ●유성 ◎구읍지 유성 | | 고진보 ▲ ▲유성 | 역참 ① | 방리 ○ | 능침 ○원내 능호 | 봉수 ▲ | 고산성 ▲ | 도로 10리 2 3 4 |

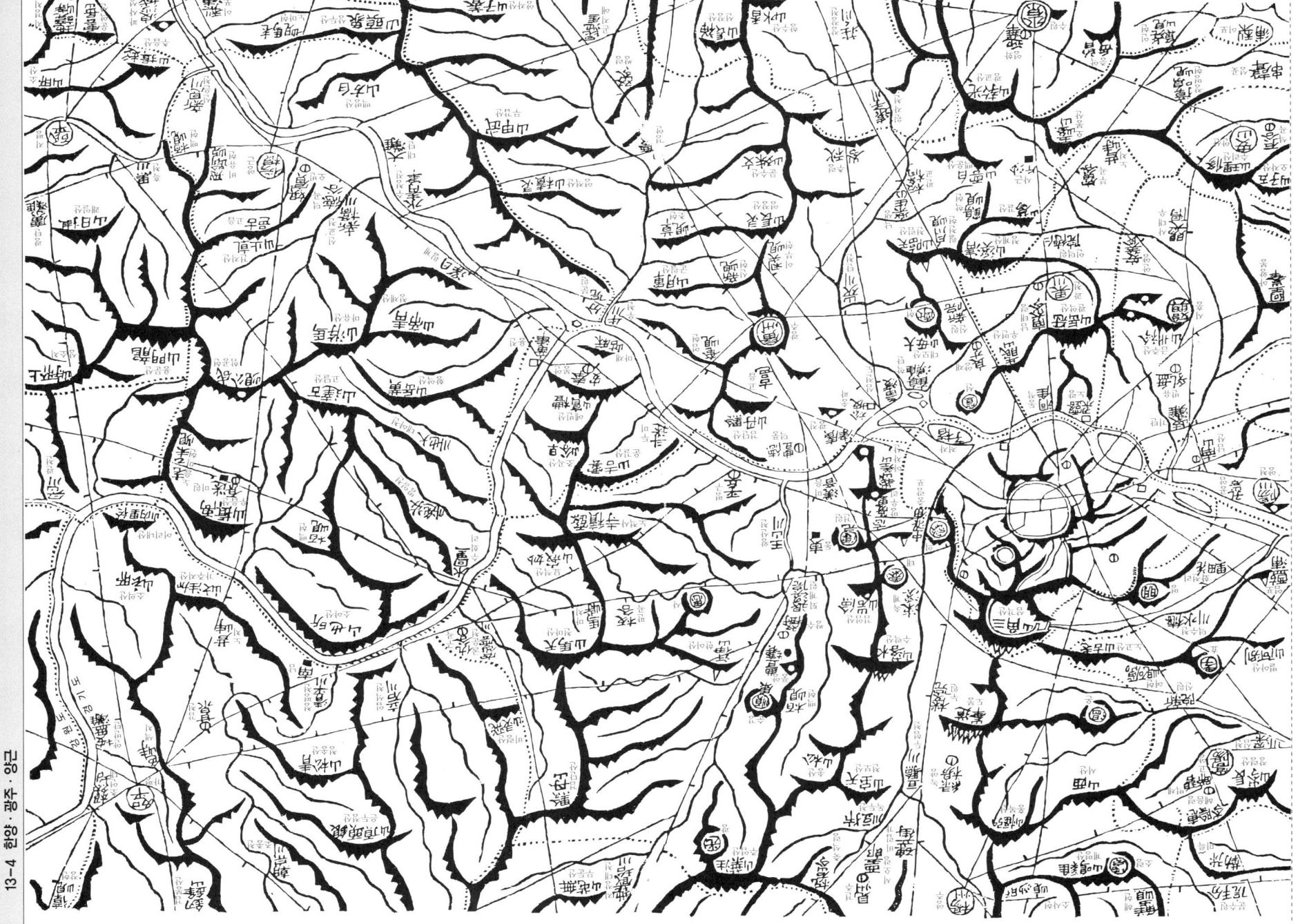

◀◀◀ (뒷면 지도) 13-4 한양·광주·양근

## 13-5 강화 江華 김포 金浦 인천 仁川

**한양을 지켜 온 큰 섬, 강화**

우측에서 서북류하며 김포를 지나는 하천은 한강이다. 한강 동북쪽의 본달산·고봉·장명산은 한북정맥이고, 서남쪽의 소래산~주안산~문수산은 한남정맥이다.

| 12-5 | 12-4 | 12-3 |
|---|---|---|
| 13-6 | 13-5 | 13-4 |
|  | 14-6 | 14-5 |

| 영아 | □ 영이 있는 읍치는 표시 안함 | 읍치 | ○ 무성 ◎ 유성 | 성지 | 산성 관성 | 진보 | □ 무성 ■ 유성 | 창고 | ■ 무성 ■ 유성 | 목소 | 牧 場屬 |
| 고현 | ● ◉ 유성 ◎ 구읍지 유성 | 고진보 | ▲ ▲ 유성 | 역참 | ① | 방리 | ○ | 능침 | ○ 원내 능호 | 봉수 | ▲ | 고산성 | ▲ | 도로 | 10리 2 3 4 |

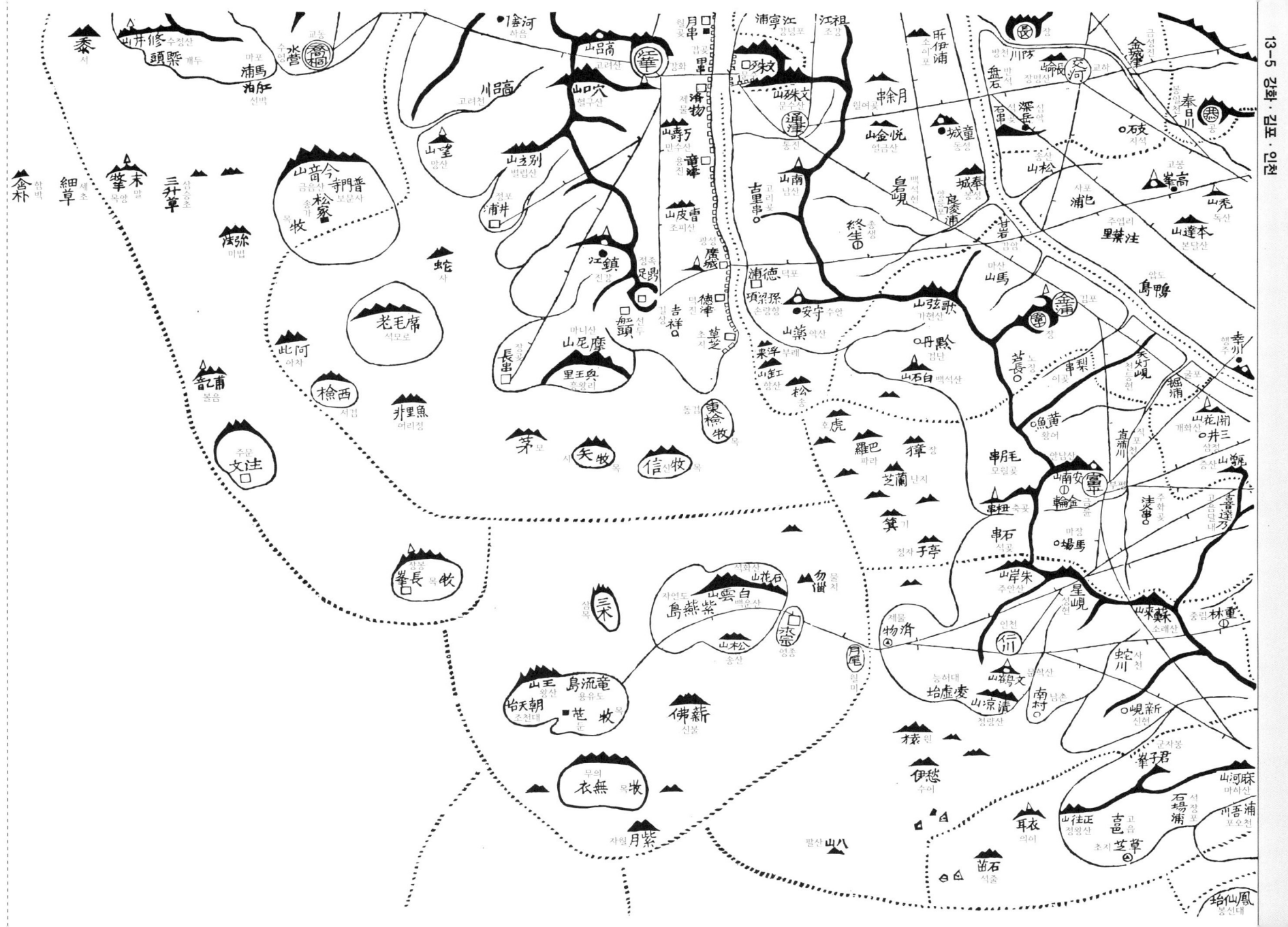

### 13-6 산연평 山延平

**조기와 꽃게잡이 어장으로 유명한 산연평**

인천 먼 바다 지역이다. 서해 5도에 속하는 우도가 여기에 있다. 연평도 일대 바다는 과거에는 조기로 유명하였고, 지금은 꽃게잡이 어장으로 잘 알려져 있다.

| 12-6 | 12-5 | 12-4 |
|---|---|---|
|  | 13-6 | 13-5 |
|  |  | 14-6 |

영아 ▢ 영이 있는 읍치는 표시 안함   읍치 ○무성 ◎유성   성지 ⛰산성 ⛰관성   진보 □무성 ▣유성   창고 ■무성 ▣유성   목소 田 牧 場屬

고현 ●유성 ◎구읍지 유성   고진보 ▲ ⛰유성   역참 ①   방리 ○   능침 ○원내능호   봉수 ▲   고산성 ⛰   도로 10리 2 3 4

# 13-6 산연평

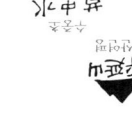

◀◀◀ (뒷면 지도) 13-6 산연평

# 14-1 울릉도 鬱陵島 우산도 于山島

**우리 국토 동쪽 끝을 지키는 화산섬 형제, 울릉도 · 독도**

울릉도와 더불어 대한민국 동쪽을 지키는 수문장인 독도는 동해의 거센 파도와 바닷바람이 빚은 화산섬이다. 울릉도 동쪽의 우산도는 지금의 독도다.

| 13-1 | | |
|---|---|---|
| 14-2 | 14-1 | |
| 15-1 | | |

| 영아 | □ 영이 있는 읍치는 표시 안함 | 읍치 | ○ 무성 ◉ 유성 | 성지 | ⛰ 산성 ▰ 관성 | 진보 | □ 무성 ■ 유성 | 창고 | ■ 무성 ■ 유성 | 목소 | ⊞ 牧 場 屬 |
|---|---|---|---|---|---|---|---|---|---|---|---|
| 고현 | ● ◉ 유성 ◎ 구읍지 유성 | 고진보 | ▲ ▲ 유성 | 역참 | ① | 방리 | ○ | 능침 | ○ 원내 능호 | 봉수 | ▲ 고산성 ▲ 도로 10리 2 3 4 |

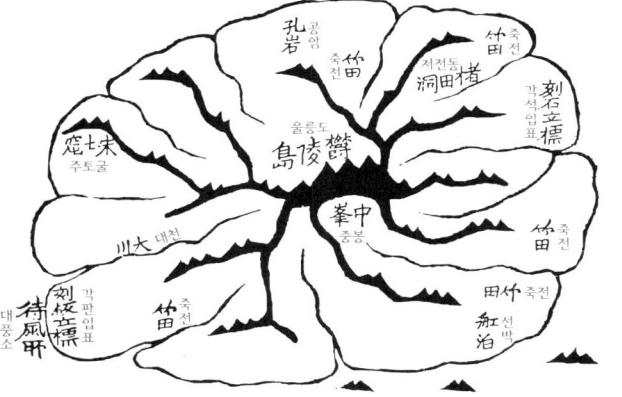

동서육십여리 남북사십여리 주이백여리

里餘百二周里餘十四北南里餘十六西東

이도삼거불원 풍일청명 즉가망견

見望可則明淸日風遠不去相島二

우산
山于

◀◀◀ (뒷면 지도) **14-1 울릉도 · 우산도**

## 14-2 삼척 三陟

**공양왕이 유폐되었던 삼척**

좌측 하단의 말흔산에서 백병산~직치로 뻗어 가는 산줄기는 낙동정맥이다. 삼척의 젖줄인 오십천이 심한 곡류천으로 표현되어 있다.

| 13-2 | 13-1 |  |
|---|---|---|
| 14-3 | 14-2 | 14-1 |
| 15-2 | 15-1 |  |

| 영아 | □ 영이 있는 읍치는 표시 안함 | 읍치 ○무성 ◎유성 | 성지 ⛰산성 ⌇관성 | 진보 □무성 ■유성 | 창고 ■무성 ■유성 | 목소 ⊞ 牧 場屬 |
|---|---|---|---|---|---|---|
| 고현 | ● ◎유성 ◎구읍지 유성 | 고진보 ▲ ▲유성 | 역참 ① | 방리 ○ | 능침 ○원내 능호 | 봉수 ▲ 고산성 ▲ 도로 10리 2 3 4 |

170

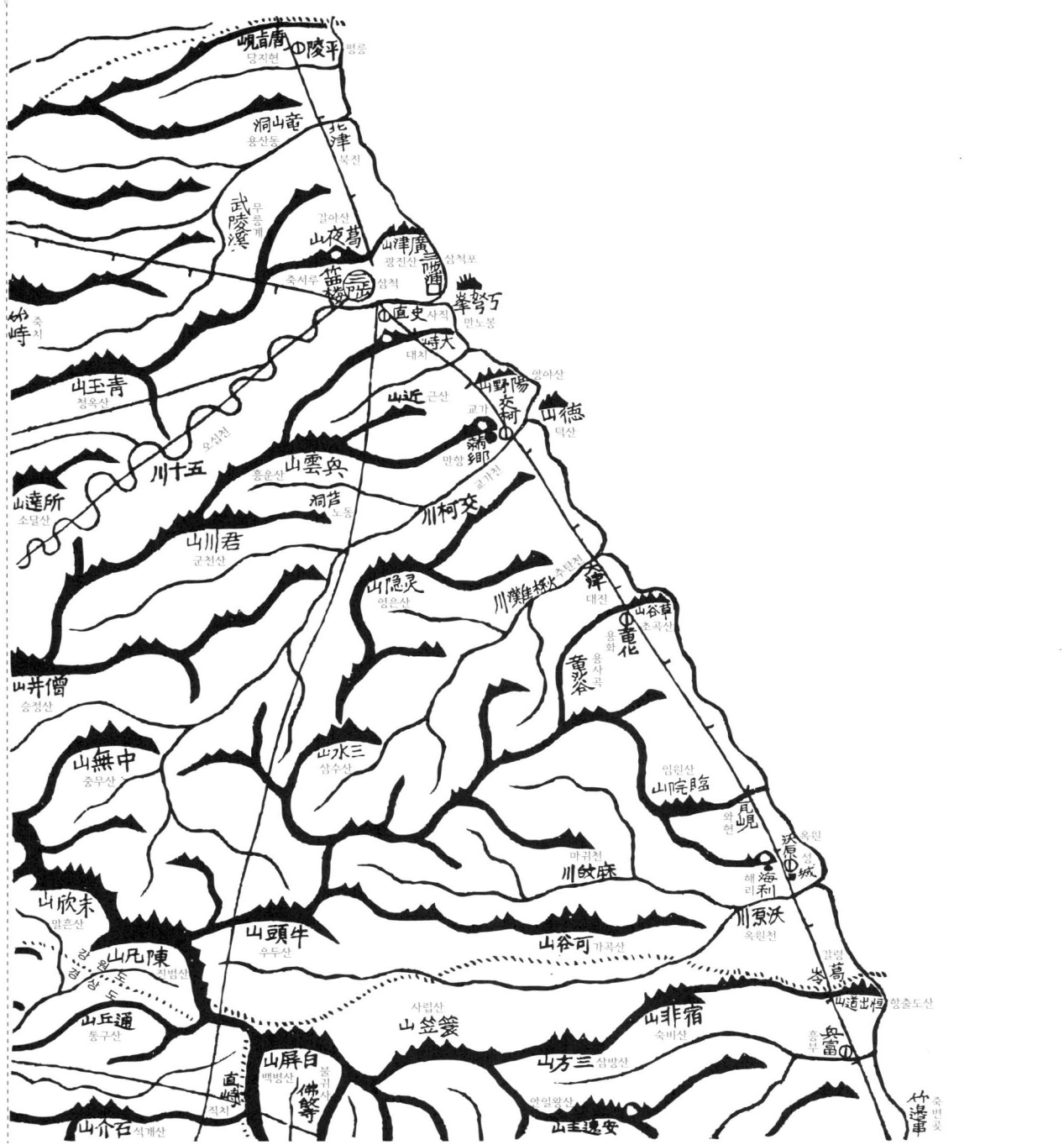

◀◀◀ (뒷면 지도) 14-2 삼척

# 14-3 정선旌善 영월寧越 영춘永春

### 〈정선아리랑〉의 고을, 정선

우측 상단에서 서남으로 뻗는 굵은 산줄기는 백두대간이다. 백두대간의 대박산과 건의령 사이에서는 낙동정맥이 분기해 우보산·말읍산을 세우며 동남으로 뻗어 간다. 정선을 지나온 동강은 영월에서 서강을 만나 남한강이 된다.

| 13-3 | 13-2 | 13-1 |
| 14-4 | 14-3 | 14-2 |
| 15-3 | 15-2 | 15-1 |

| 영아 | □ 영이 있는 읍치는 표시 안함 | 읍치 ○무성 ◎유성 | 성지 ⛰산성 ⛰관성 | 진보 □무성 ■유성 | 창고 ■무성 ■유성 | 목소 田 牧 場屬 |
| 고현 | ● ◉유성 ◎구읍지 유성 | 고진보 ▲ ◭유성 | 역참 ① | 방리 ○ | 능침 ○원내 능호 | 봉수 ▲ | 고산성 ▲ | 도로 10리 2 3 4 |

14-3 정선·영월·영춘

◀◀◀ (뒷면 지도) 14-3 정선 · 영월 · 영춘

## 14-4 원주原州 제천堤川 충주忠州

**남한강 수운과 영남대로가 만나는 길의 고을, 충주**

영월을 지나온 남한강이 단양·충주를 지난 뒤 서북쪽의 여주를 향해 흘러간다.
좌측 하단에서는 달천이 남한강에 합류하고, 상단에서는 원주를 지나온 섬강이 흘러든다.

| 13-4 | 13-3 | 13-2 |
| --- | --- | --- |
| 14-5 | 14-4 | 14-3 |
| 15-4 | 15-3 | 15-2 |

| 영아 | □ 영이 있는 읍치는 표시 안함 | 읍치 | ○무성 ◎유성 | 성지 | 산성 관성 | 진보 | □무성 ■유성 | 창고 | ■무성 ■유성 | 목소 | 牧 場屬 |
| --- | --- | --- | --- | --- | --- | --- | --- | --- | --- | --- | --- |
| 고현 | ●유성 ◎구읍지유성 | 고진보 | ▲ ▲유성 | 역참 | ① | 방리 | ○ | 능침 | ○원내 능호 | 봉수 | ▲ 고산성 ▲ 도로 10리 2 3 4 |

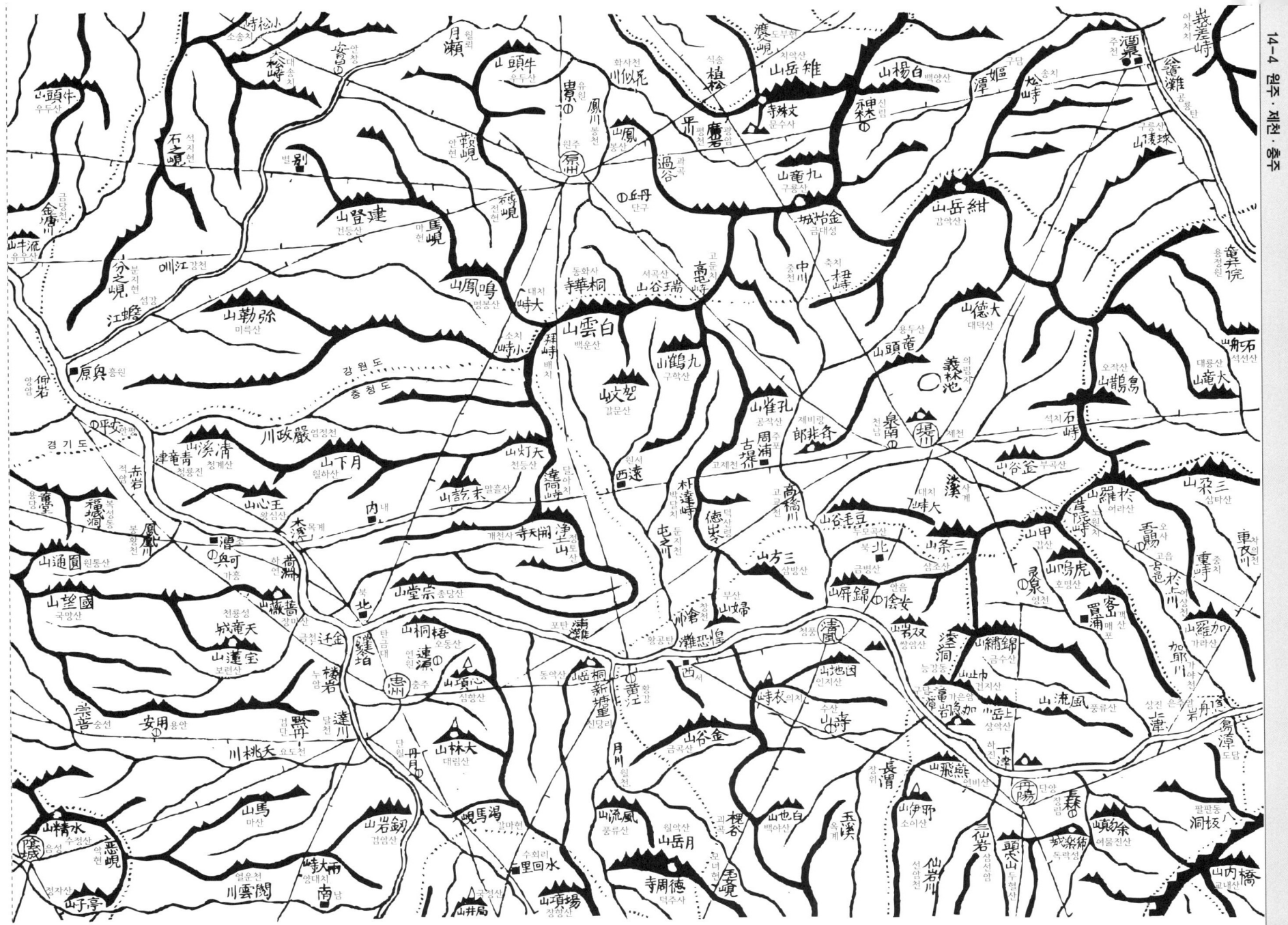

◀◀◀ (뒷면 지도) **14-4** 원주 · 제천 · 충주

## 14-5 이천 利川  여주 驪州  안성 安城

**세종대왕이 잠들어 계신 여주**

우측 하단의 보현산~칠현산은 한남금북정맥 산줄기다. 이어 칠현산을 지나 북쪽으로 뻗은 산줄기는 한남정맥, 서남쪽으로 뻗은 산줄기는 금북정맥이다. 우측 상단의 여주를 지나는 하천은 남한강, 좌측 하단은 안성천이다.

| 13-5 | 13-4 | 13-3 |
|---|---|---|
| 14-6 | 14-5 | 14-4 |
| 15-5 | 15-4 | 15-3 |

| 영아 | □ 영이 있는 읍치는 표시 안함 | 읍치 | ○ 무성 ◯ 유성 | 성지 | ⛰ 산성  관성 | 진보 | □ 무성 ■ 유성 | 창고 | ■ 무성 ■ 유성 | 목소 | 囲 牧 場屬 |
|---|---|---|---|---|---|---|---|---|---|---|---|
| 고현 | ● 유성 ◉ 구읍지 유성 | 고진보 | ▲ ⬢ 유성 | 역참 | ① | 방리 | ○ | 능침 | ○ 원내 능호 | 봉수 | ▲  고산성 ▲  도로 10리 2 3 4 |

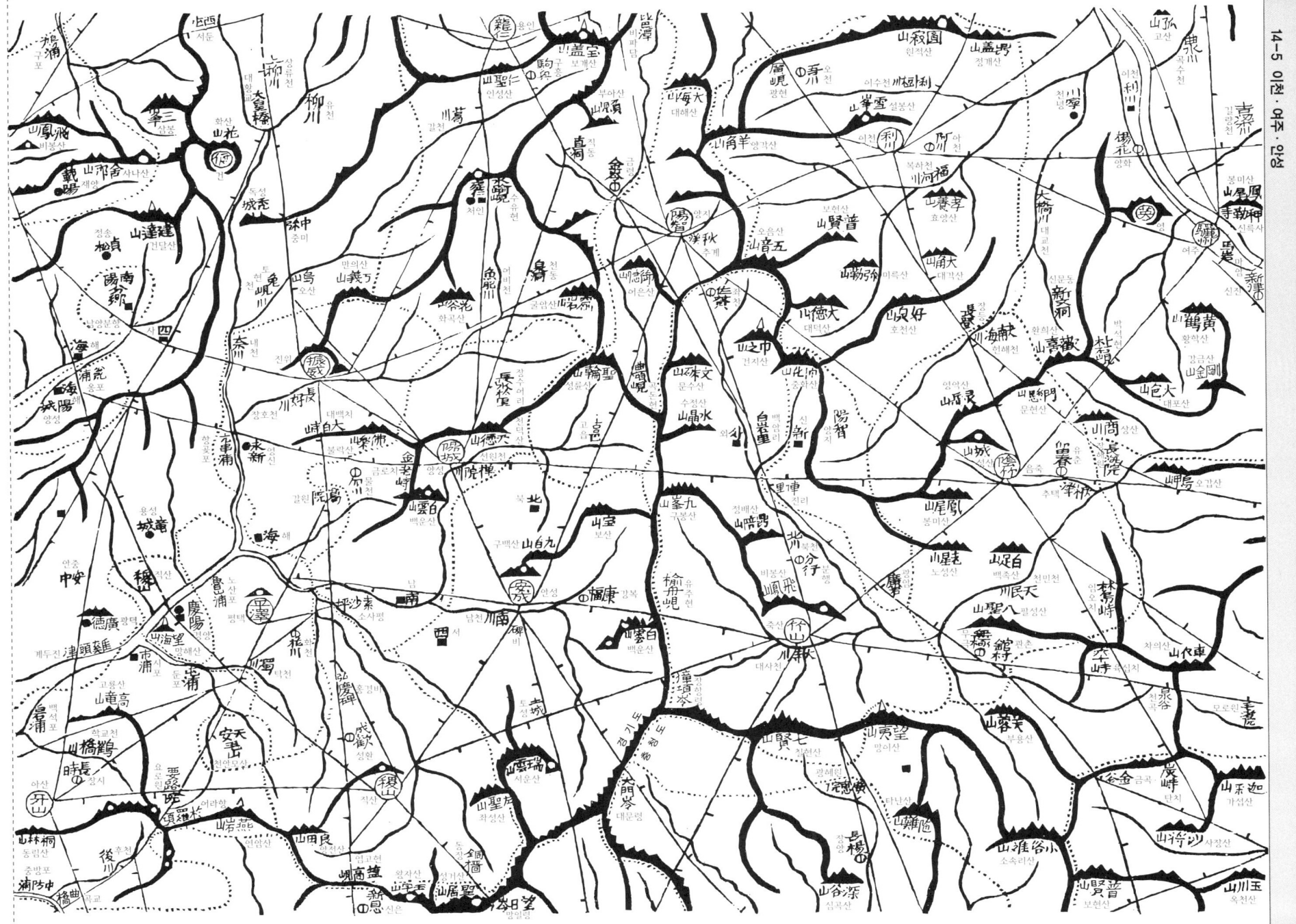

◀◀◀ (뒷면 지도) 14-5 이천 · 여주 · 안성

## 14-6 남양南陽 당진唐津 면천沔川

**당나라와 교역하던 포구, 당진**

충청도와 경기도 서해안 지역이다. 동남쪽은 아산만이고, 남쪽은 태안반도 북부인 충청도 내포 지방이다.

| 13-6 | 13-5 | 13-4 |
|---|---|---|
|  | 14-6 | 14-5 |
| 15-6 | 15-5 | 15-4 |

| 영아 | □ 영이 있는 읍치는 표시 안함 | 읍치 ○무성 ◎유성 | 성지 ⛰산성 ⛰관성 | 진보 □무성 ■유성 | 창고 ■무성 ■유성 | 목소 田 牧 場屬 |
| 고현 | ● 유성 ◎ 구읍지 유성 | 고진보 ▲ ▲유성 | 역참 ① | 방리 ○ | 능침 ○원내능호 | 봉수 ▲ | 고산성 ⛰ | 도로 10리 2 3 4 |

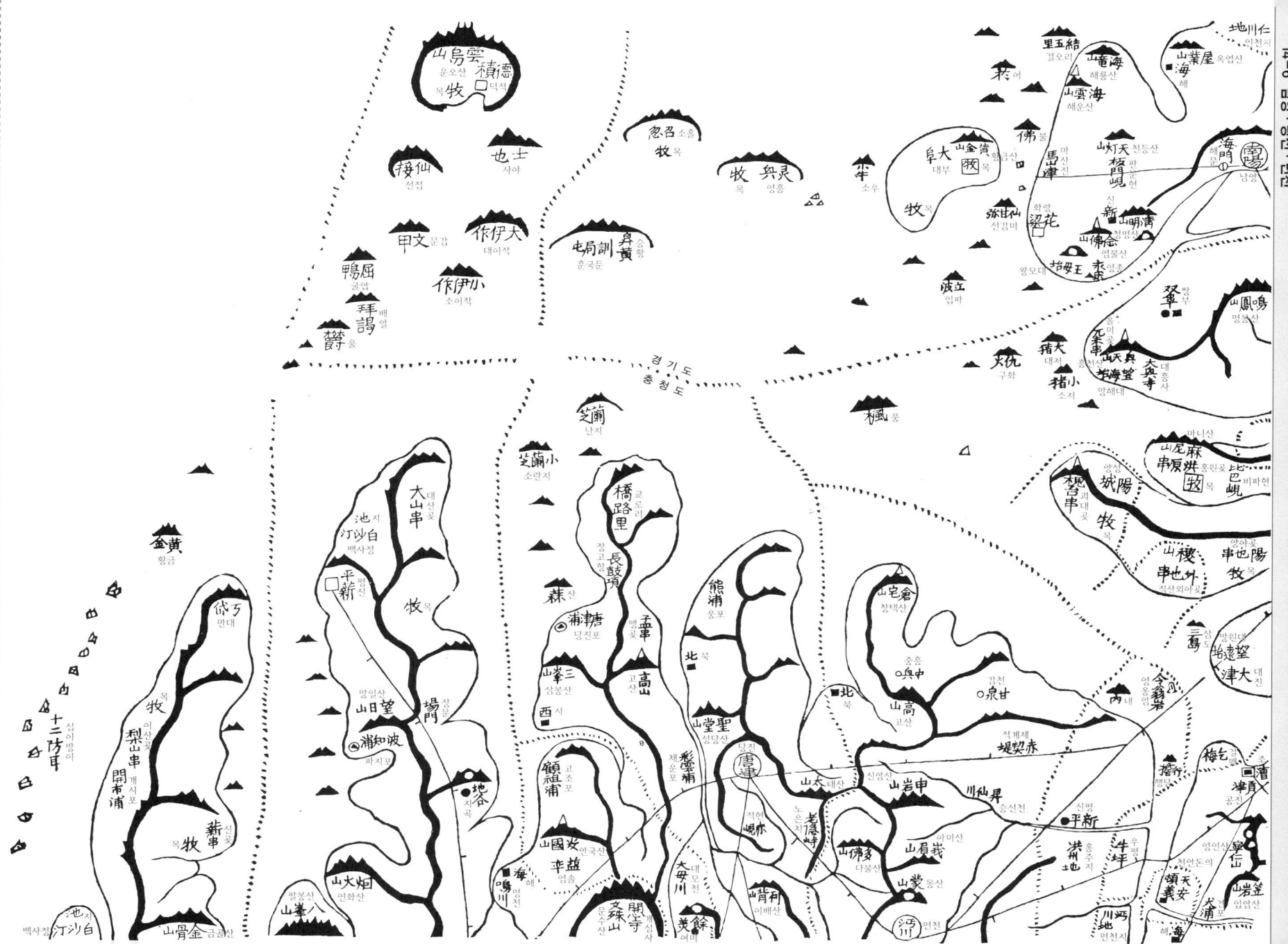

◀◀◀ (뒷면 지도) 14-6 남양·당진·면천

## 15-1 울진蔚珍 평해平海 영해寧海

**금강송의 고을, 울진**

좌측 상단에서 낙동정맥이 남으로 뻗어 있다. 낙동정맥 서쪽으로 흐르는 하천은 모두 낙동강 수계다. 낙동정맥에서 동쪽으로 발원한 하천들은 동해로 흘러든다.

| 14-3 | 14-2 | 14-1 |
|---|---|---|
| 15-2 | 15-1 | |
| 16-2 | 16-1 | |

| 영아 | 영이 있는 읍치는 표시 안함 | 읍치 | ○무성 ◎유성 | 성지 | 산성 관성 | 진보 | □무성 ▨유성 | 창고 | ■무성 ■유성 | 목소 | 牧 場屬 |
|---|---|---|---|---|---|---|---|---|---|---|---|
| 고현 | ●유성 ◎구읍지 유성 | 고진보 | ▲ ▲유성 | 역참 | ① | 방리 | ○ | 능침 | ○원내 능호 | 봉수 ▲ 고산성 ▲ 도로 10리 2 3 4 | |

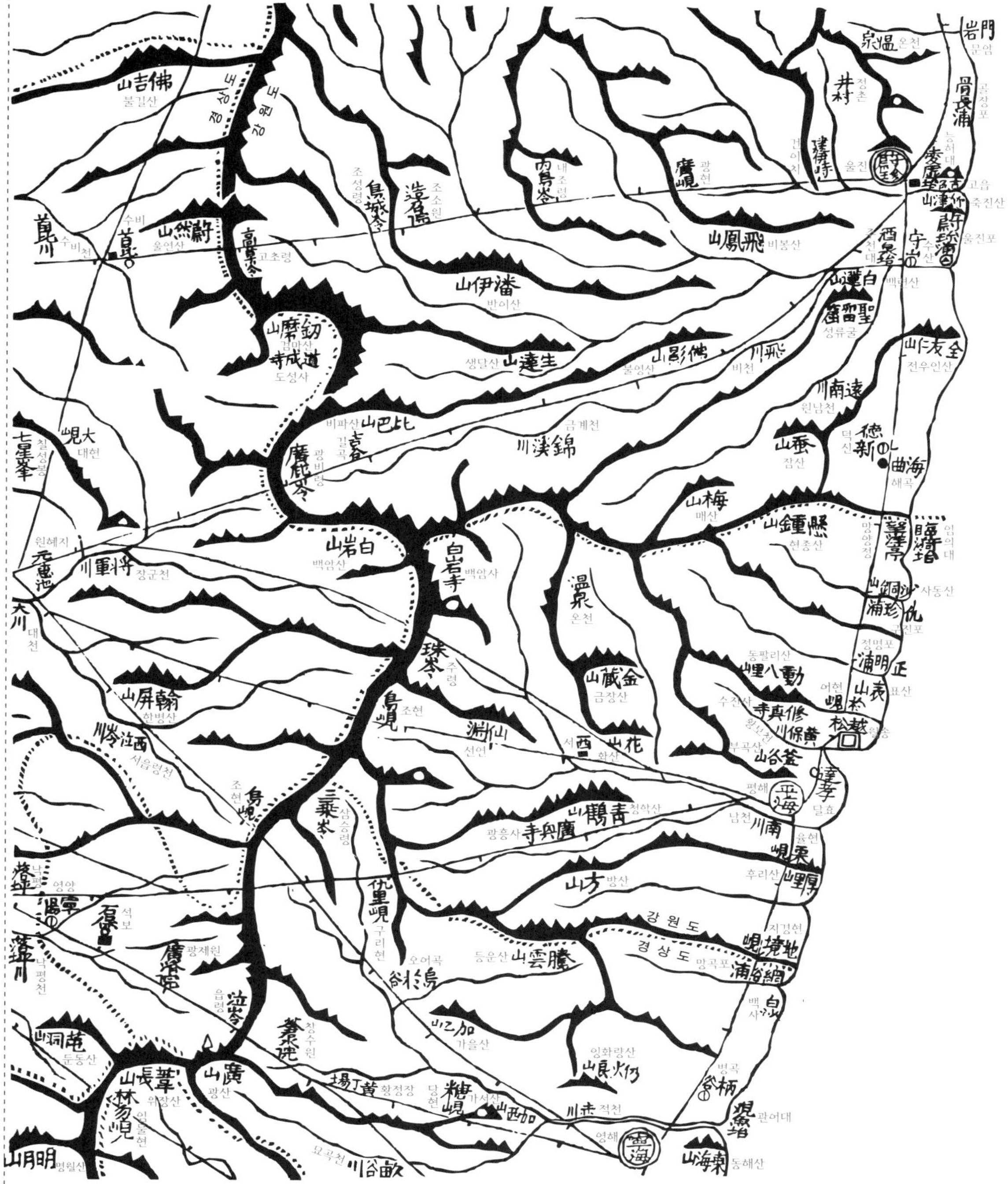

문암
온천
골장포
정촌
건이치
울진
광현
내조령
조소원
조성령
불길산
고읍
죽진산
울진포
수산
비봉산
울연산
수비천
고초령
반이산
백현산
성류굴
전우인산
비천
불영산
생달산
도성사
원남천
금계천
비파산
대현
칠성봉
덕신
해곡
잠산
매산
현종산
망양정
백암산
백암사
장군천
사동산
온천
대천
정명포
주령
동팔리산
금장산
표산
여현
수진사
조현
선연
화산
부곡산
한병산
서읍령천
평해
달효
청학산
광흥사
남천
율현
후리산
방산
영양
석보
구리현
강원도
경상도
지경현
망곡포
등운산
광제원
오어곡
낙평천
읍령
백사
가을산
청수원
둔동산
영화령산
병곡
황정장
당현
광산
적천
관어대
영해
동해산
묘곡천

◀◀◀ (뒷면 지도) 15-1 울진·평해·영해

## 15-2 영천 榮川  예안 禮安  안동 安東

**영남 유학의 본고장, 안동**

지도 중앙에 예안과 안동을 가로지르며 흐르는 하천은 낙동강이고, 좌측 영천(지금의 영주)과 예천을 흐르는 하천은 낙동강의 지류인 내성천이다.

| 14-4 | 14-3 | 14-2 |
| --- | --- | --- |
| 15-3 | 15-2 | 15-1 |
| 16-3 | 16-2 | 16-1 |

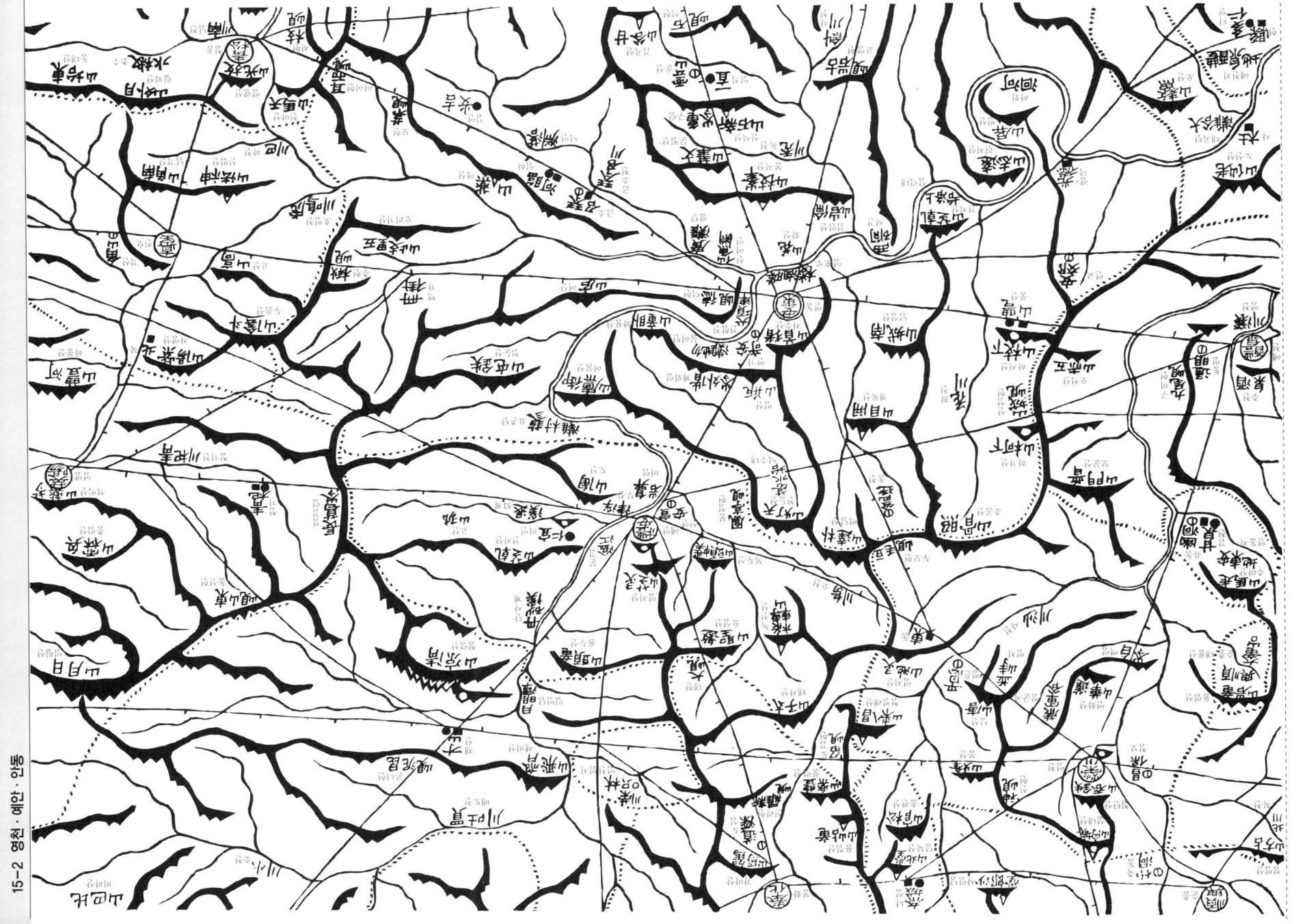

15-2 영천·예안·안동

◀◀◀ (뒷면 지도) 15-2 영천·예안·안동

## 15-3 괴산槐山 문경聞慶 보은報恩

**문경새재로 이름난 문경**

굵은 선으로 진하게 표현된 산줄기는 백두대간이다. 속리산 천왕봉에서는 한남금북정맥이 회유치~웅치로 뻗어 나간다.

| 14-5 | 14-4 | 14-3 |
|---|---|---|
| 15-4 | 15-3 | 15-2 |
| 16-4 | 16-3 | 16-2 |

| 영아 □ 영이 있는 읍치는 표시 안함 | 읍치 ○무성 ◉유성 | 성지 산성 관성 | 진보 □무성 ▣유성 | 창고 ■무성 ▣유성 | 목소 ⊞ 牧 場屬 |
|---|---|---|---|---|---|
| 고현 ●유성 ◎구읍지 유성 | 고진보 ▲ ◭유성 | 역참 ① | 방리 ○ | 능침 ○원내 능호 | 봉수 ▲ | 고산성 ▲ | 도로 10리 2 3 4 |

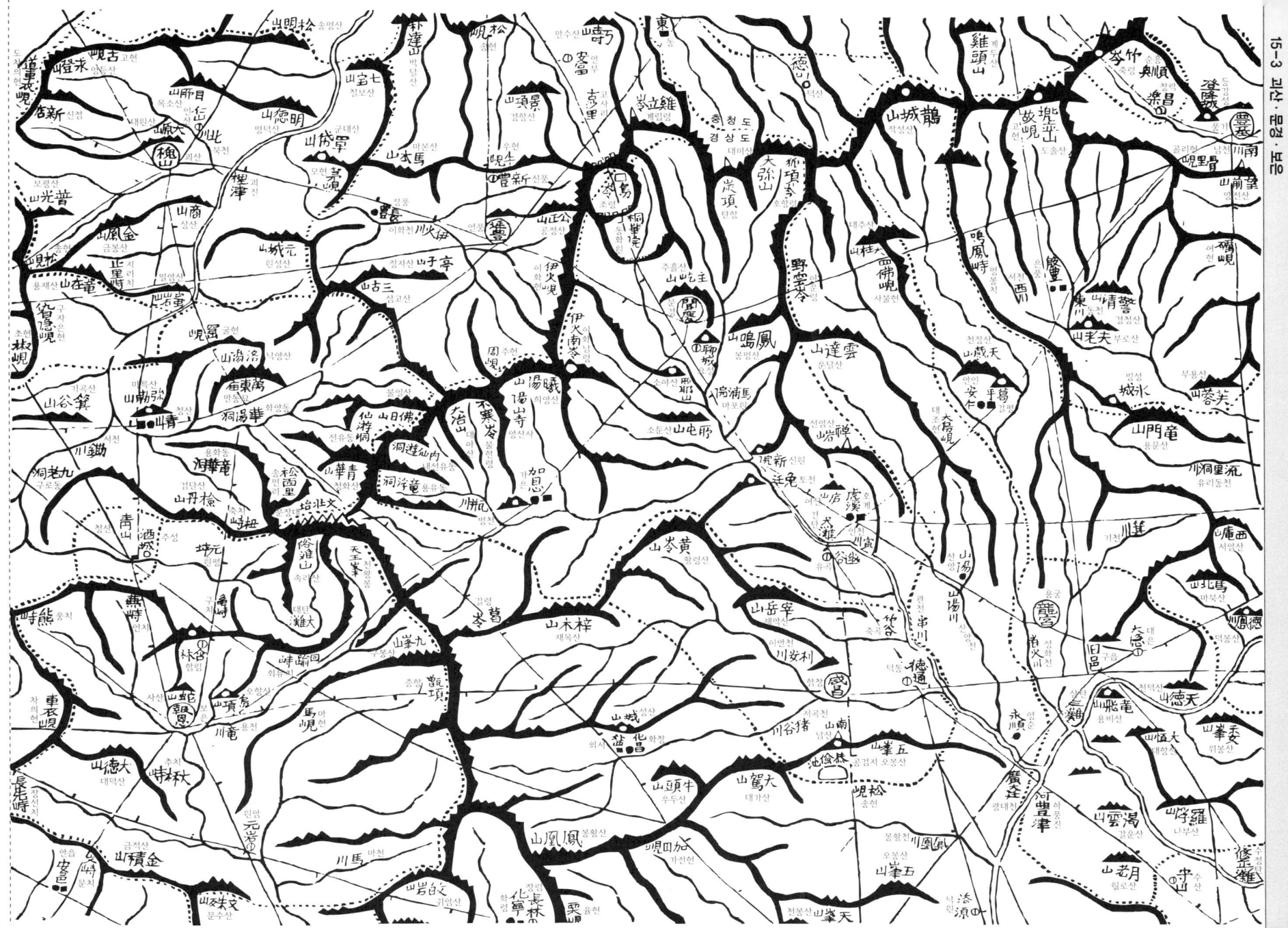

◀◀◀ (뒷면 지도) 15-3 괴산·문경·보은

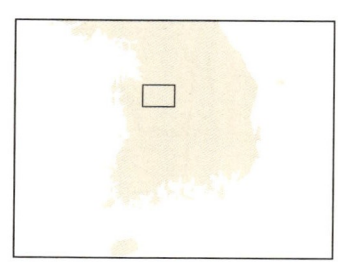

## 15-4 진천 鎭川 청주 淸州 공주 公州

**백제의 두 번째 도읍지, 공주**

우측 가운데의 선도산~거대산~좌구산~증산~마곡산으로 이어지는 산줄기는 한남금북정맥, 상단 가운데의 납운치~월조산~차령~각흘치로 이어지는 산줄기는 금북정맥이다. 문의·공주를 지나는 하천은 금강이다.

| 14-6 | 14-5 | 14-4 |
| 15-5 | 15-4 | 15-3 |
| 16-5 | 16-4 | 16-3 |

| 영아 □ 영이 있는 읍치는 표시 안함 | 읍치 ○무성 ◯유성 | 성지 ⌒산성 ⌢관성 | 진보 □무성 ■유성 | 창고 ■무성 ■유성 | 목소 ⊞ 牧 場屬 |
| 고현 ●유성 ◎구읍지 유성 | 고진보 ▲ ⏶유성 | 역참 ① | 방리 ○ | 능침 ○ 원내능호 | 봉수 ▲ | 고산성 ⏶ | 도로 10리 2 3 4 |

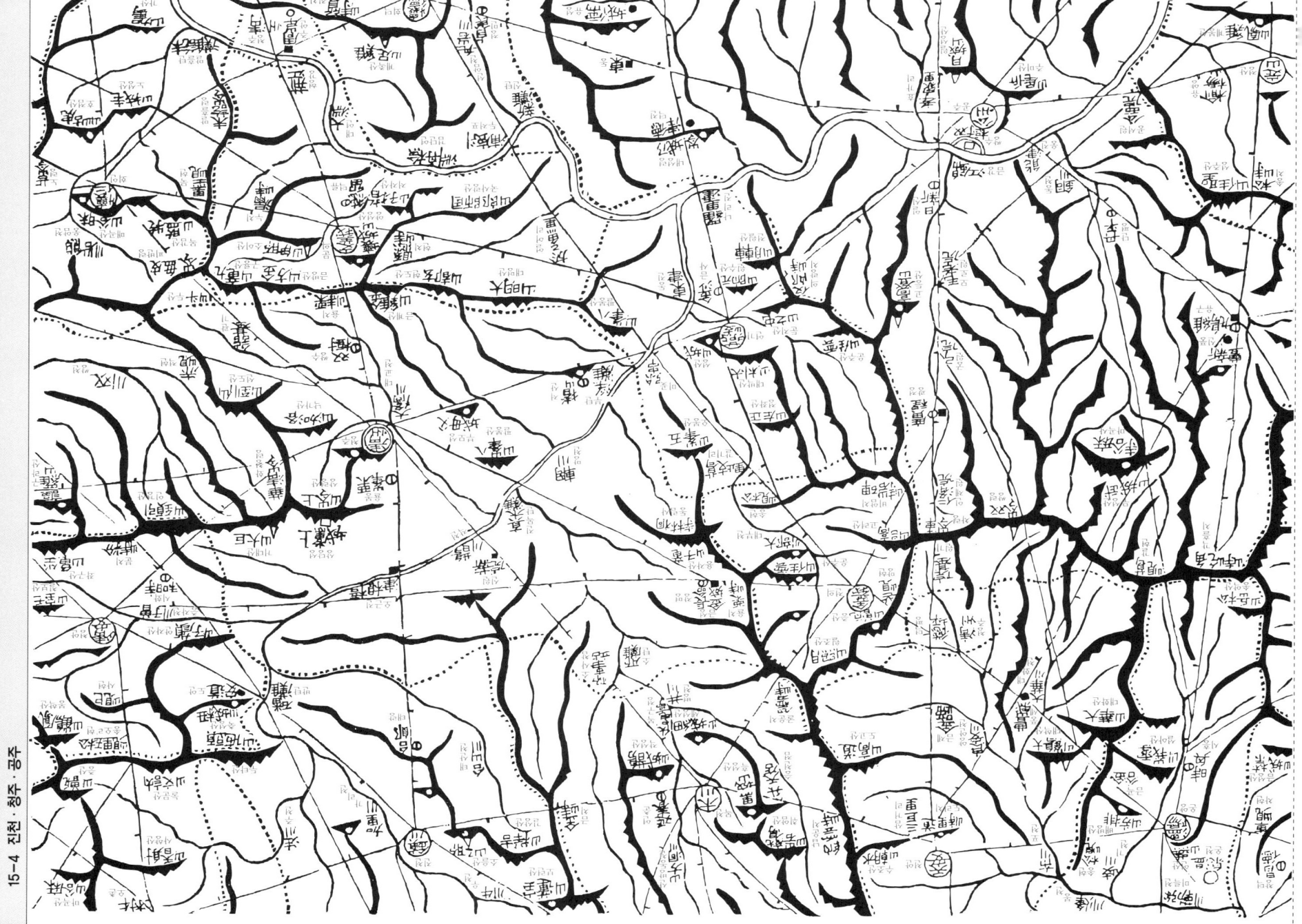

◀◀◀ (뒷면 지도) 15-4 진천·청주·공주

## 15-5 서산 瑞山  홍주 洪州  보령 保寧

**충청도 내포 지방의 큰 고을, 홍주**

우측 가운데의 차유령에서 백월산~성태산~오사산(오서산)~가야산~성왕산~백화산~
지령산으로 이어지는 산줄기는 금북정맥이다. 가야산 둘레 고을들은 충청도 내포 지방이다.

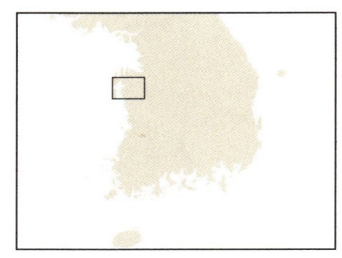

|  | 14-6 | 14-5 |
|---|---|---|
| 15-6 | 15-5 | 15-4 |
| 16-6 | 16-5 | 16-4 |

| 영아 | ☐ 영이 있는 읍치는 표시 안함 | 읍치 ○무성 ◯유성 | 성지 ⛰산성 〰관성 | 진보 ☐무성 ☐유성 | 창고 ■무성 ■유성 | 목소 田 牧場屬 |
|---|---|---|---|---|---|---|
| 고현 ●유성 ◉구읍지유성 | | 고진보 ▲ ▲유성 | 역참 ① | 방리 ○ | 능침 ○원내능호 | 봉수 ▲ | 고산성 ▲ | 도로 10리 2 3 4 |

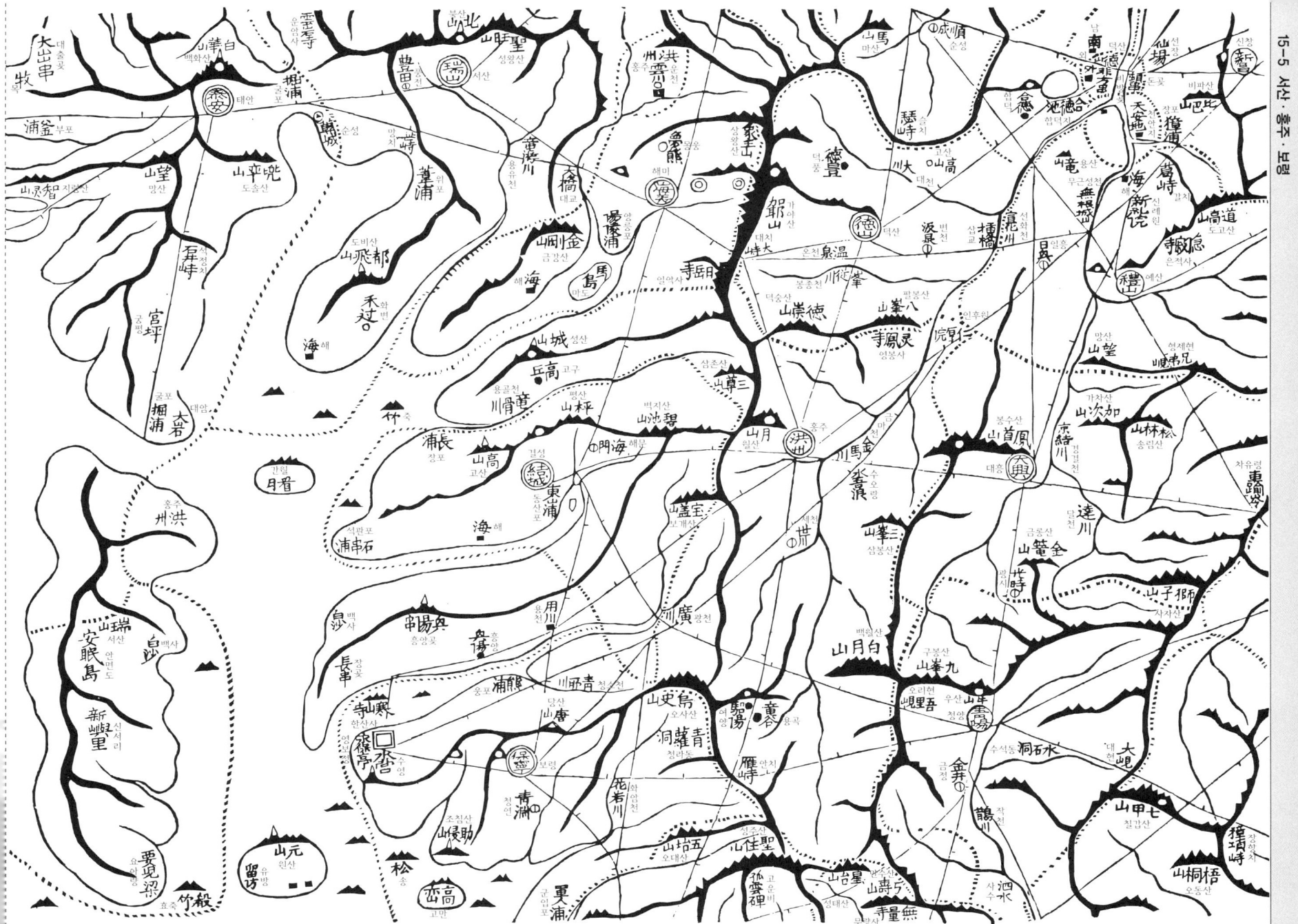

◀◀◀ (뒷면 지도) 15-5 서산·홍주·보령

## 15-6 안흥 安興

**충청도 서해를 지키던 안흥**

태안반도의 서쪽 끝이다. 금북정맥이 끝나는 안흥진은 중국과의 무역 통로였다. 이 앞바다는 '안흥량'이라 하여 세곡선이 한양으로 통하는 물길 중 최고 어려운 구간으로 꼽혔다.

|  |  | 14-6 |
|---|---|---|
|  | 15-6 | 15-5 |
|  | 16-6 | 16-5 |

| 영아 | 영이 있는 읍치는 표시 안함 | 읍치 ○무성 ◎유성 | 성지 산성 관성 | 진보 □무성 ▣유성 | 창고 ■무성 ■유성 | 목소 囿 牧 場屬 |
| 고현 ●◉유성 ◎구읍지 유성 | 고진보 ▲ ●유성 | 역참 ① | 방리 ○ | 능침 ○원내 능호 | 봉수 ▲ | 고산성 ▲ | 도로 10리 2 3 4 |

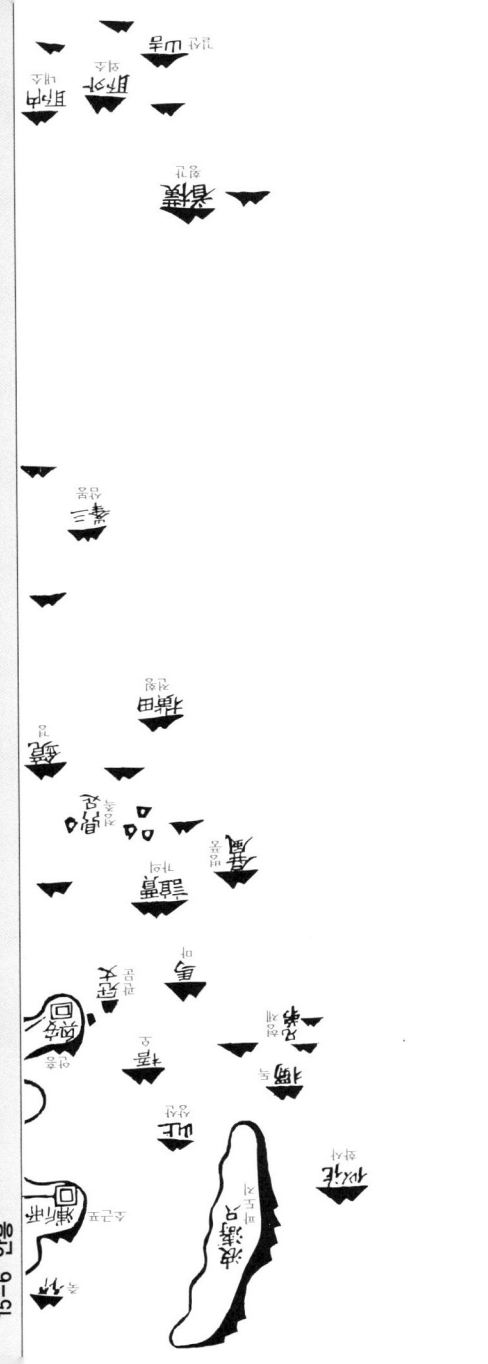

◀◀◀ (뒷면 지도) 15-6 안흥

## 16-1 영덕 盈德 청하 淸河 흥해 興海

**대게로 유명한 영덕**

좌측 상단에서 남으로 뻗어 내린 산줄기는 낙동정맥이다. 그 동쪽에는 영덕, 청하, 흥해 고을이 있다. 우측 하단에 동해로 튀어나온 땅은 구룡반도의 끝인 호미곶이다.

| 15-2 | 15-1 |  |
|---|---|---|
| 16-2 | 16-1 |  |
| 17-2 | 17-1 |  |

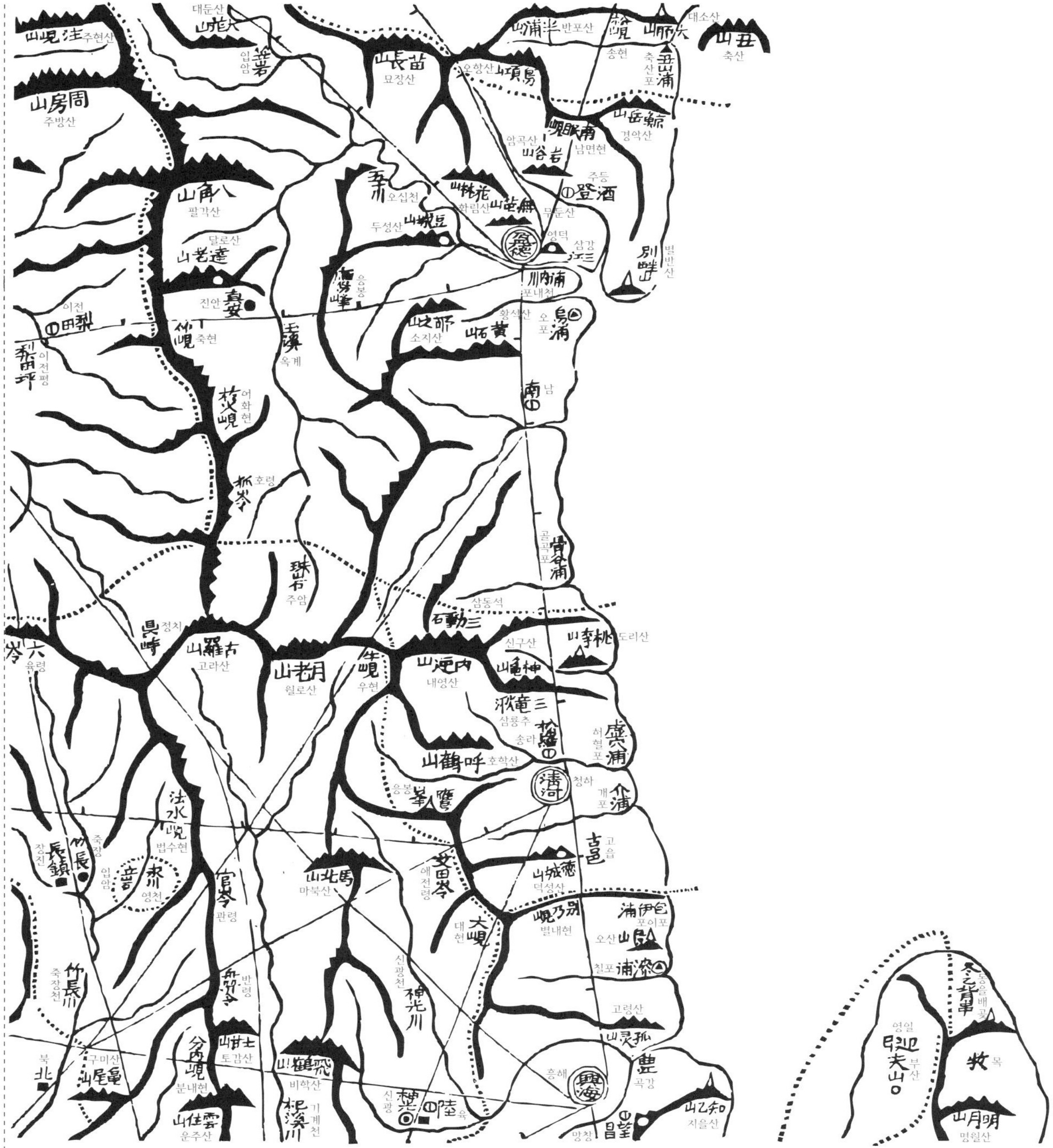
대둔산
주현산
입암
묘장산
오항산
반포산
송현
대소산
축산
축산포
주방산
경악산
남면현
암곡산
주등
오십천
화림산
무둔산
팔각산
두성산
영덕
삼강
달로산
별반산
응봉
포내천
진안
이전
황석산
오포
소지산
죽현
옥계
이전평
남
어화현
호령
골곡포
주암
삼동석
정치
도리산
신구산
육령
고라산
월로산
우현
내영산
삼룡추
서혈포
송라
호학산
청하
응봉
개포
죽장
장진
법수현
고읍
입암
영천
애전령
마북산
덕성산
관령
포이포
별내현
대현
오산
칠포
신광천
죽장천
반령
고령산
동을배곶
영일
부산
북
구미산
토감산
흥해
비학산
분내현
곡강
목
신광
육
기계천
운주산
망창
지을산
명월산

◀◀◀ (뒷면 지도) 16-1 영덕 · 청하 · 흥해

# 16-2 의성義城 군위軍威 의흥義興

**《삼국유사》가 탄생한 군위**

좌측 하단의 인동을 지나는 굵은 물줄기는 낙동강이다. 의성·군위 등의 물길이 모인 위수(지금의 위천)는 비안을 지나 낙동강으로 합류한다.

| 15-3 | 15-2 | 15-1 |
| --- | --- | --- |
| 16-3 | 16-2 | 16-1 |
| 17-3 | 17-2 | 17-1 |

| 영아 | □ 영이 있는 읍치는 표시 안함 | 읍치 ○무성 ◎유성 | 성지 ⛰산성 ⛰관성 | 진보 □무성 □유성 | 창고 ■무성 ■유성 | 목소 🏠 牧 場屬 |
| --- | --- | --- | --- | --- | --- | --- |
| 고현 ●◎유성 ◎구읍지유성 | | 고진보 ▲ ⬢유성 | 역참 ① 방리 ○ | 능침 ○원내능호 | 봉수 ▲ 고산성 ⛰ | 도로 10리 2 3 4 |

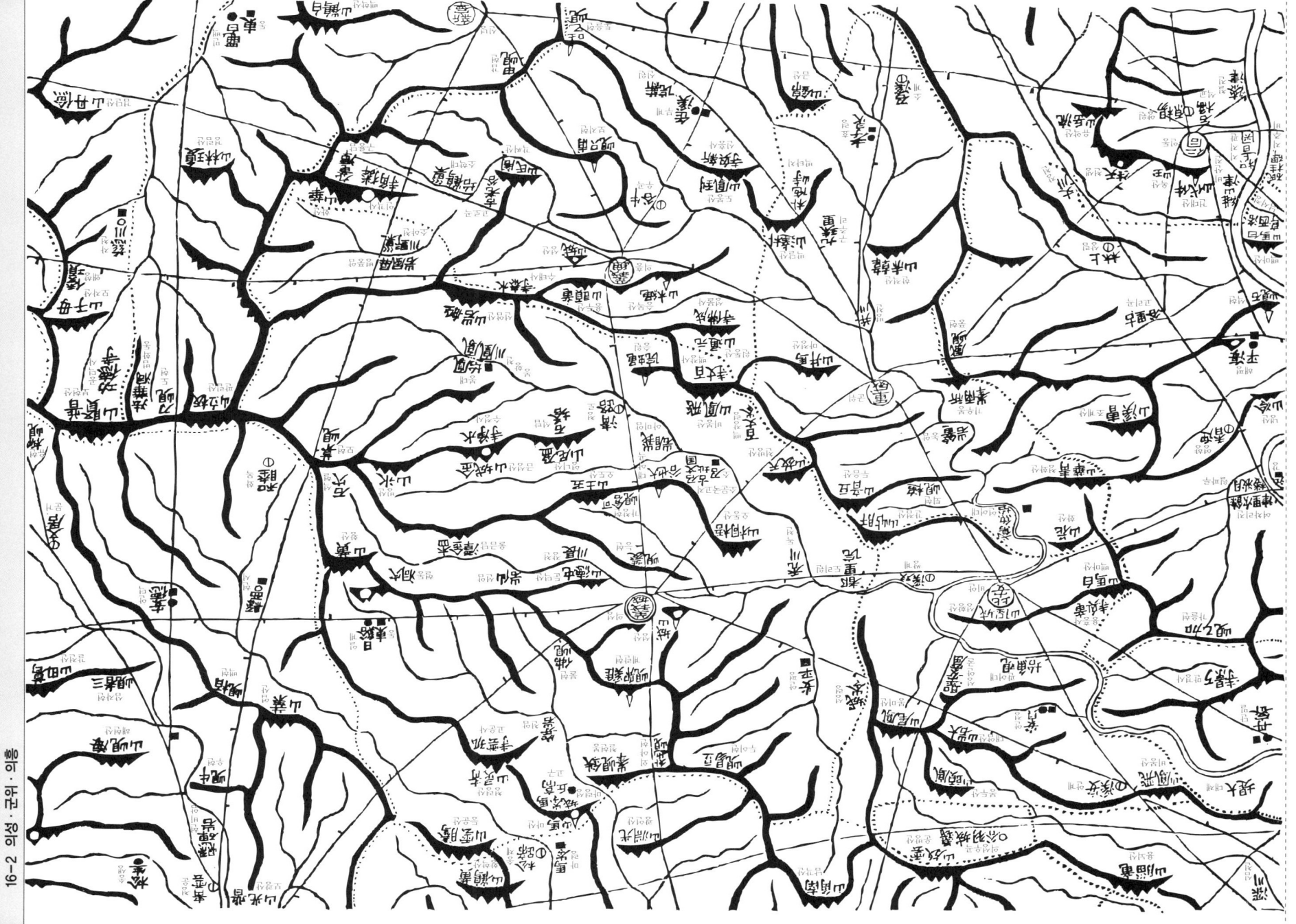

(뒷면 지도) 16-2 의성·군위·의흥

## 16-3 상주尙州 선산善山 영동永同

**'낙동강' 이름 유래한 상주**

웅현~추풍령~삼도봉으로 이어지는 중앙의 굵은 산줄기는 백두대간이다. 우측의 상주와 선산을 지나는 하천은 낙동강이고, 좌측의 무주와 영동을 지나는 하천은 금강이다.

| 15-4 | 15-3 | 15-2 |
| 16-4 | 16-3 | 16-2 |
| 17-4 | 17-3 | 17-2 |

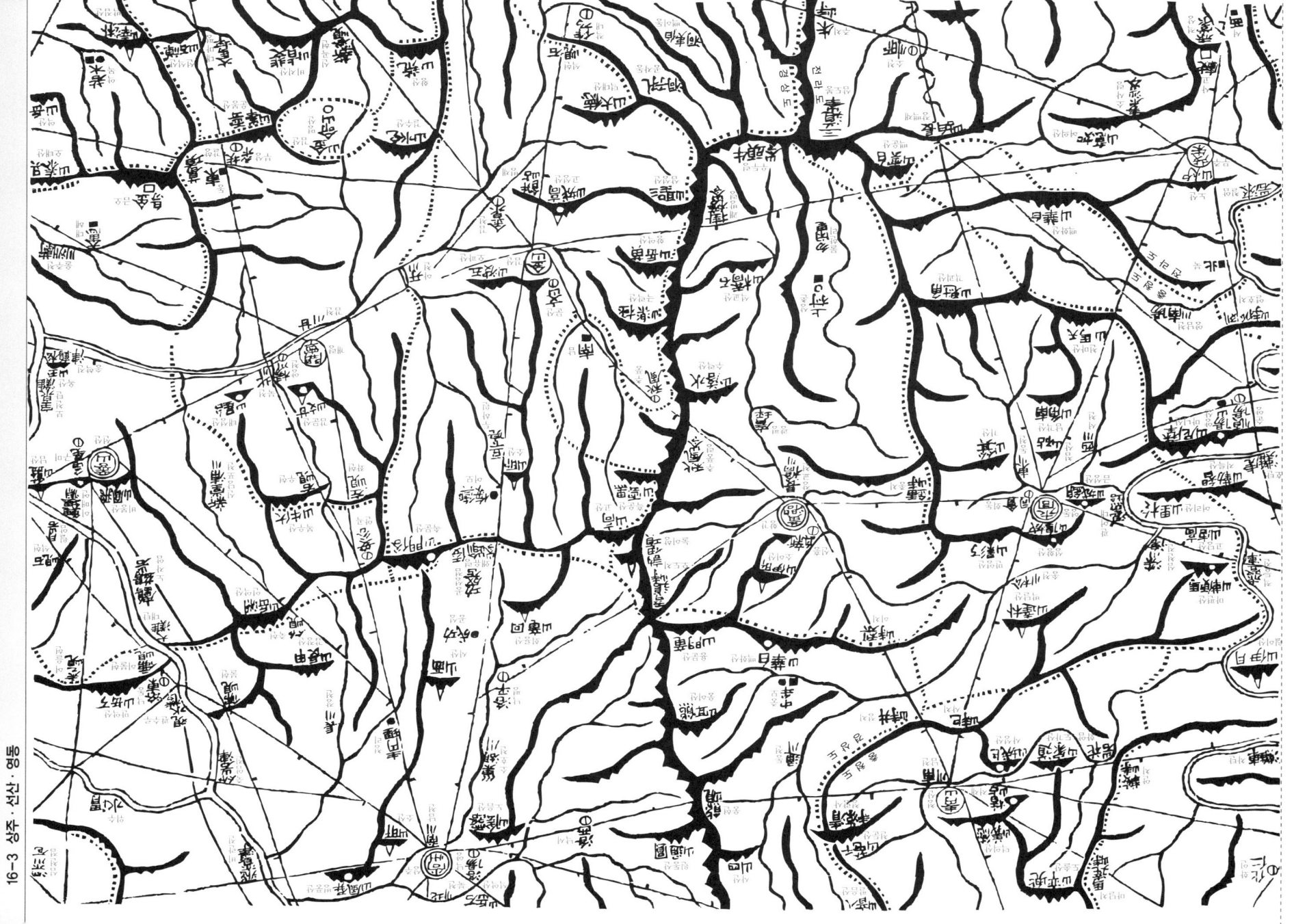

◀◀◀ (뒷면 지도) 16-3 상주 · 선산 · 영동

## 16-4 옥천沃川 연산連山 익산益山
**미륵사지석탑 서 있는 익산**

중앙 하단에서 금남정맥 산줄기가 북으로 뻗으며 왕사봉~대둔산~계룡산~망월산 등을 빚고 부여 부소산으로 간다. 지도 좌우로 보이는 쌍선의 하천은 모두 금강 본류다.

| 15-5 | 15-4 | 15-3 |
| 16-5 | 16-4 | 16-3 |
| 17-5 | 17-4 | 17-3 |

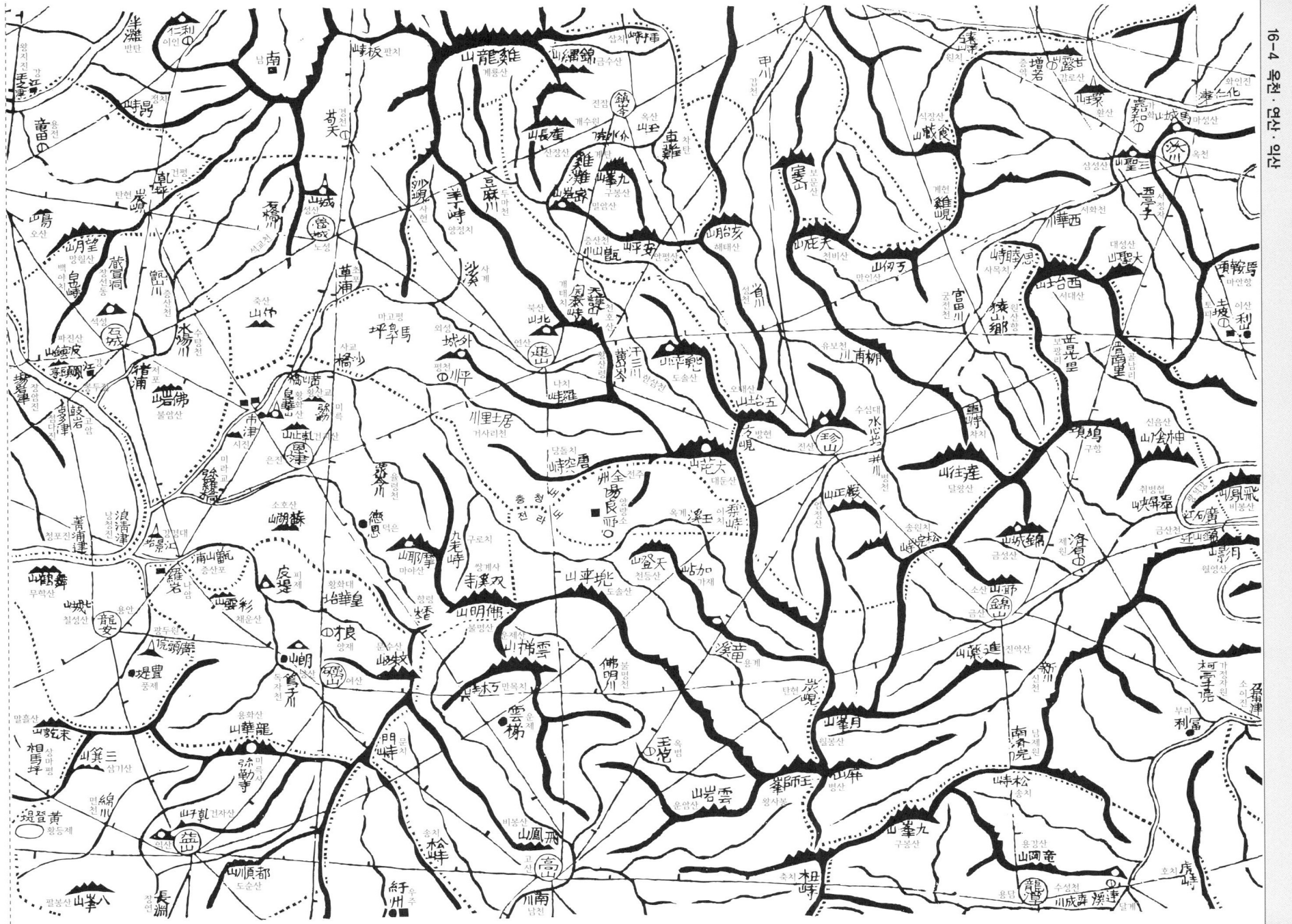

◀◀◀ (뒷면 지도) 16-4 옥천 · 연산 · 익산

# 16-5 부여扶餘 서천舒川 옥구沃溝

**백제의 마지막 도읍지, 부여**

'백마강'이라는 이름으로 부여를 지난 금강은 함열 · 한산 등을 지나 서천과 옥구 사이에서 서해로 빠져든다. 현재 금강하구에는 금강대교와 금강하굿둑이 건설되어 있다.

| 15-6 | 15-5 | 15-4 |
|---|---|---|
| 16-6 | 16-5 | 16-4 |
|  | 17-5 | 17-4 |

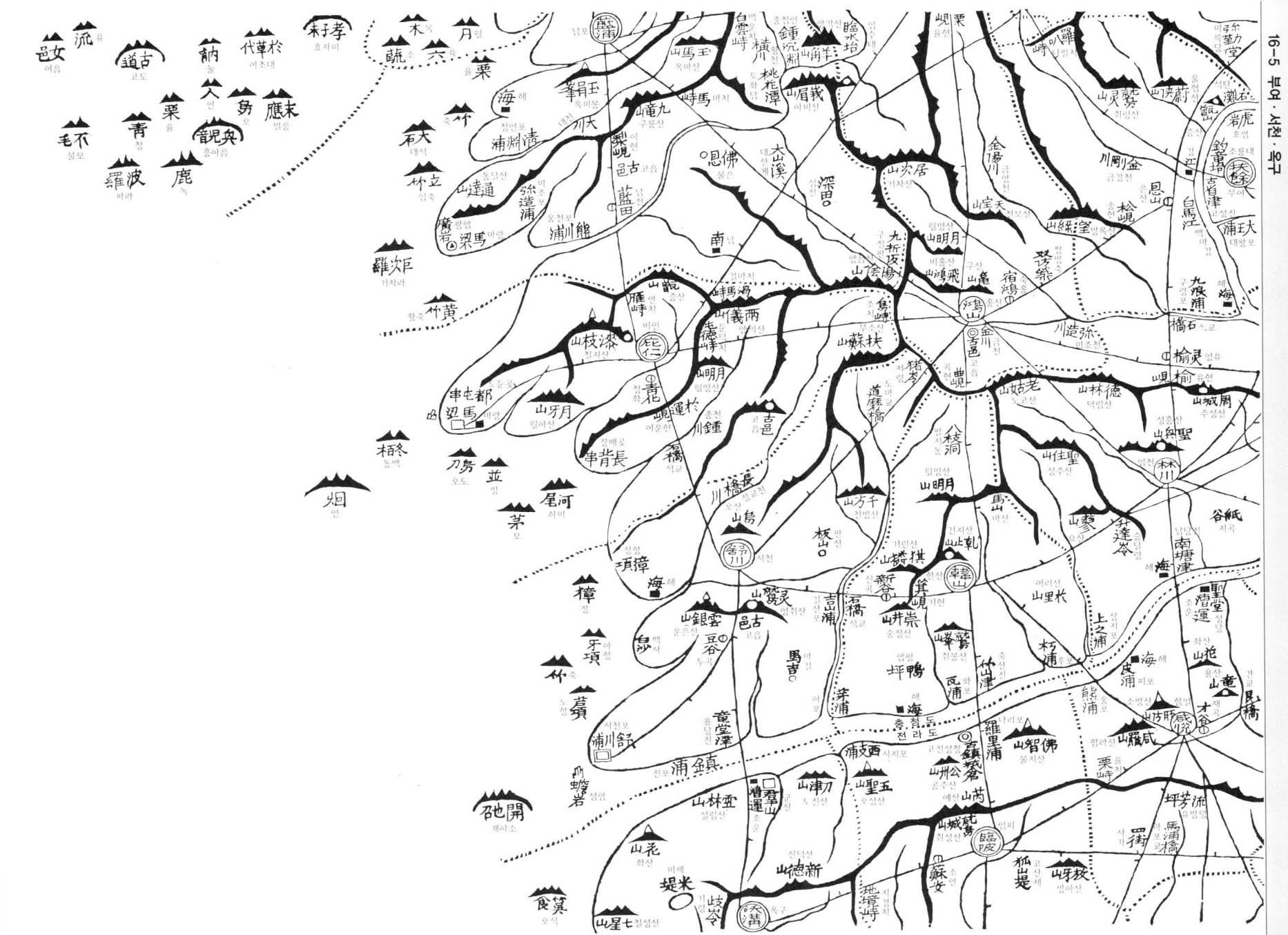

◀◀◀ (뒷면 지도) 16-5 부여 · 서천 · 옥구

## 16-6 어청 於靑

**바닷물이 거울처럼 맑은 어청도**

서해 바닷가다. 조선 시대에는 모두 충청도 홍주 소속이었으나 지금은 충청도와 전라도로 나뉘어 있다. 어청도는 전라북도 군산시에 속하고, 외안도(지금의 외연도)와 삽시도는 충청남도 보령시 오천면에 속한다.

|  | 15-6 | 15-5 |
|---|---|---|
|  | 16-6 | 16-5 |
|  |  | 17-5 |

202

## 17-1 영일迎日 장기長鬐 경주慶州

**신라 천 년의 도읍지, 경주**

영일만으로 인해 구룡반도가 돌출되었다. 좌측 상단에서 낙동정맥이 남쪽으로 뻗어 가며 신라 천 년의 고도인 경주를 품었다.

| 16-2 | 16-1 |   |
|------|------|---|
| 17-2 | 17-1 |   |
| 18-2 | 18-1 |   |

17-1 영일·장기·경주

## 17-2 영천永川 대구大邱 청도淸道

**경상도의 중심 고을, 대구**

좌측의 남쪽으로 흐르는 하천은 낙동강이다. 영천·하양·경산·대구를 지나는 금호강은 서쪽으로 흘러 낙동강과 합류한다.

| 16-3 | 16-2 | 16-1 |
| --- | --- | --- |
| 17-3 | 17-2 | 17-1 |
| 18-3 | 18-2 | 18-1 |

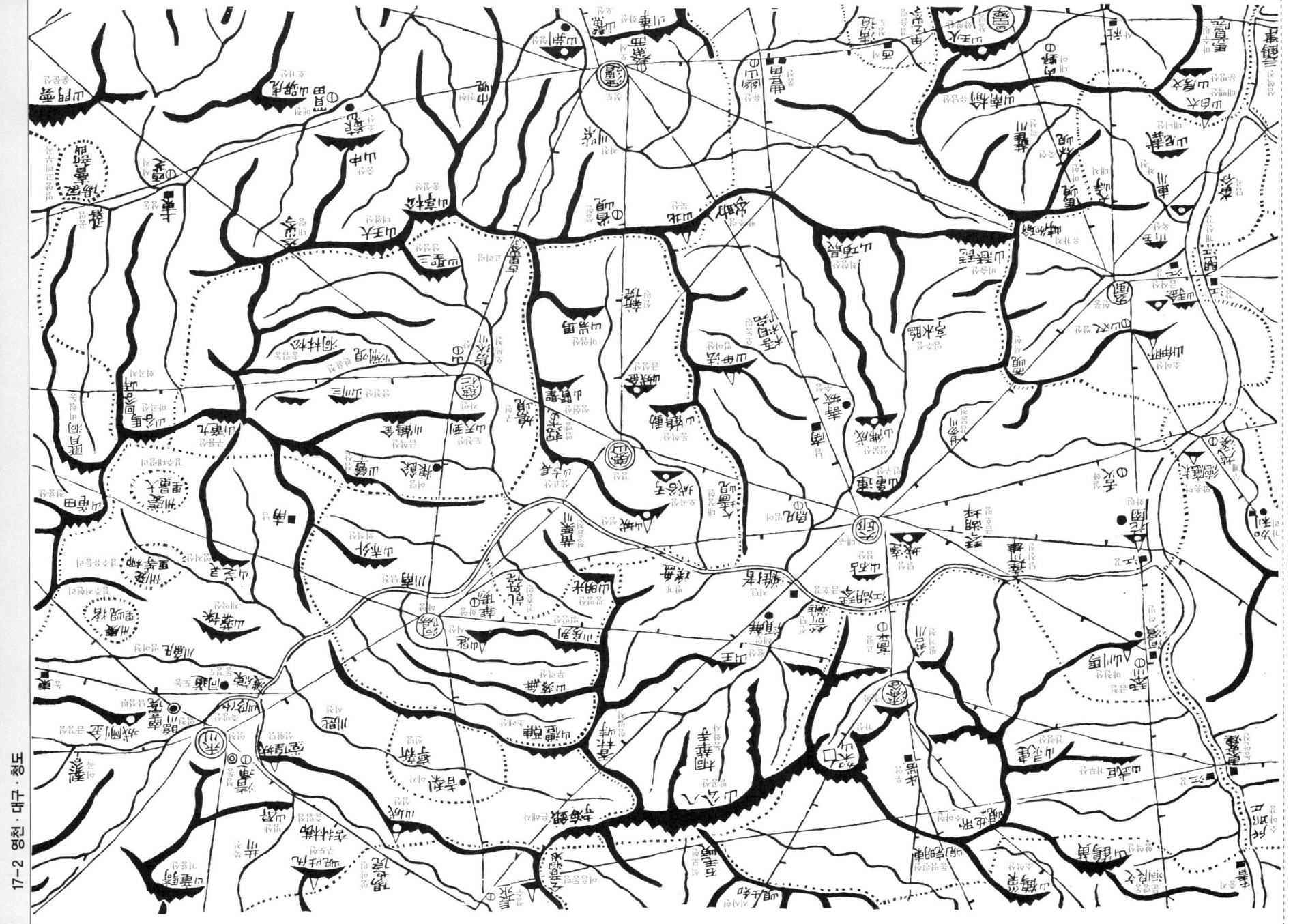

## 17-3 성주星州 거창居昌 합천陜川

**팔만대장경의 고을, 합천**

백두대간 줄기가 상단 가운데 부분의 마치에서 덕유산~장안산~영취산을 지나 남쪽으로 뻗어 간다. 덕유산에서 발원해 거창·합천을 지나는 하천은 황강이고, 봉황봉에서 발원해 안의를 지나는 하천은 남강이다.

| 16-4 | 16-3 | 16-2 |
| --- | --- | --- |
| 17-4 | 17-3 | 17-2 |
| 18-4 | 18-3 | 18-2 |

| 영아 | 영이 있는 읍치는 표시 안함 | 읍치 | ○무성 ◎유성 | 성지 | 산성 관성 | 진보 | □무성 ■유성 | 창고 | ■무성 ■유성 | 목소 | 牧 場屬 |
| --- | --- | --- | --- | --- | --- | --- | --- | --- | --- | --- | --- |
| 고현 | ●◉유성 ◐구읍지유성 | 고진보 | ▲●유성 | 역참 | ① | 방리 | ○ | 능침 | ○원내능호 | 봉수 | ▲ | 고산성 | ▲ | 도로 | 10리 2 3 4 |

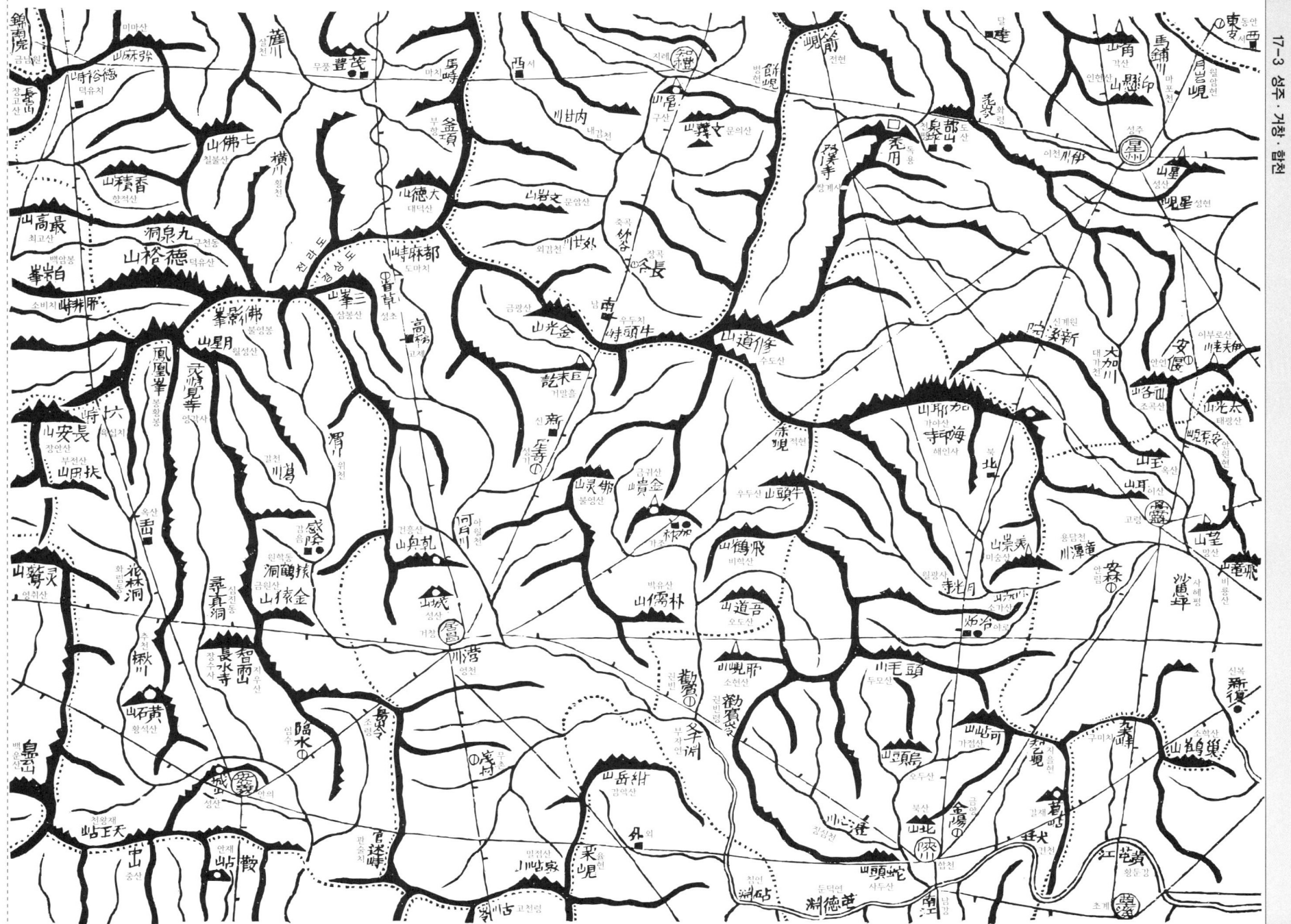

◀◀◀ (뒷면 지도) 17-3 성주·거창·합천

## 17-4 진안鎭安 전주全州 임실任實

**남국의 인재가 몰려 있는 전주**

우측 하단은 금남호남정맥이 수분현~성수산~마이산으로 뻗어 나간다. 청록산과 웅치 사이에서 북으로는 금남정맥, 남으로는 호남정맥이 분기한다. 임실을 지나는 하천은 섬진강, 장수를 지나 북으로 흐르는 하천은 금강이다.

| 16-5 | 16-4 | 16-3 |
| --- | --- | --- |
| 17-5 | 17-4 | 17-3 |
| 18-5 | 18-4 | 18-3 |

| 영아 | 영이 있는 읍치는 표시안함 | 읍치 | ○무성 ◎유성 | 성지 | 산성 관성 | 진보 | □무성 ■유성 | 창고 | ■무성 ■유성 | 목소 | 牧 場屬 |
| 고현 | ●유성 ◎구읍지 유성 | 고진보 | ▲ ▲유성 | 역참 | ① | 방리 | ○ | 능침 | ○원내 능호 | 봉수 | ▲ | 고산성 | ▲ | 도로 | 10리 2 3 4 |

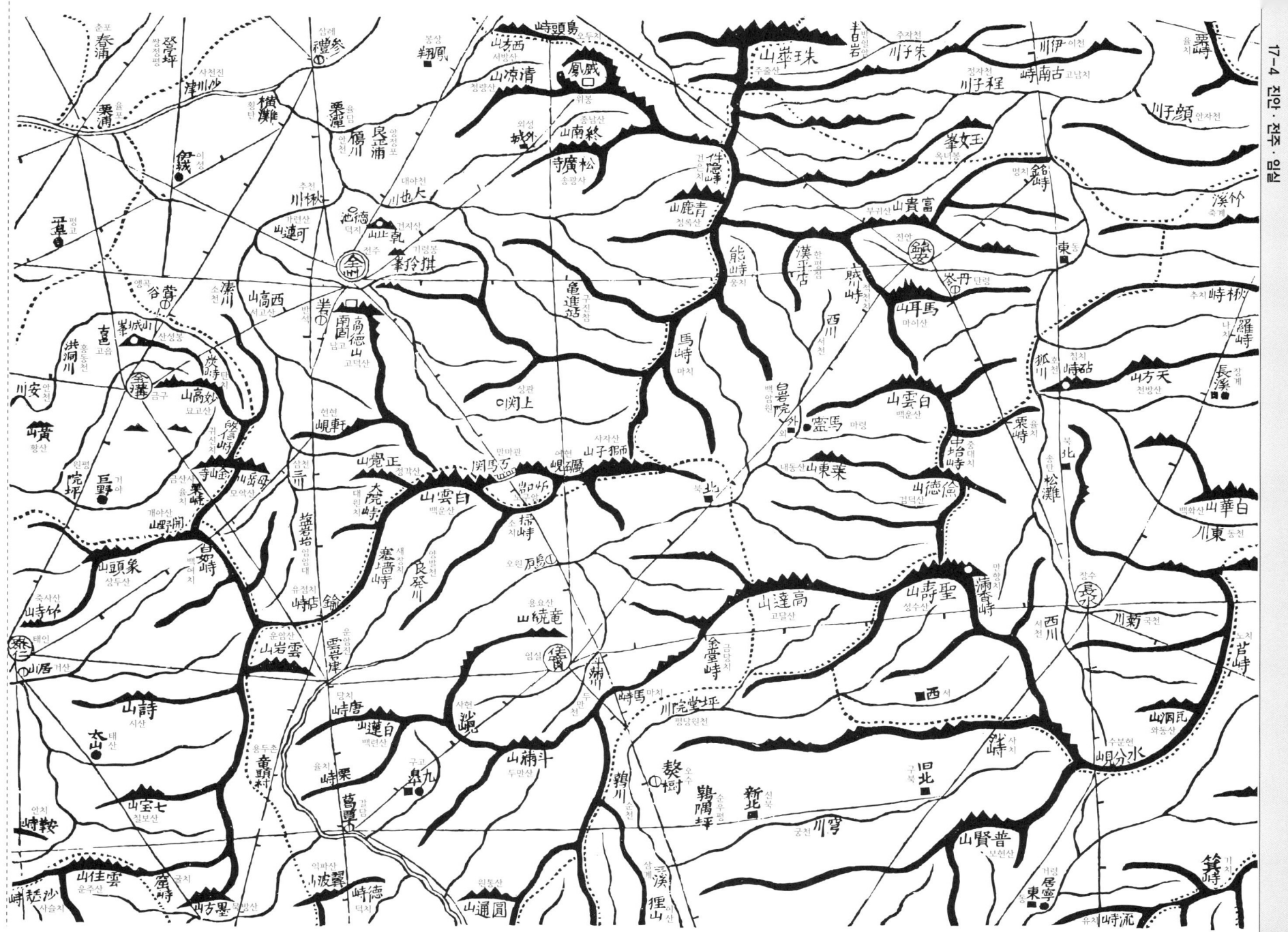

◀◀◀ (뒷면 지도) 17-4 진안 · 전주 · 임실

## 17-5 만경萬頃 부안扶安 고부古阜

**동학농민운동의 불씨가 타오른 고부**

김제와 만경 일대는 우리나라 최대의 평야지대라 산줄기를 그리지 않았다. 우측 상단에는 전주를 지나온 만경강이, 그 남쪽에는 정읍과 고부를 지나온 동진강이 서해로 흘러든다.

| 16-6 | 16-5 | 16-4 |
|------|------|------|
|      | 17-5 | 17-4 |
| 18-6 | 18-5 | 18-4 |

| 영아 | □ 영이 있는 읍치는 표시 안함 | 읍치 ○무성 ◯유성 | 성지 ⛰산성 ～관성 | 진보 □무성 ▣유성 | 창고 ■무성 ■유성 | 목소 囿 牧 場屬 |
| 고현 ●◉유성 ◎구읍지 유성 | 고진보 ▲ ▲유성 | 역참 ① | 방리 ○ | 능침 ○원내 능호 | 봉수 ▲ | 고산성 ▲ | 도로 10리 2 3 4 |

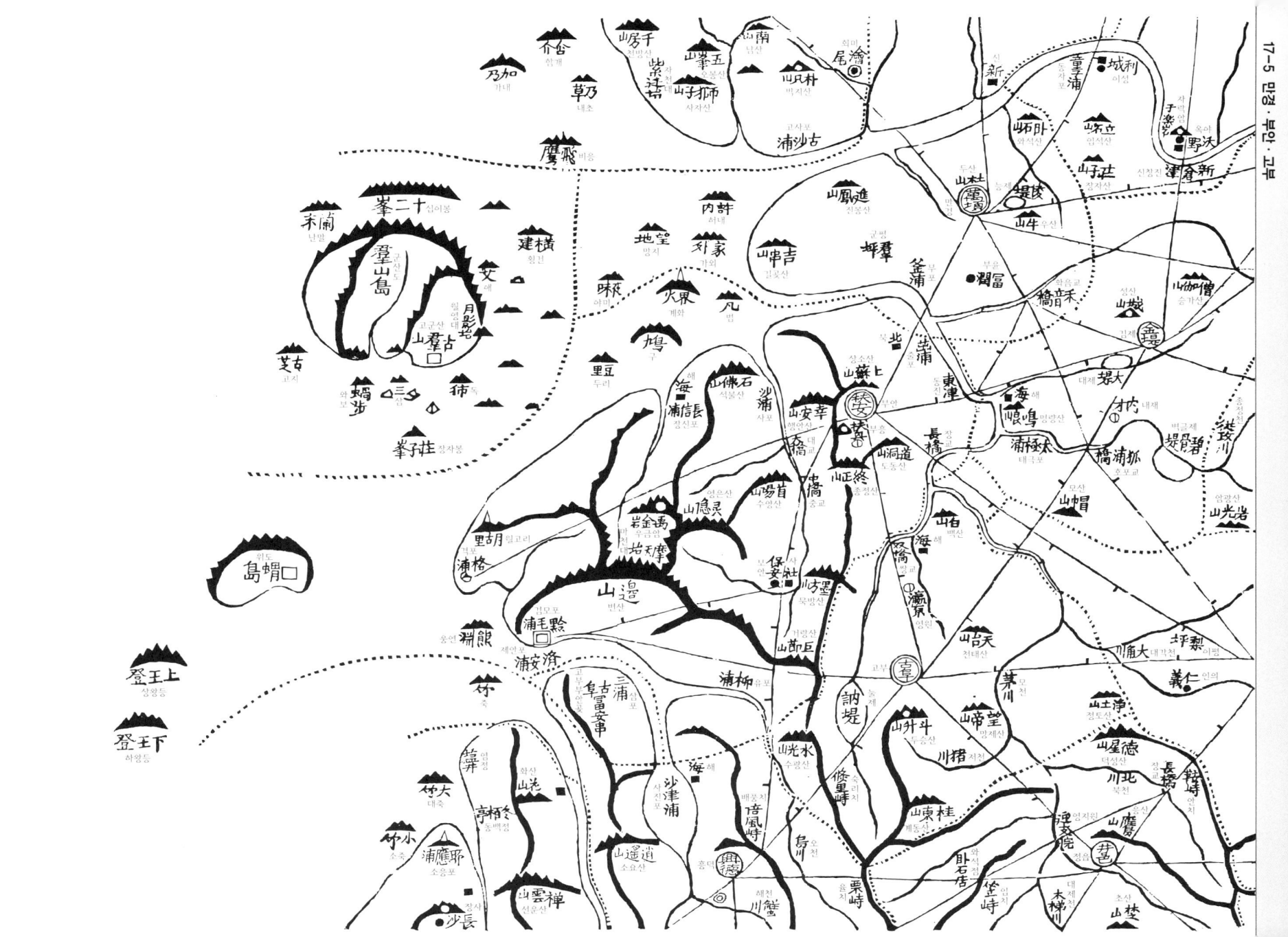

◀◀◀ (뒷면 지도) 17-5 만경·부안·고부

## 18-1 울산蔚山 언양彦陽 양산梁山

**경상좌도 방어사령부가 주둔하던 울산**

좌측 상단의 고헌산~가지산~취서산은 낙동정맥 산줄기다. 양산 서남쪽에는 낙동강이 살짝 모습을 드러낸다. 언양에서 울산을 지나 동해로 흐르는 하천은 대화강(지금의 태화강)이다.

| 17-2 | 17-1 | |
|---|---|---|
| 18-2 | 18-1 | |
| 19-2 | 19-1 | |

| 영아 | 영이 있는 읍치는 표시 안함 | 읍치 ○무성 ◎유성 | 성지 산성 관성 | 진보 □무성 ■유성 | 창고 ■무성 ■유성 | 목소 牧 場屬 |
| 고현 ●유성 ◎구읍지 유성 | | 고진보 ▲ ▲유성 | 역참 ① | 방리 ○ | 능침 ○원내 능호 | 봉수 ▲ | 고산성 ▲ | 도로 10리 2 3 4 |

18-1 울산·언양·양산

嘉瑟峴 가슬현

蘇山 소산

山果尺 적과산

山谷泉 천곡산

山川達 달천산

山籠里無 무리롱산

川木南 남목천

隱峴 은현

山盤龜 반구산

進峴 진현

平富 부평

蒲連川 어련천

左兵營 좌병영

山大東 동대산

御風岩 어풍대

山岵高 고현산

山華藏 화장산 彦陽 언양

黃茅山 황모산

崛火 굴화

山舍月 울산

府治

兵營

天和樓 대화루

伴鷗亭 반구정

島山 도산

江和大 태화강

諸肉淵 자내포

韓歲 염포

釣魚津

德川 덕천

山育月 간월산

山夫老 부로산

山毛古 고모산

山文珠 문수산

望海寺 망해사

浦柳 유포

川城鷲 취성천

鼎足山 정족산

開雲浦 개운포

岩容處 처용암

竹 죽

山鳴 명산

乾鳥栖山 취서산

通度寺 통도사

弗方山 우불산

間谷 간곡

西風 용초산

山蝤聳 용초산

山加勿 가리산

栢冬 동백

川渭 위천

山光佛 불광산

山藏華 화장산

公須 공수

山下 산하

山寂圓 원적사

東安 동안

浦生西 서생포

山雲白 백운산

夫鐵岩 부철암

山城隍 성황산

蒲言 이길

山三角 삼각산

靈川 영천

浦郎林 임랑포

梁山 양산

山舒鉇 선어산

山峯鷲 취봉산

津浦狐 호포진

山甑 증산

河月 아월

松亭 송정

山巨 거물산

阿伊 아이

豆毛 두모

龍遷峴 용천현

雞鳴山 계명산

絲川 사천

山馬鐵 천마산

山文巨 거문산

山炭 탄산

豆毛浦 두모포

新明 신명

機張 기장

縣治

三叉河 삼차하

舞山 소산

梵魚寺 범어사

佛岩津 불암진

山峯雲 운봉산

山林鶯 앵림산

山南 남산

碁甫 기포

竹 죽

栢冬 동백

同甘 감동

◀◀◀ (뒷면 지도) 18-1 울산 · 언양 · 양산

## 18-2 밀양密陽 김해金海 창원昌原

**뛰어난 철기문명 간직한 가야 왕국의 터전, 김해**

좌측 상단에서 동남쪽으로 흐르는 하천은 낙동강이고, 용화산 근처에서 진주 남강이 합류한다.
낙동강 남쪽의 여항산~광려산~천주산~분산을 잇는 산줄기는 낙남정맥이다.

| 17-3 | 17-2 | 17-1 |
|---|---|---|
| 18-3 | 18-2 | 18-1 |
| 19-3 | 19-2 | 19-1 |

| 영아 | □ 영이 있는 읍치는 표시 안함 | 읍치 ○무성 ◉유성 | 성지 ⛰산성 ⛰관성 | 진보 □무성 ▣유성 | 창고 ■무성 ▣유성 | 목소 ⊞ 牧場屬 |
|---|---|---|---|---|---|---|
| 고현 | ●◉유성 ◎구읍지유성 | 고진보 ▲ ▲유성 | 역참 ① | 방리 ○ | 능침 ○원내능호 | 봉수 ▲ 고산성 ⛰ 도로 10리 2 3 4 |

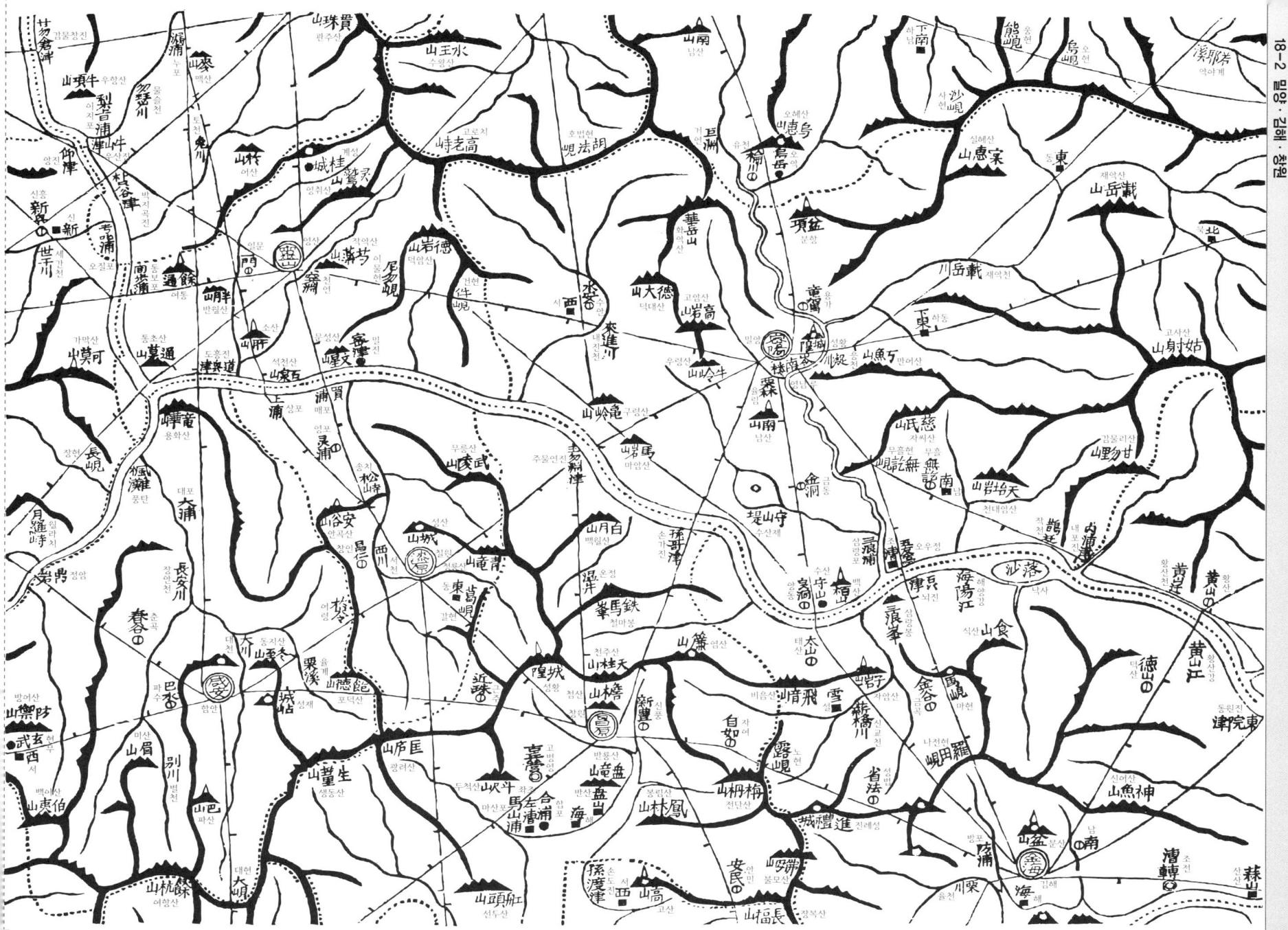

(뒷면 지도) 18-2 밀양 · 김해 · 창원

## 18-3 함양咸陽 의령宜寧 진주晉州

**논개의 충절 전하는 진주**

지리산 천왕봉이 좌측 가운데에 보인다. 좌측 하단 귀퉁이에 살짝 보이는 물줄기는 섬진강이다. 좌측 상단의 함양을 지나는 남강은 산청 · 단성 · 진주를 지나 낙동강에 합류한다.

| 17-4 | 17-3 | 17-2 |
| --- | --- | --- |
| 18-4 | 18-3 | 18-2 |
| 19-4 | 19-3 | 19-2 |

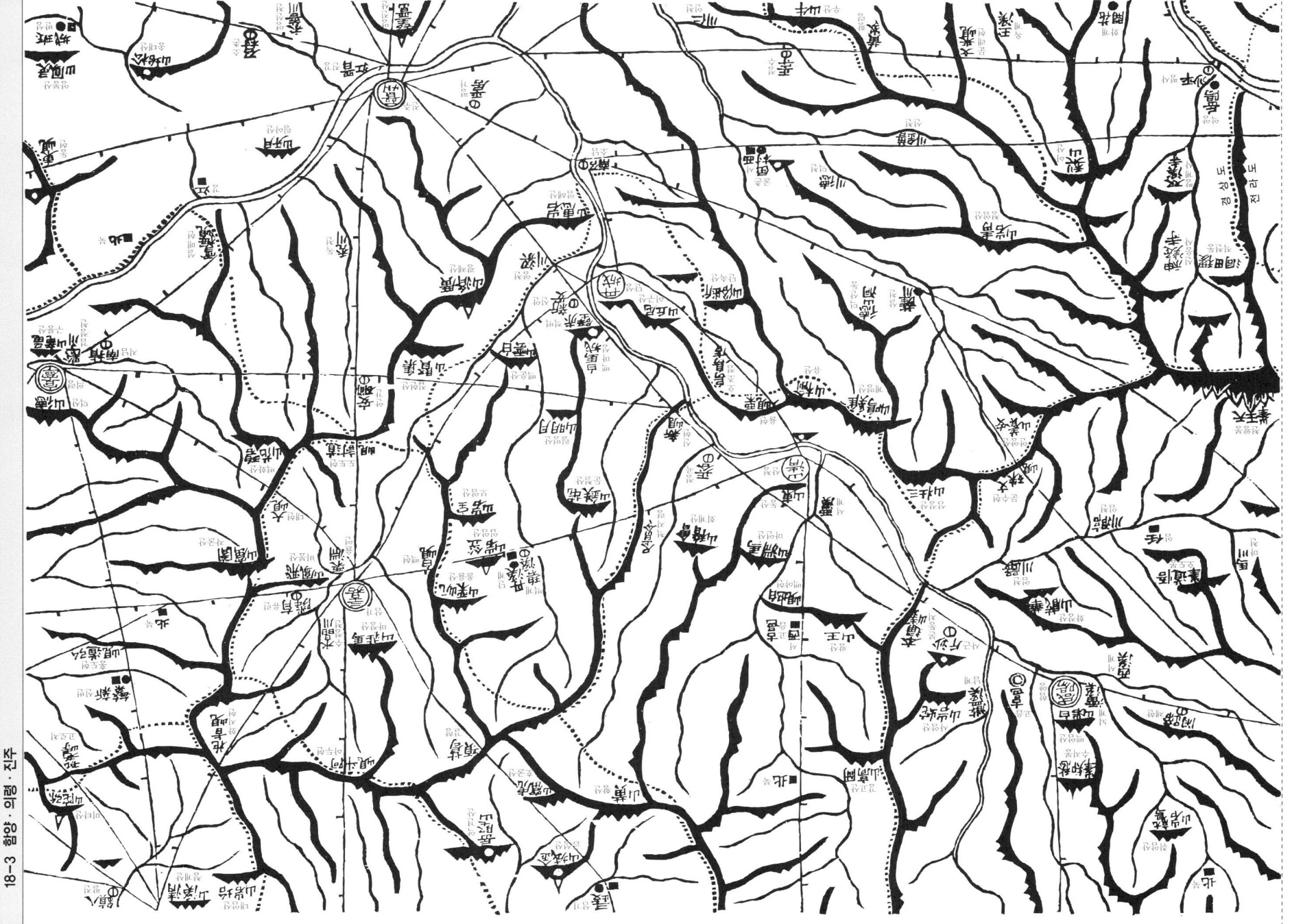

◀◀◀ (뒷면 지도) 18-3 함양·의령·진주

## 18-4 남원南原 구례求禮 담양潭陽

**지리산과 섬진강 덕으로 살아가는 구례**

지도 한복판에서 동남쪽으로 흐르는 강물은 섬진강이다. 이 하천은 비래산 부근에서 보성강을 받아들인다. 운봉 서쪽에서 지리산으로 뻗어 가는 굵은 산줄기는 백두대간이다.

| 17-5 | 17-4 | 17-3 |
| --- | --- | --- |
| 18-5 | 18-4 | 18-3 |
| 19-5 | 19-4 | 19-3 |

| 영아 | 영이 있는 읍치는 표시 안함 | 읍치 ○ 무성 ◉ 유성 | 성지 산성 관성 | 진보 □ 무성 ▢ 유성 | 창고 ■ 무성 ▣ 유성 | 목소 牧 場屬 |
| --- | --- | --- | --- | --- | --- | --- |
| 고현 ● ◉ 유성 ◎ 구읍지 유성 | 고진보 ▲ ▲ 유성 | 역참 ① | 방리 ○ | 능침 ○ 원내 능호 | 봉수 ▲ | 고산성 ▲ | 도로 10리 2 3 4 |

18-4 남구·대구·영양

## 18-5 고창 高敞  영광 靈光  광주 光州

**호남 지방의 중심, 광주**

우측 상단에서는 호남정맥이 갈치에서 내장산을 지나 백암산에서 동남으로 빠져나간다.
그 남쪽은 광주를 지난 영산강이 장성의 황룡강을 받아들여 나주를 향해 흐른다.

|  | 17-5 | 17-4 |
|---|---|---|
| 18-6 | 18-5 | 18-4 |
| 19-6 | 19-5 | 19-4 |

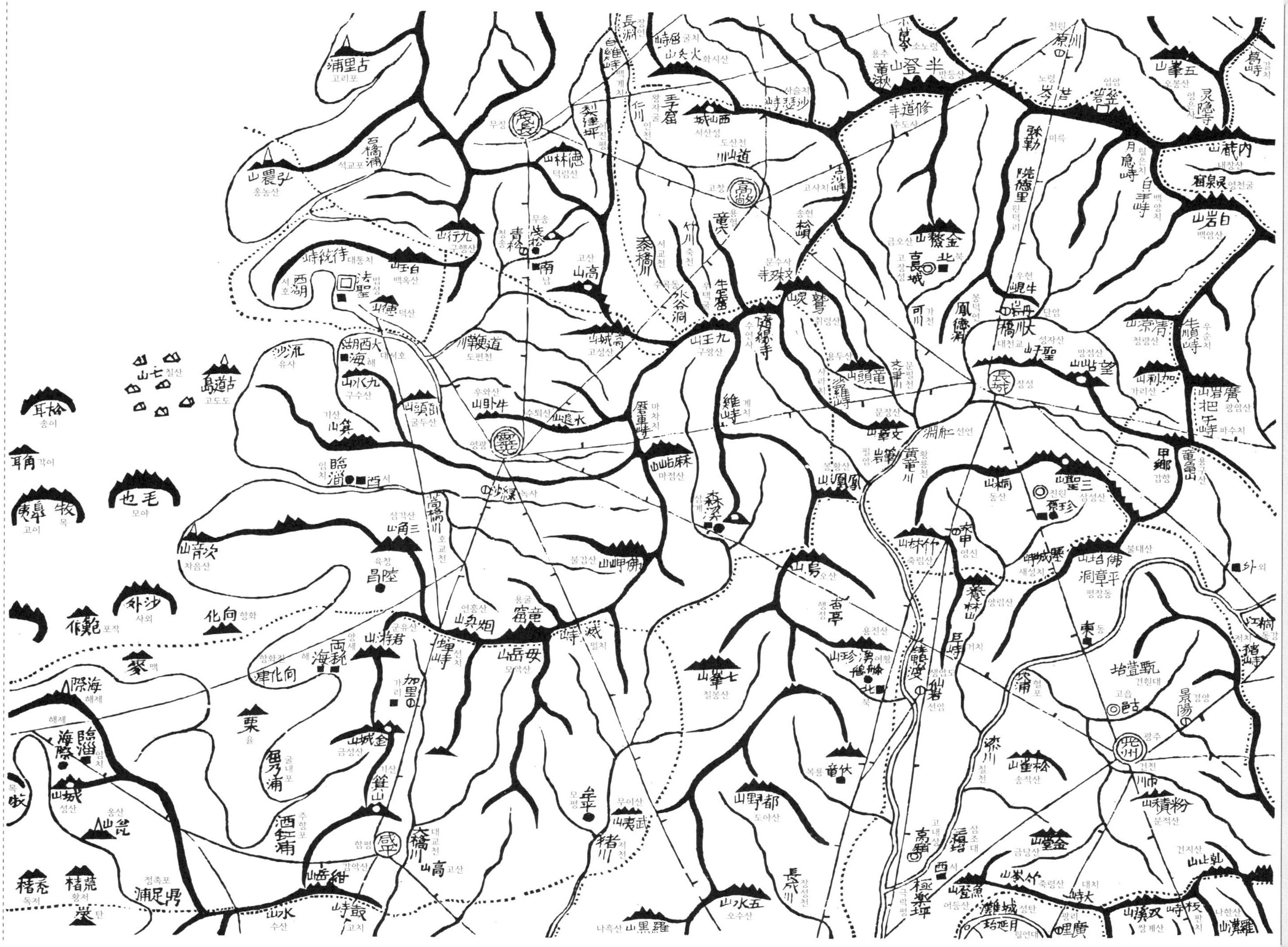
고리포
홍농산
석교포
무장
고창
고사치
수도사
반등산
소노령
천원
노령
오봉산
영은사
입암
내장산
영천굴
백암산
미륵
원덕리
백양치
월은치
고성산
구왕산
도편천
대서호
유사
칠산
고도도
송이
각이
모야
고이
목
구수산
굴두산
우와산
수퇴산
영광
마차치
마점산
삼계
계치
용두산
문필천
장성
망점산
가리산
광암산
파수치
갑향
용구산
선연
황룡천
봉황산
동산
삼성산
진원
차음산
삼각산
호교천
육창
불갑산
오산
죽림산
영신
새성치
불대산
평장동
와외
사외
향화
포작
구유산
연흥산
용굴
멸치
모악산
칠봉산
용진산
여황
선암
거치
혈포
건흰대
고읍
경양
광주
해제
맥
율
금성산
굴내포
기산
가리
선치
밀치
북
성산
옹산
주향포
대교천
함평
고산
감악산
모평
무이산
무자천
도야산
고내상
삼조대
분적산
금당산
죽령산
대치
건지산
정족포
황저
독저
탄
고치
수산
나흑산
오수산
장성천
극락평
어등산
성탄
월연대
쌍계산
판치
나한산

◀◀◀ (뒷면 지도) 18-5 고창·영광·광주

## 18-6 지도 智島  임자도 荏子島

**나라에서 말을 기르는 목장이 있던 섬, 지도**

전체가 섬 지역으로 보이지만, 우측 하단의 임치진은 전라도 무안의 육지와 연결된 해제반도의 끝자락이다. 섬이었던 지도는 근래에 방조제로 연결되면서 육지가 되었다. 전증도(지금의 증도)는 염전으로 유명한 섬이다.

|  |  | 17-5 |
|---|---|---|
|  | 18-6 | 18-5 |
|  | 19-6 | 19-5 |

| 영아 | 영이 있는 읍치는 표시 안함 | 읍치 | ○무성 ◉유성 | 성지 | 산성  관성 | 진보 | □무성 ■유성 | 창고 | ■무성 ■유성 | 목소 | 牧 場屬 |
|---|---|---|---|---|---|---|---|---|---|---|---|
| 고현 | ●유성 ◎구읍지유성 | 고진보 | ▲ ▲유성 | 역참 | ① | 방리 | ○ | 능침 | ○원내능호 | 봉수 ▲ | 고산성 ▲ | 도로 10리 2 3 4 |

224

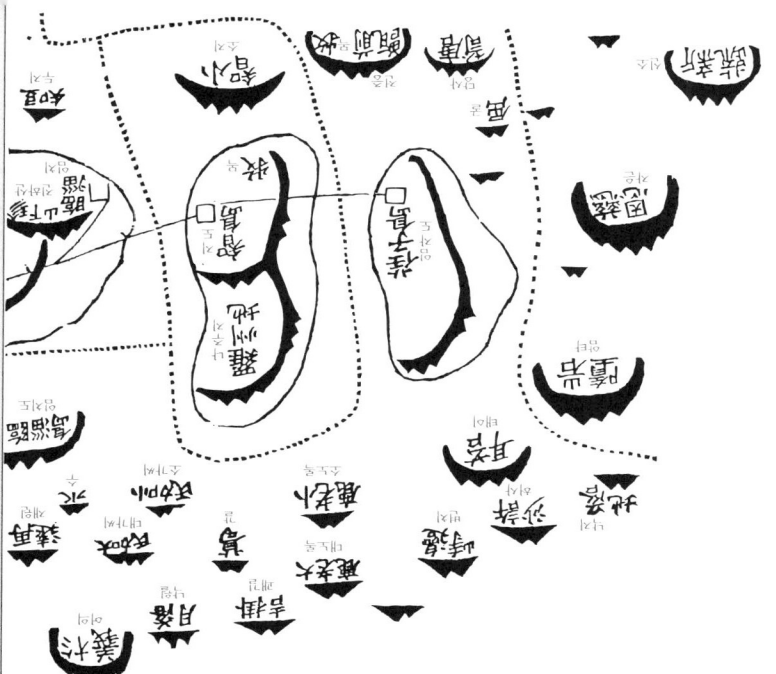

18-6 지도·임자도

◀◀◀ (뒷면 지도) 18-6 지도 · 임자도

### 19-1 동래 東萊

**조선의 동남 해안을 지켜 온 동래**

지금의 부산 지역이다. 낙동정맥이 선암산~엄광산~승악산을 지나 몰운대로 이어진다.
경상도 좌수영, 해안가의 진보, 왜인들이 거주하는 초량왜관 등이 보인다.

| 18-2 | 18-1 | |
|---|---|---|
| 19-2 | 19-1 | |
| 20-1 | | |

東頭有浦
동두치포

流水寺
운수사

魚川
비비현

梵井溫
병영정 온정

其比峴
기비현

山輪
윤산

山上
상산

烏飛千
천비조

牛
우

東萊
동래

古國基
고국기

仙岩山
선암산

金蓮山
금련산

左水營
좌수영

海雲浦
해운포

嚴光山
엄광산

荒嶺山
황령산

燕松浦
재송포

岩音現
관음암

龜峯
구봉

東

色伊浦
재송포어이포

岩牛石
석우암

松峴山
송현산

釜山浦
부산포

菁浦
감동포

岩腰
요암

岩佛
불암

勝岳山
승악산

豆毛浦
두모포

草梁倭館
초량왜관

南名稱
남내포

石浦
석포

牧
목

栢冬
동백

牧
목

萬世德碑
만세덕비

五海頏
오해야항

五六島
오육도

永嘉坮
영가대

開雲浦
개운포

絕影牧
절영

粟浦
서평포

智南
고지

太宗坮
태종대

木
목

多阿里
다아리

山兄弟
형제

## 19-2 웅천熊川 진해鎭海 고성固城

**삼도수군통제영이 터 잡은 고성**

우측 상단은 낙동강 하구이고, 상단 가운데의 움푹 들어간 바다는 마산만이다. 지도의 진해는 지금의 창원시 마산합포구 진동면 고현리며, 벚꽃으로 유명한 진해(창원시 진해구)는 지도에서 웅천 북쪽의 망운대 근처다.

| 18-3 | 18-2 | 18-1 |
| --- | --- | --- |
| 19-3 | 19-2 | 19-1 |
| 20-2 | 20-1 | |

| 영아 | 영이 있는 읍치는 표시 안함 | 읍치 | ○무성 ◯유성 | 성지 | 산성 관성 | 진보 | □무성 ▣유성 | 창고 | ■무성 ■유성 | 목소 | 牧 場屬 |
| --- | --- | --- | --- | --- | --- | --- | --- | --- | --- | --- | --- |
| 고현 | ● ◉유성 구읍지 유성 | 고진보 | ▲ ▲유성 | 역참 | ① | 방리 | ○ | 능침 | ○원내 능호 | 봉수 | ▲ 고산성 ▲ 도로 10리 2 3 4 |

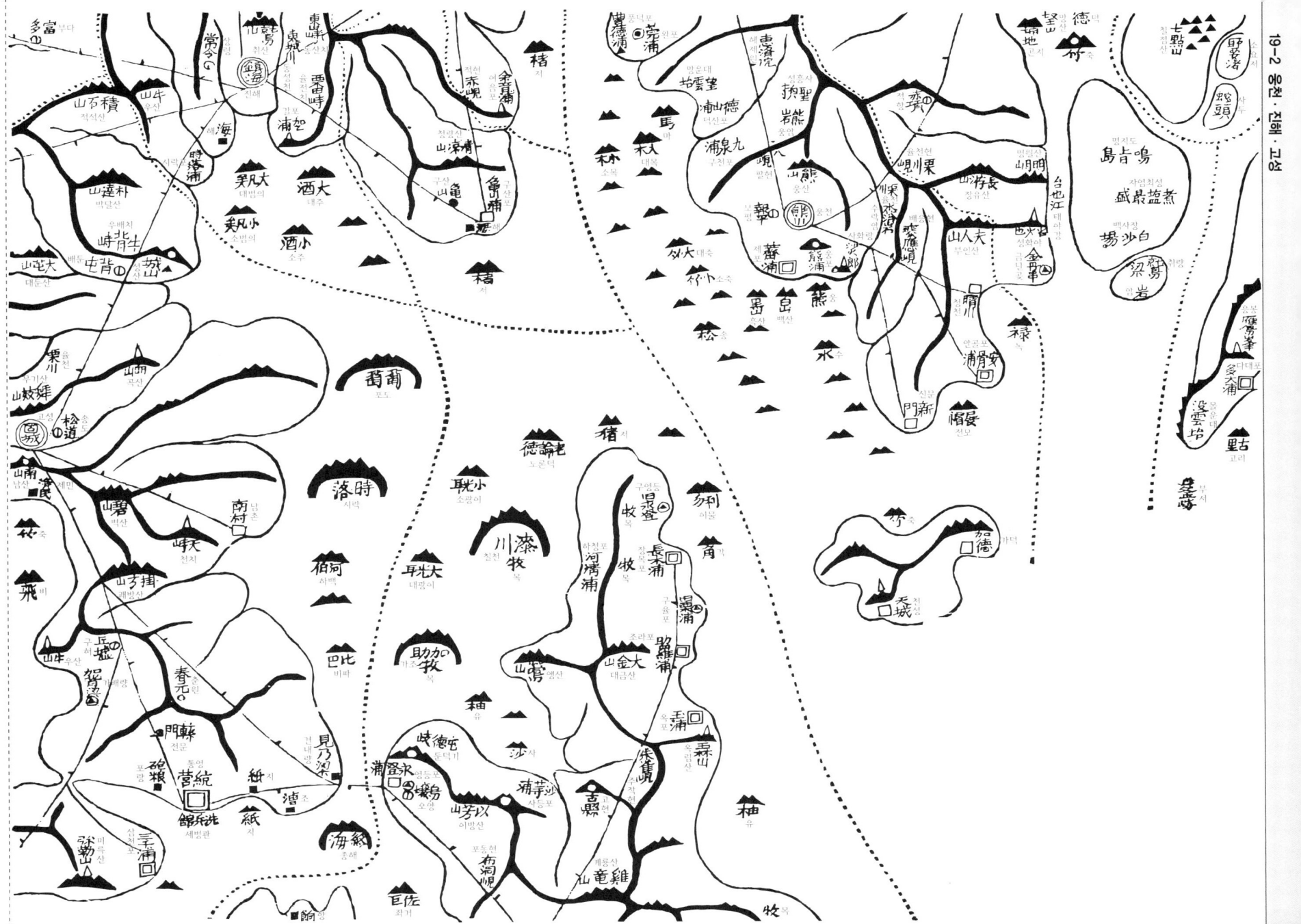

(뒷면 지도) 19-2 웅천 · 진해 · 고성

### 19-3 사천泗川 곤양昆陽 남해南海

**노량해전의 현장, 남해**

좌측의 남류하는 하천은 섬진강이다. 곤양 땅과 남해도 사이의 노량은 이순신 장군의 마지막 바다다. 이곳에는 현재 남해대교가 놓여 있다. 남해도와 창선도, 창선도와 사천은 다리로 연결되어 있다.

| 18-4 | 18-3 | 18-2 |
| --- | --- | --- |
| 19-4 | 19-3 | 19-2 |
| 20-3 | 20-2 | 20-1 |

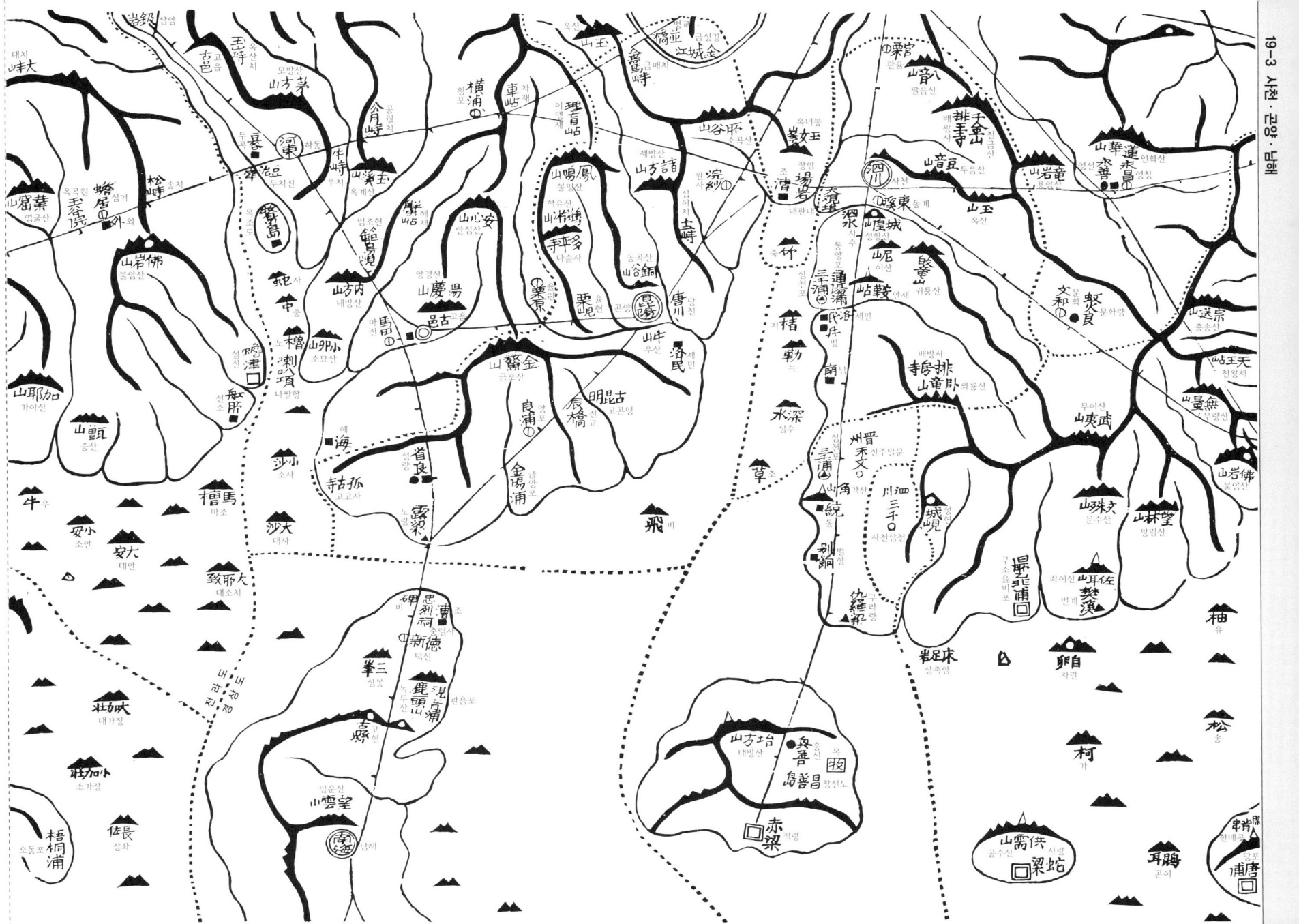

◀◀◀ (뒷면 지도) 19-3 사천·곤양·남해

## 19-4 순천順天 낙안樂安 보성寶城

**남해안 방어의 요충지, 순천**

좌측에서는 보성강이 섬진강에 합류하기 위해 동북으로 흘러간다. 우측 하단에는 여수반도가 길게 동남으로 뻗어 있다. 그 좌측은 순천만이고, 우측은 광양만이다.

| 18-5 | 18-4 | 18-3 |
|------|------|------|
| 19-5 | 19-4 | 19-3 |
| 20-4 | 20-3 | 20-2 |

| 영아 | □ 영이 있는 읍치는 표시 안함 | 읍치 | ○ 무성 ◯ 유성 | 성지 | 🏯 산성 ⛰ 관성 | 진보 | □ 무성 ■ 유성 | 창고 | ■ 무성 ■ 유성 | 목소 | ⊞ 牧 場屬 |
|------|------|------|------|------|------|------|------|------|------|------|------|
| 고현 | ● 유성 ◉ 구읍지 유성 | 고진보 | ▲ ● 유성 | 역참 | ① | 방리 | ○ | 능침 | ○ 원내 능호 | 봉수 | ▲ 고산성 ⛰ 도로 10리 2 3 4 |

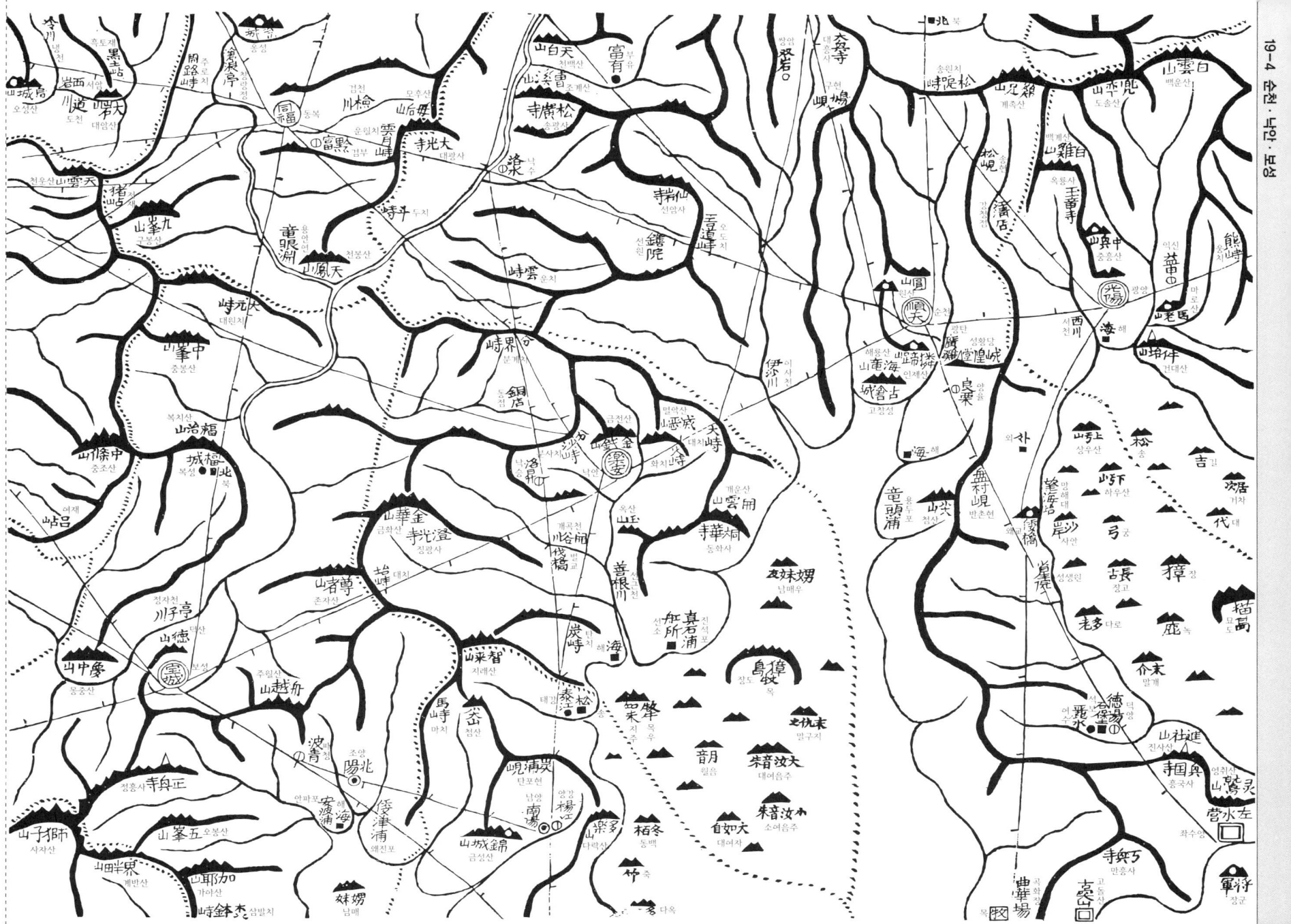

# 19-5 나주羅州 영암靈岩 장흥長興

**영산강이 흐르는 고을, 나주**

우측 상단에서 서남으로 흐르며 나주를 지나 목포로 흘러드는 하천은 영산강이다. 우측 하단으로는 탐진강이 장흥·강진을 지나 바다로 흘러간다. 그 동쪽의 벽옥산~용두산은 호남정맥이다.

| 18-6 | 18-5 | 18-4 |
| --- | --- | --- |
| 19-6 | 19-5 | 19-4 |
| 20-5 | 20-4 | 20-3 |

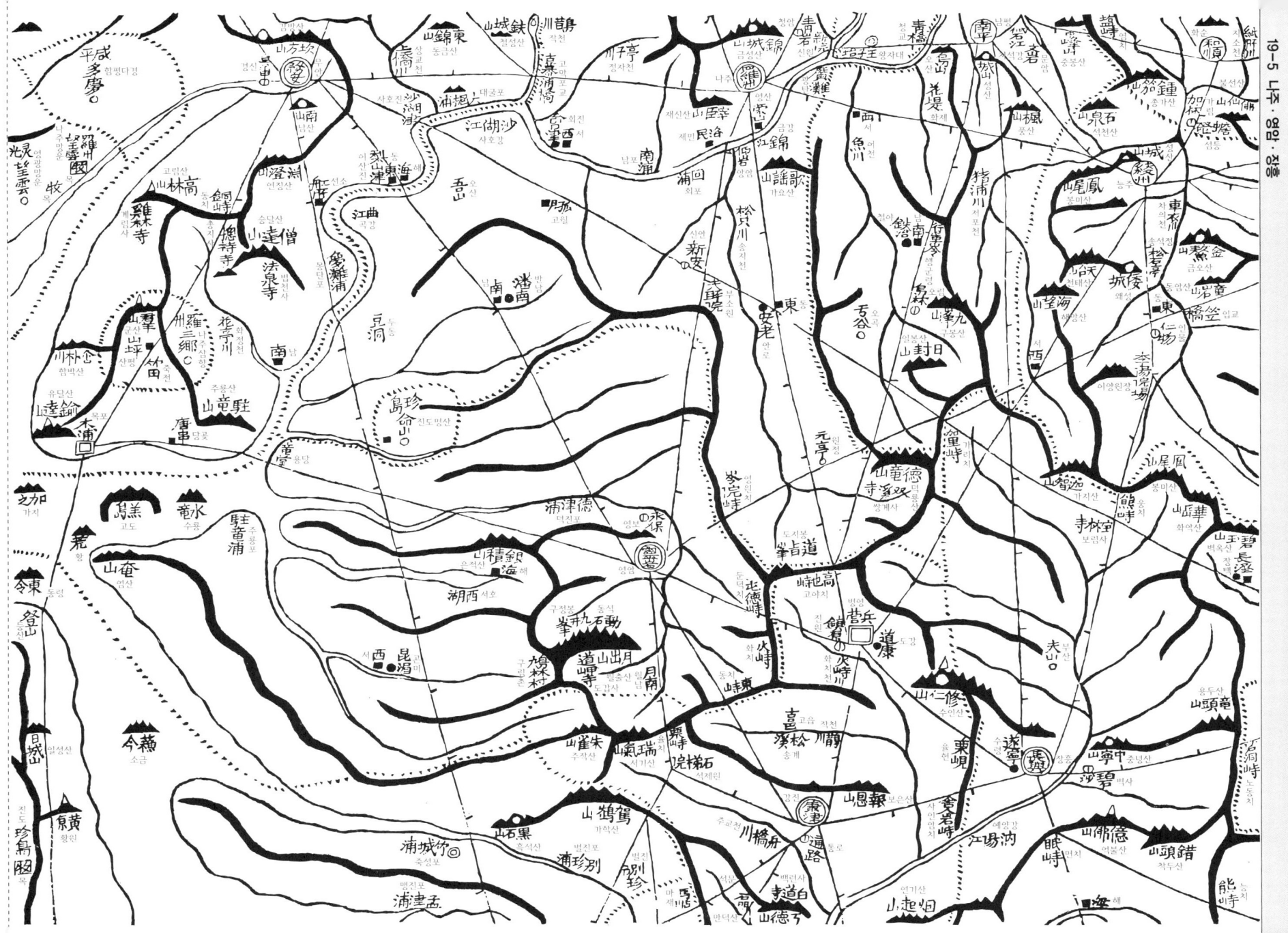

# 19-6 다경포 多慶浦 흑산도 黑山島

**한반도 서남 해안의 요충지, 다경포**

우리나라 서남 해안의 다도해 지역이다. 지도의 대흑산은 지금의 흑산도, 지도의 흑산도는 지금의 우이도, 지도의 가가도는 지금의 가거도. 다도해 섬들은 위치와 크기, 거리 등이 실제와 많이 다르게 표현되어 있다.

| | 18-6 | 18-5 |
|---|---|---|
| | 19-6 | 19-5 |
| | 20-5 | 20-4 |

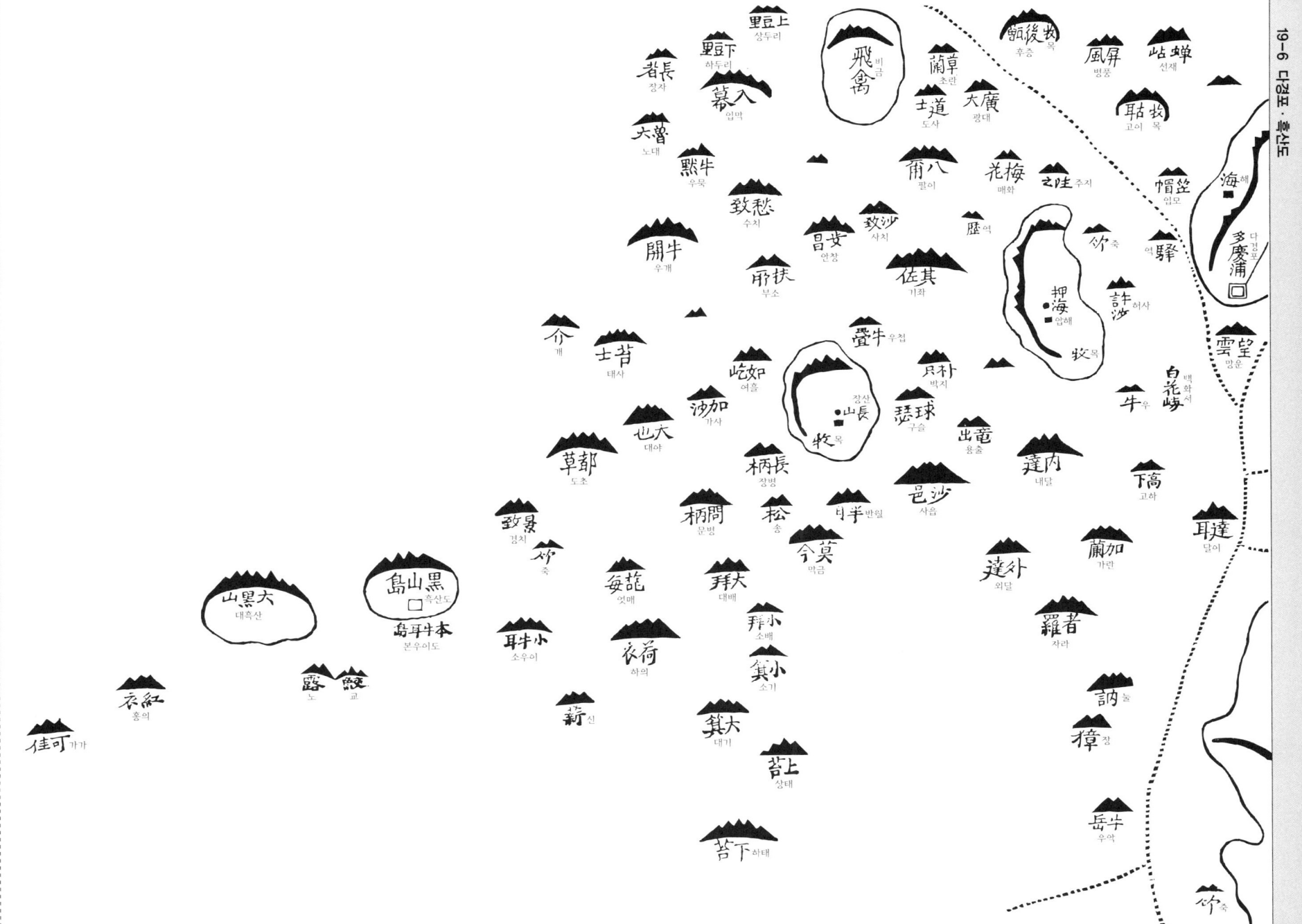

19-6 다경포·흑산도

◀◀◀ (뒷면 지도) 19-6 다경포 · 흑산도

## 20-1 거제 巨濟
**임진왜란 후 거제도 행정 중심지**

가운데에 불쑥 나온 땅은 거제도 남부 지역이다. 남쪽 바다 건너의 매매도는 지금의 매물도인데, 실제 거리보다 가깝게 표현되어 있다. 지금의 한려해상국립공원 일대다.

| 19-3 | 19-2 | 19-1 |
|---|---|---|
| 20-2 | 20-1 | |
| | | |

| 영아 | 영이 있는 읍치는 표시 안함 | 읍치 ○무성 ◉유성 | 성지 산성 관성 | 진보 □무성 ■유성 | 창고 ■무성 ■유성 | 목소 牧 場屬 |
|---|---|---|---|---|---|---|
| 고현 ●◉유성 ◎구읍지 유성 | | 고진보 ▲ ▲유성 | 역참 ① | 방리 ○ 능침 ○원내 능호 | 봉수 ▲ 고산성 ▲ | 도로 10리 2 3 4 |

◀◀◀ (뒷면 지도) 20-1 거제

## 20-2 금산錦山 돌산도突山島

**이성계가 왕이 되고자 기도한 금산**

남해도의 남부 지역으로서 상주포 서쪽은 앵강만이고, 동남쪽 끄트머리는 미조항이다.
좌측 상단의 돌산도는 현재 돌산대교와 거북선대교로 여수반도와 연륙되어 있다.

| 19-4 | 19-3 | 19-2 |
|---|---|---|
| 20-3 | 20-2 | 20-1 |
|  |  |  |

| 영아 | ☐ 영이 있는 읍치는 표시 안함 | 읍치 | ○무성 ◉유성 | 성지 | ⛰산성 ⏜관성 | 진보 | ☐무성 ▢유성 | 창고 | ■무성 ▣유성 | 목소 | ⊞ 牧 場 屬 |
|---|---|---|---|---|---|---|---|---|---|---|---|
| 고현 | ● ◉유성 ◎구읍지유성 | 고진보 | ▲ ⏶유성 | 역참 | ① | 방리 | ○ | 능침 | ○원내 능호 | 봉수 | ▲ | 고산성 | ▲ | 도로 10리 2 3 4 |

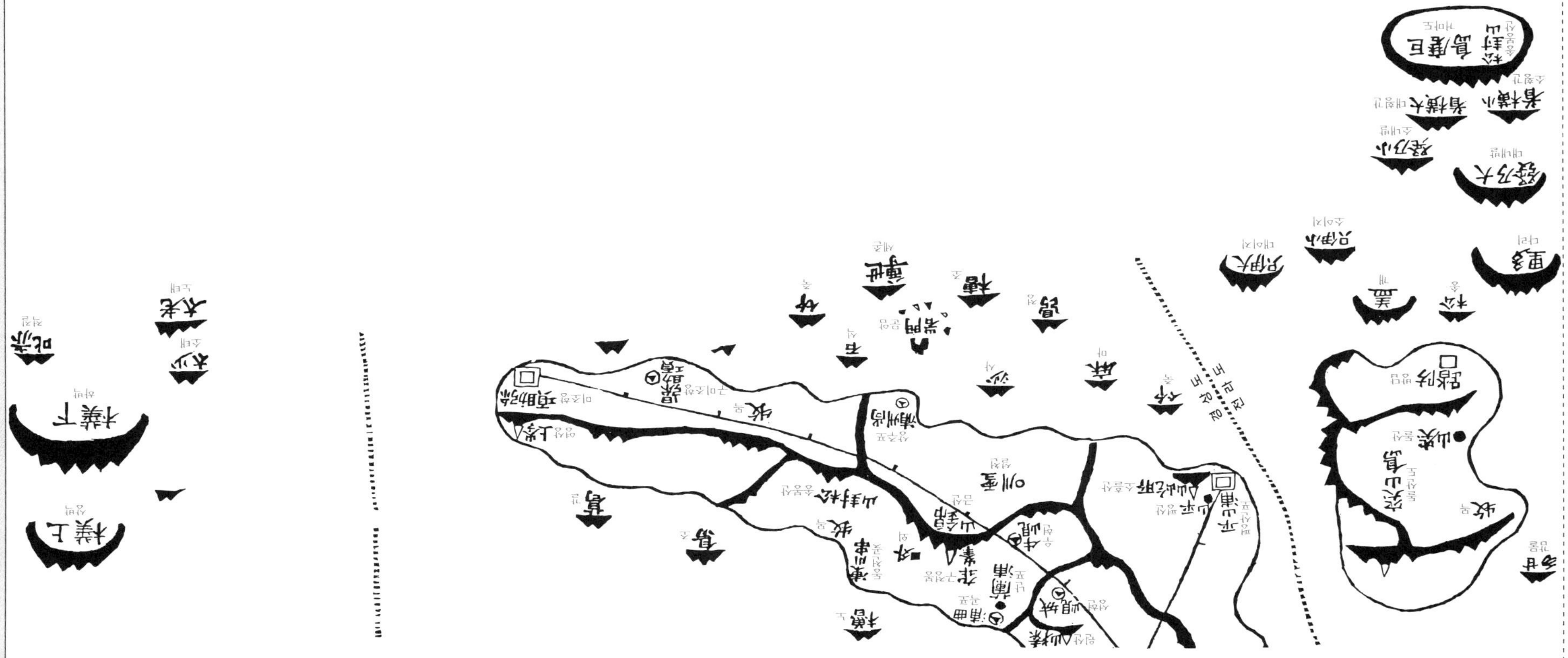

20-2 금산·돌산도

甘勿 감물
牧 목
突山島 돌산도
峻 돌산
踏防 방답
松 송
盖 개
多里 다리
只伊小 소이지
只伊大 대이지
發乃大 대내발
登乃小 소내발
着橫小 소횡간
着橫大 대횡간
松封山 島磨巨 송봉산 거마도

平山浦 평산포
山屹所 소흘산
峴城 성현
蘘山 원산
曲浦 곡포
蘭浦 난포
非峯 구정봉
牛峴 우현
錦山 금산
松封山 송봉산
애雪 설천
凍川串 동천곶
外 외
牧 목
島 조
葛 길

竹 죽
麻 마
沙 사
石 식
岩門 문암
昌 전
橲 조
尊世 세존
竹 죽

尚州浦 상주포
上峯 영상
項助彌 미조항
牧 목
暴 구미조창
彌項 미조항

橫上 상박
橫下 하박
太少 소태
太老 노태
叱赤 적질

전라도 경상도

◀◀◀ (뒷면 지도) 20-2 금산·돌산도

## 20-3 흥양 興陽

**남해를 지키던 반도 고을, 흥양**

지도 가운데에는 고흥반도가 불가사리나 오이꽃처럼 펼쳐져 있다. 그 우측으로는 순천만 너머 여수반도의 화양면이고, 좌측은 보성만(득량만) 너머 장흥 땅과 그 앞바다다.

| 19-5 | 19-4 | 19-3 |
|---|---|---|
| 20-4 | 20-3 | 20-2 |
| 21 | | |

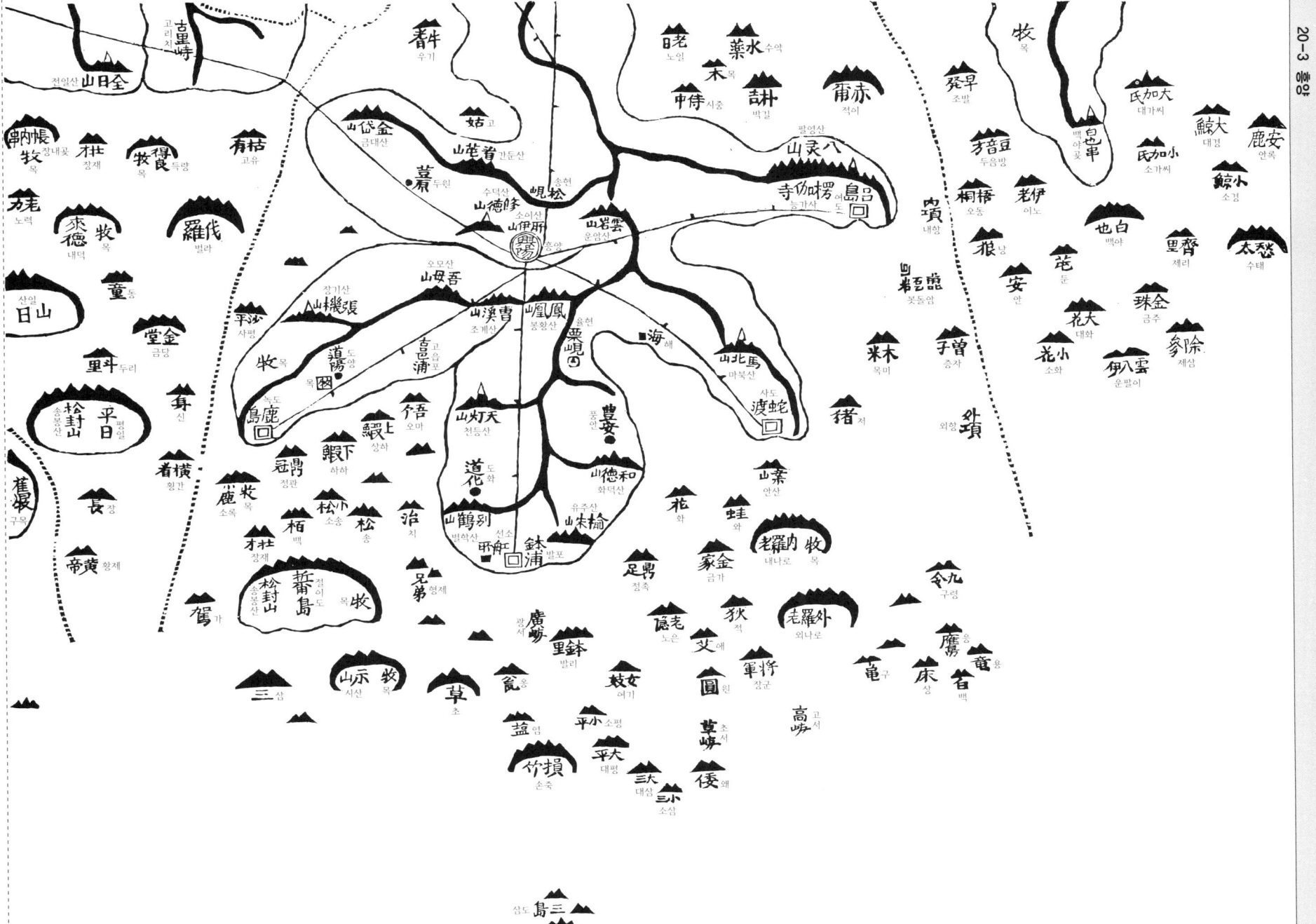

◀◀◀ (뒷면 지도) 20-3 흥양

## 20-4 해남 海南 완도 莞島

**명량대첩의 현장을 품은 해남**

한복판에는 해남반도, 우측은 장흥반도가 바다로 뻗어 있고, 그 사이 하천은 탐진강이다.
완도, 고금도 등이 떠 있는 그 앞바다는 다도해다. 가장 좌측으로는 진도 동부 지역이 보인다.

| 19-6 | 19-5 | 19-4 |
|---|---|---|
| 20-5 | 20-4 | 20-3 |
|  | 21 |  |

| 영아 | 영이 있는 읍치는 표시 안함 | 읍치 ○무성 ◎유성 | 성지 산성 관성 | 진보 무성 유성 | 창고 ■무성 ■유성 | 목소 牧 場屬 |
|---|---|---|---|---|---|---|
| 고현 ●◎유성 ◎구읍지 유성 | | 고진보 ▲ ▲유성 | 역참 ① | 방리 ○ | 능침 ○원내 능호 | 봉수 ▲ 고산성 ▲ 도로 10리 2 3 4 |

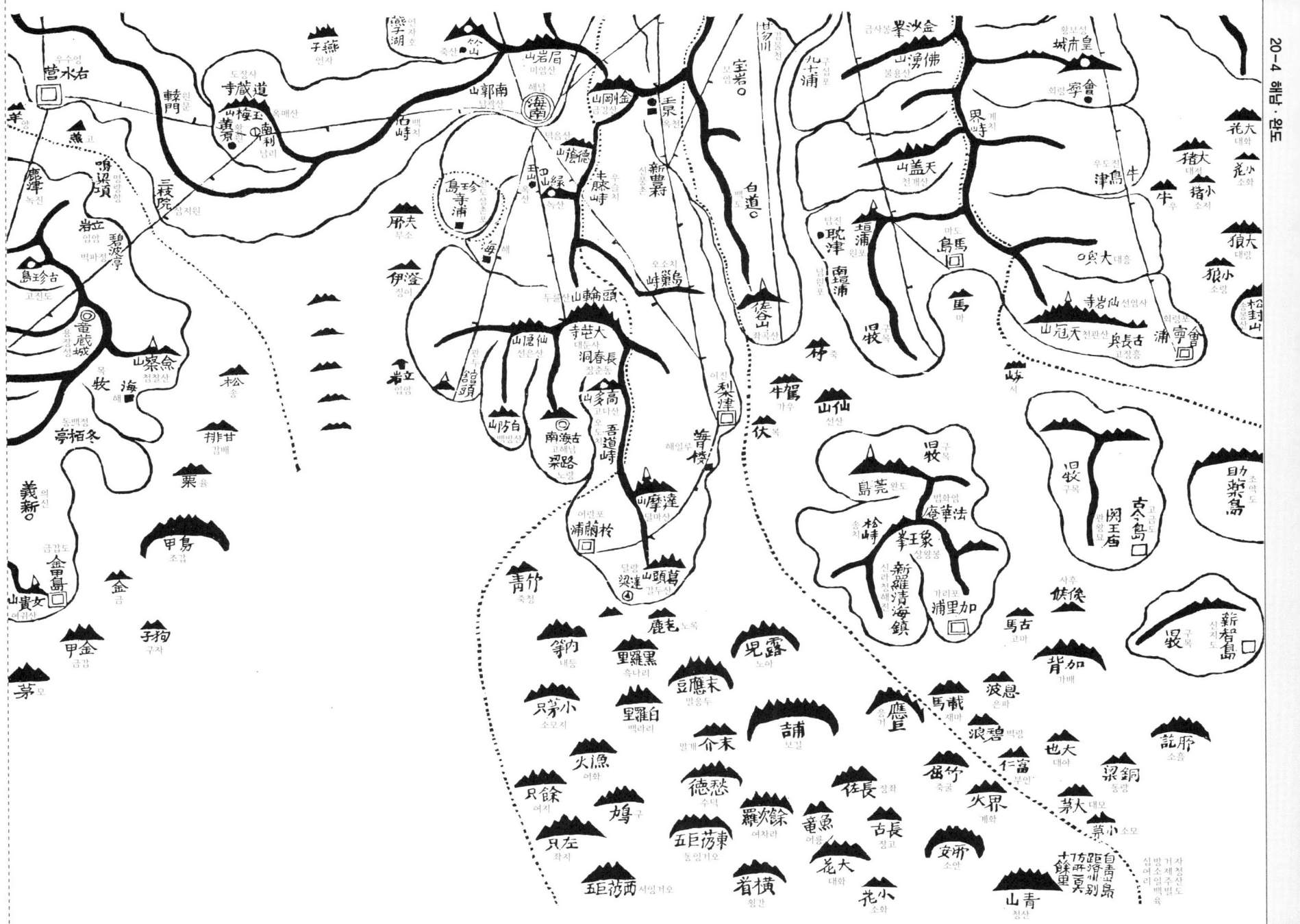

◀◀◀ (뒷면 지도) 20-4 해남·완도

## 20-5 진도 珍島

**〈진도아리랑〉 울려퍼지는 진도**

우리나라 서남 해안이면서 진도의 서부 지역이다. 진도 서남쪽 하마도(지금의 하조도로 추정)와 그 주변 섬들을 '조도군도'라 부른다.

|  | 19-6 | 19-5 |
|---|---|---|
|  | 20-5 | 20-4 |
|  |  | 21 |

| 영아 | 영이 있는 읍치는 표시 안함 | 읍치 | ○무성 ◎유성 | 성지 | 산성 관성 | 진보 | □무성 ■유성 | 창고 | ■무성 ■유성 | 목소 | 牧 場屬 |
| 고현 | ●◉유성 ◐구읍지 유성 | 고진보 | ▲◉유성 | 역참 | ① | 방리 | ○ | 능침 | ○원내 능호 | 봉수 | ▲ | 고산성 | ▲ | 도로 | 10리 2 3 4 |

246

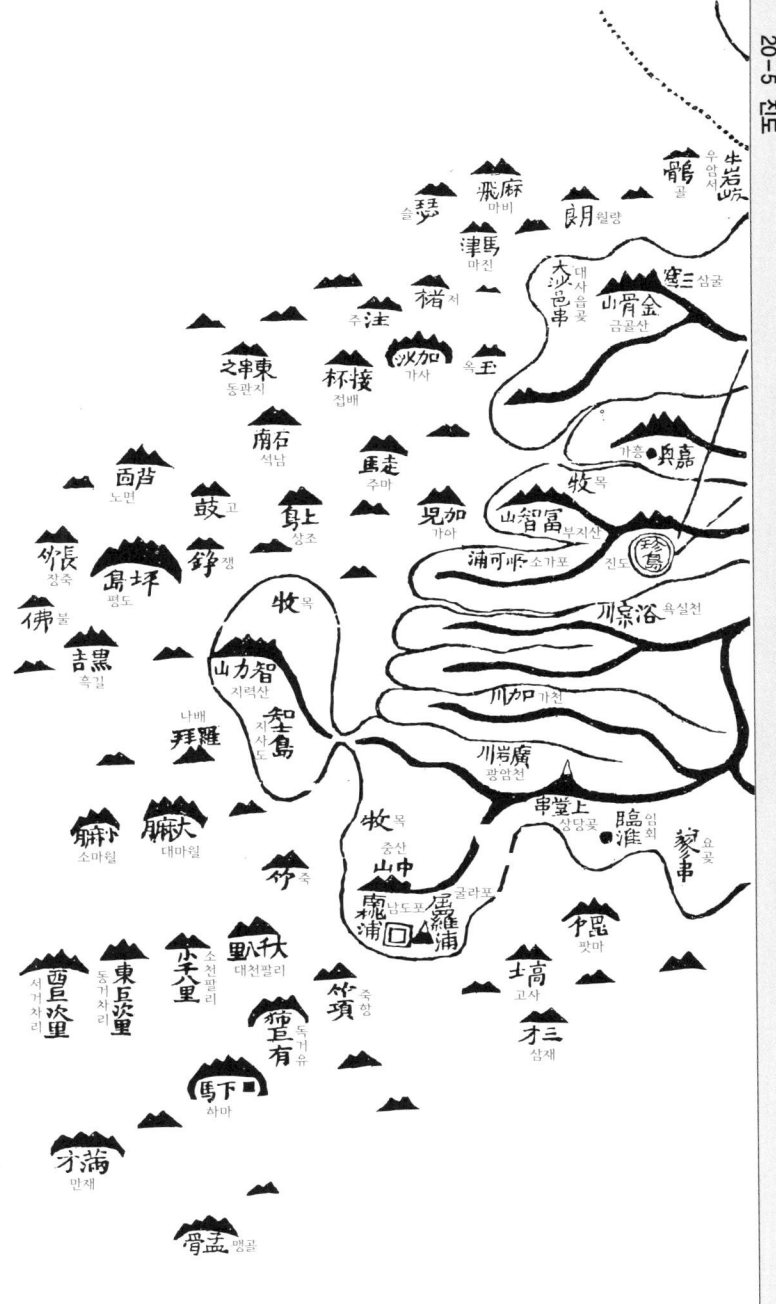

◀◀◀ (뒷면 지도) 20-5 진도

## 21 추자도 楸子島

**제주 오가는 배들의 기항지, 추자도**

해남과 제주 사이의 바다. 해남~제주 항로의 기항지로서 항로 표지가 되는 섬들을 표현하였고, 그 옆에 항로의 특징도 적고 있다. 항로에서 벗어난 섬들은 대부분 생략하였다.

| 20-5 | 20-4 | 20-3 |
|---|---|---|
|  | 21 |  |
|  | 22 |  |

| 영아 | 영이 있는 읍치는 표시 안함 | 읍치 ○무성 ◯유성 | 성지 산성 관성 | 진보 □무성 ■유성 | 창고 ■무성 ■유성 | 목소 牧 場屬 |
| 고현 ●◉유성 ◎구읍지 유성 | 고진보 ▲ ◬유성 | 역참 ① | 방리 ○ | 능침 원내 능호 | 봉수 ▲ | 고산성 ▲ | 도로 10리 2 3 4 |

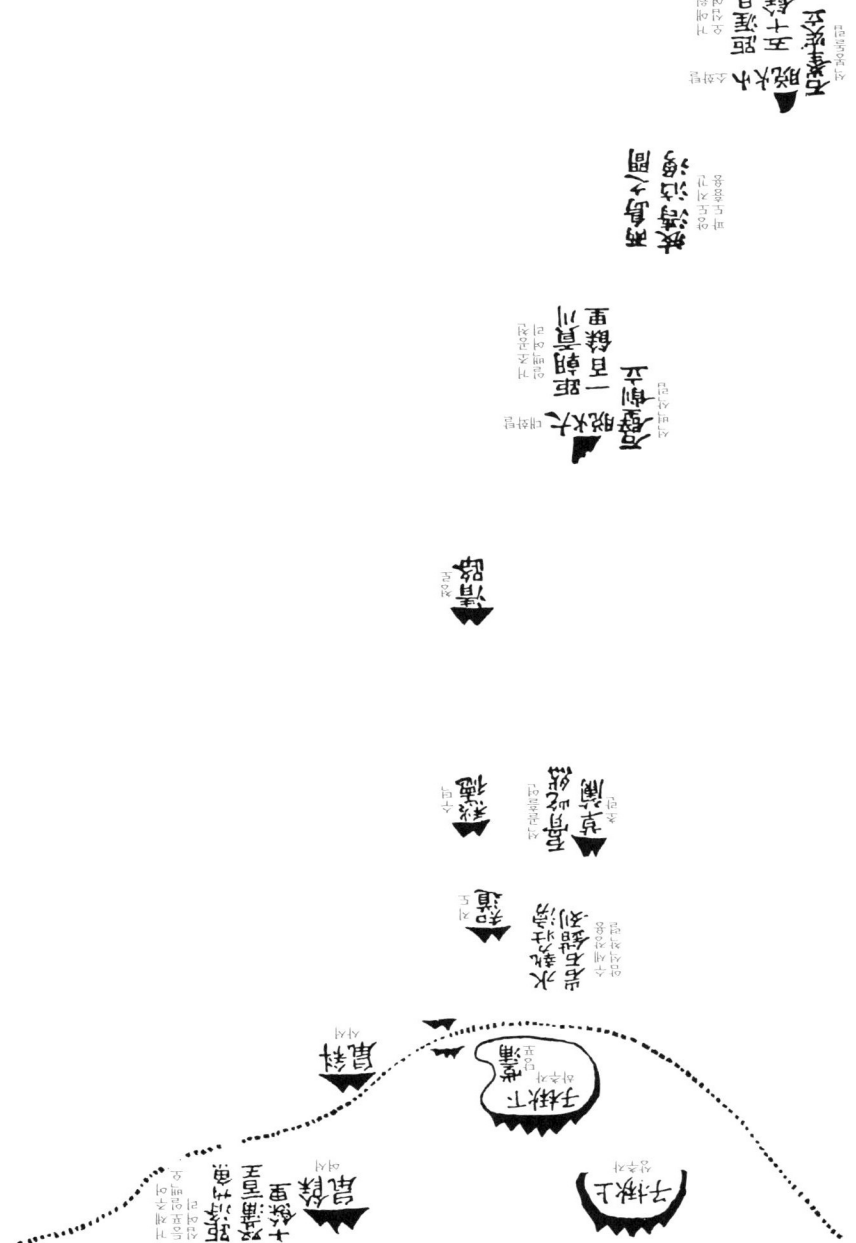

◀◀◀ (뒷면 지도) 21 추자도

## 22 제주 濟州 정의 旌義 대정 大靜

**아름다운 화산섬, 제주도**

제주도 전체가 한 도엽에 그려져 있다. 제주도의 최고봉인 한라산은 약간 부드럽게 표현하였으며, 백록담도 그려 넣었다. 해안에는 제주를 지키던 진보도 표시되어 있다.

|  | 21 |  |
|---|---|---|
|  | 22 |  |
|  |  |  |

| 영아 | 영이 있는 읍치는 표시 안함 | 읍치 | ○무성 ◎유성 | 성지 | 산성 관성 | 진보 | □무성 ■유성 | 창고 | ■무성 ■유성 | 목소 | 牧 場屬 |
| 고현 | ●◉유성 ◎구읍지 유성 | 고진보 | ▲ ●유성 | 역참 | ① | 방리 | ○ | 능침 | ○원내 능호 | 봉수 | ▲ | 고산성 | ▲ | 도로 | 10리 2 3 4 |

250

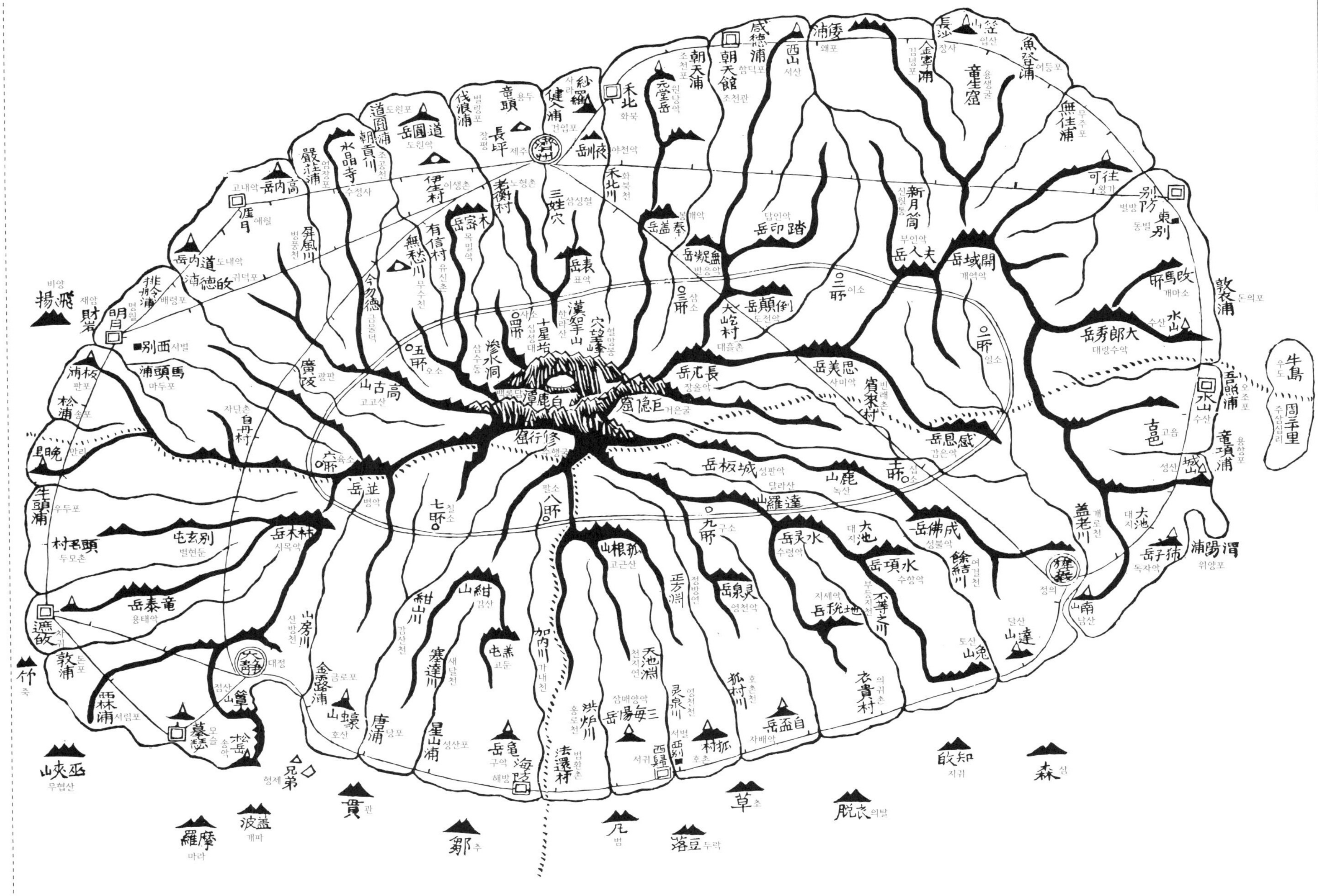
어등포
용생굴
입산
김녕포
정사
왜포
서산
함덕포
조천관
조천포
원당악
화북
사라
건입포
용두
별랑포
장평
제주
도원포
도원악
조공천
엄장포
수정사
고내악
애월
이생촌
노형촌
삼성혈
야천악
화북천
무주포
왕가
별방
동별
봉개악
답인악
부인악
개역악
도내악
귀덕포
배령포
비양
재암
명월
서별
판포
마두포
금물덕
광판
고고산
오소
삼수동
한라산
혈망봉
도전악
대흘촌
삼소
이소
개마소
수산
대랑수악
돈의포
우도
오조포
고읍
용항포
성산
일소
사미악
장올악
거은굴
백록담
수행굴
자단촌
송포
만리
육소
병악
칠소
팔소
달라산
성판악
감은악
녹산
우두포
두모촌
별현둔
서목악
고근산
구소
수령악
대지
성불악
개로천
여결천
수항악
정방연
영천악
지세악
독자악
위양포
정의
남산
달산
토산
의귀촌
호촌천
영천천
천지연
삼매양악
홍로천
가내천
감산
고둔
새달천
감산천
산방천
용태악
대정
점산
금로포
호산
당포
성산포
구악
해방
법환촌
서귀
호촌
자배악
지귀
삼
의탈
초
두락
범
추
관
개파
마라
형제
무협산
모슬
송악
서림포
돈포
차귀
죽

◀◀◀ (뒷면 지도) 22 제주 · 정의 · 대정

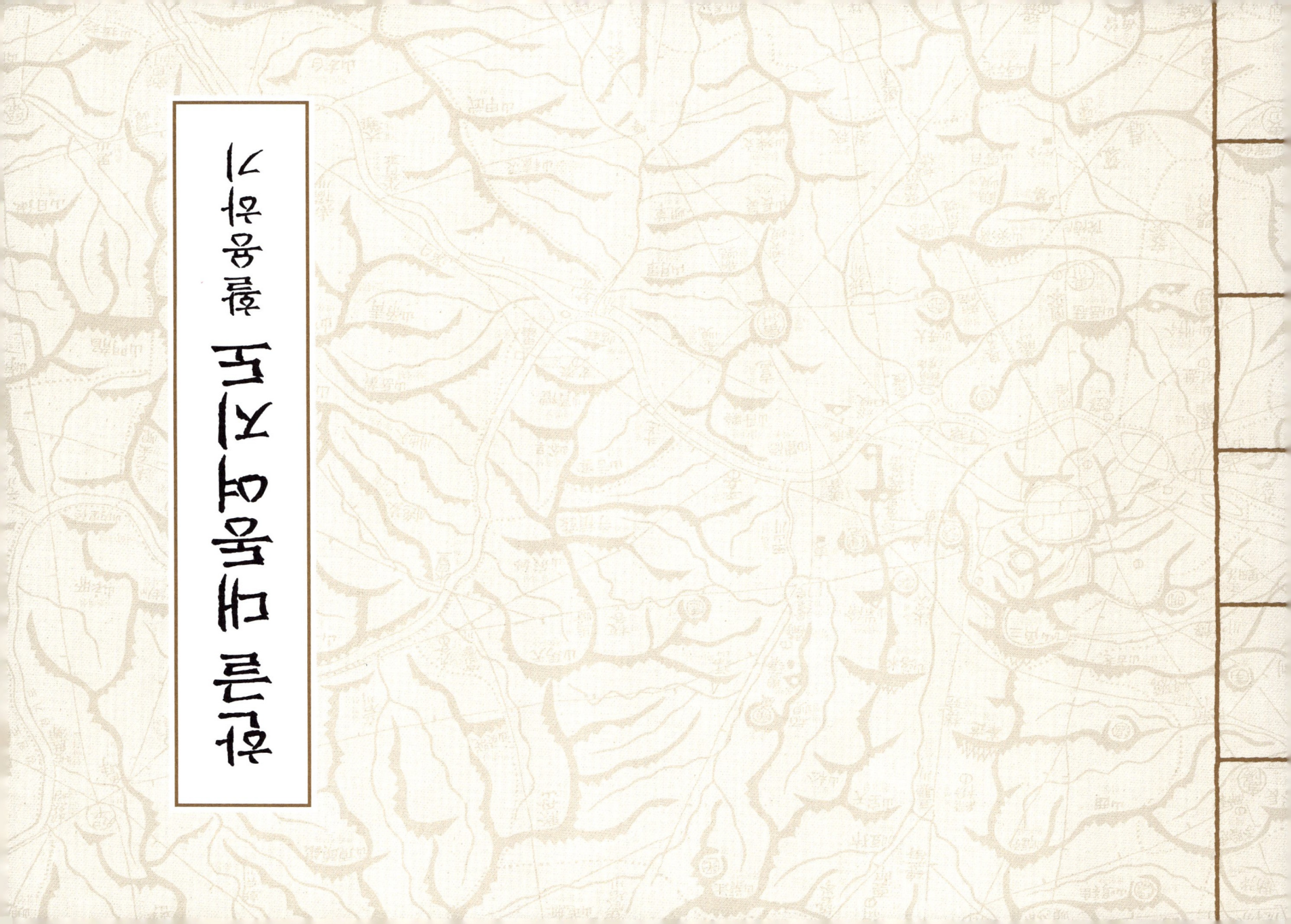

한글 고지도 발음기

大東輿地圖

제___층

大東輿地圖

제___층

# 대동여지도 분첩절첩식 제책하기

대동여지도는 총 22층으로 구성된 지도이다. 각 층별로 지도를 이어 붙인 뒤 지그재그로 접으면 병풍처럼 펼쳐 볼 수 있는 분첩절첩식(分帖折疊式) 제책이 된다.
이렇게 제책하면 휴대가 간편하고 보관이 쉬워진다. 《한글 대동여지도》를 활용해 대동여지도를 제책해 보자.

**• 준비물** 《한글 대동여지도》 책, 한글 대동여지도 제책 표지, 문구용 커터 칼, 자, 고체 풀

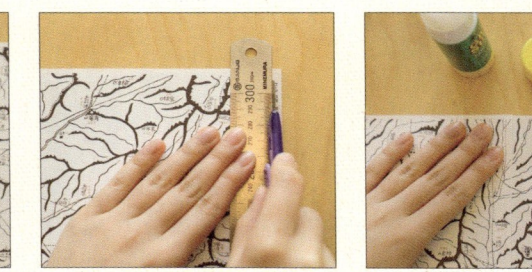

**1** 커터 칼을 사용해 책에서 지도를 분리한다. 이때 지도 왼쪽의 점선으로 된 접는 선을 자르지 않도록 주의한다.

**2** 지도 오른쪽의 실선도 선을 따라 칼질한다. 낱장으로 분리된 지도를 각 층별로 정리한다.

**3** 각 층의 1면 지도부터 풀칠하는 곳에 풀을 칠한 다음, 본문 7쪽 '대동여지도 색인도'를 참조하면서 지도를 이어 붙인다.

**4** 각 층의 가장 오른쪽에 있는 1면 지도를 반으로 접은 다음, 이어 붙인 지도 전체를 지그재그로 접는다.

**5** 각 층의 가장 오른쪽 지도 앞면에 표지를 붙이고 알맞은 층수를 표시하여 표지를 완성한다.

◀ 왼쪽 페이지의 제책 표지 샘플을 복사해 각 층마다 표지를 붙이고 층수를 표시하세요. 진선출판사 홈페이지(www.jinsun.co.kr)의 '공지 게시판'에 '한글 대동여지도 제책 표지'라는 글을 올리고, 표지 이미지를 파일로 첨부하였으니 출력하여 사용하셔도 됩니다.

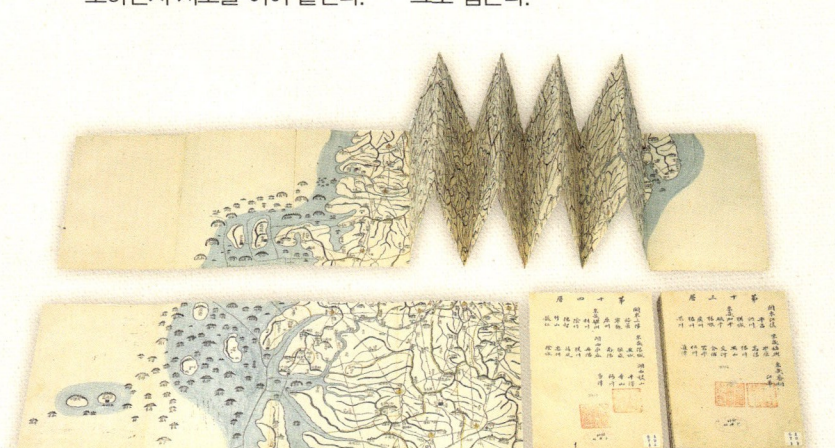

대동여지도
분첩절첩식 제책 예시
(자료 : 국립중앙박물관)

## 대형 대동여지도 전도 만들기

《한글 대동여지도》는 대동여지도의 지도 122도엽을 약 65%로 축소해 수록한 책이다. 이 책을 활용해 각 층별로 지도를 이어 붙인 뒤 이웃한 층끼리 연접해 보자. 가로 2m 44cm, 세로 4m 14cm의 대형 대동여지도 전도가 완성되어 우리나라를 한눈에 살펴볼 수 있다.

• **준비물**
《한글 대동여지도》 책, 문구용 커터 칼, 자, 고체 풀

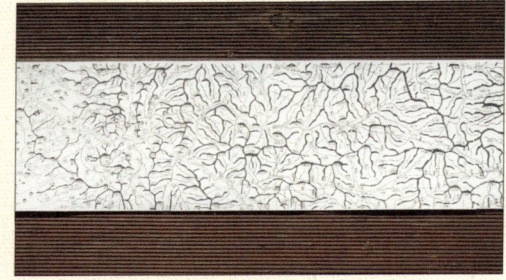

**1** 부록의 '대동여지도 분첩절첩식 제책하기'를 참고하여 지도를 이어 붙인다.

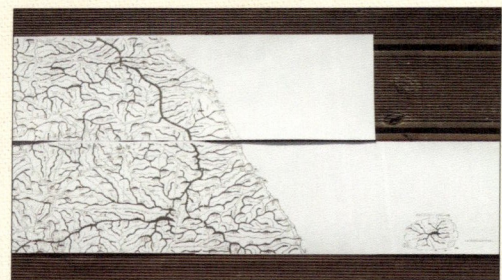

**2** 본문 7쪽의 '대동여지도 색인도'를 참조하면서 넓은 공간에서 이웃한 층끼리 서로 연접한다.

대동여지도 122도엽을 모두 이어 붙인 모습

# 대동여지도 채색하기

대동여지도는 목판에 새겨 제작한 지도로 최종 성과품은 먹물로 찍어 낸 종이 지도이다. 조선 시대에는 목판으로 찍어 낸 흑백 지도를 용도에 따라 채색하여 사용하였다. 다음의 채색 예시를 참고하면서 자신만의 채색 대동여지도를 만들어 보자.

## • 서울대학교 규장각한국학연구소 소장 대동여지도의 채색 예시

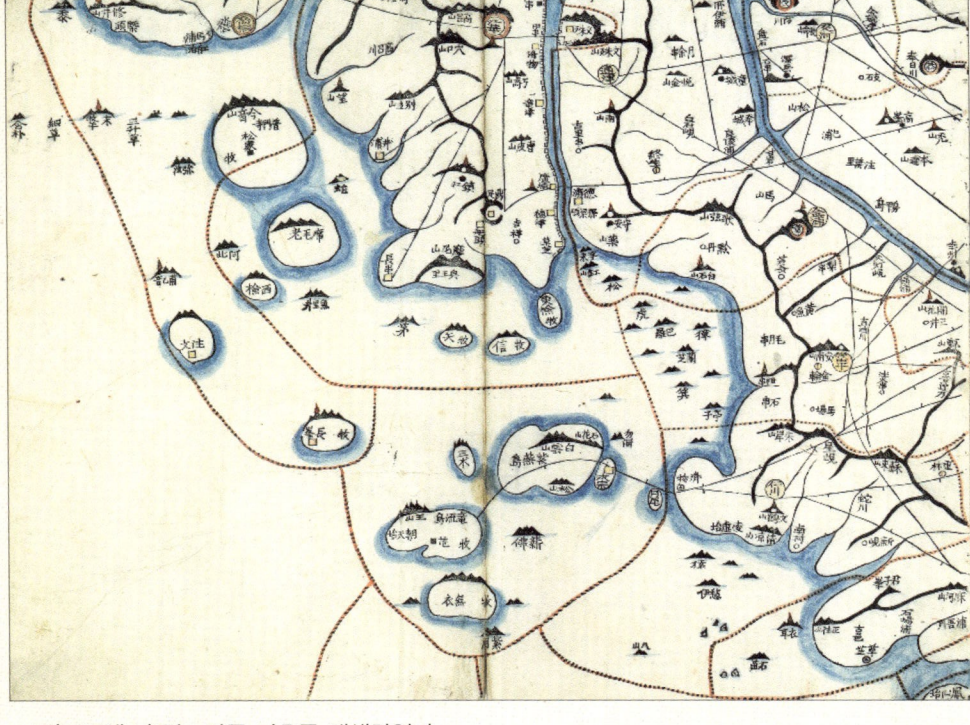

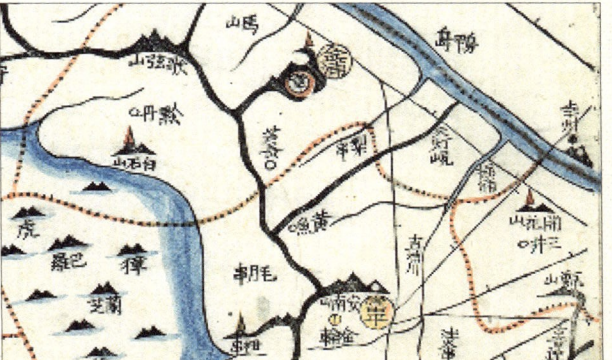

지도표의 기호와 군현 경계를 채색하였다.

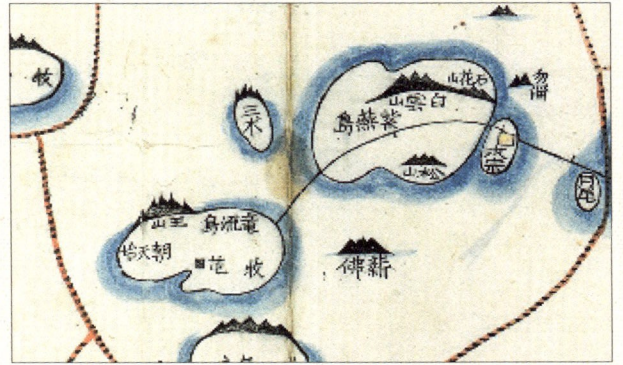

작은 섬과 바위섬까지 빼놓지 않고 채색하였다.

· 지도표에 나오는 각종 기호를 채색하였다.
· 군현 경계 전체를 주황색으로 채색해 경계를 명확히 구분할 수 있게 하였다.
· 바다와 하천은 진한 청색으로 채색하였는데, 바다는 해안선을 따라 일정한 간격으로
  안쪽은 진하게 바깥쪽은 연하게 채색하였다.

• 지도표의 기호 채색 예시

영아 ▣ 영이 있는 읍치는 표시 안함   읍치 ○ 무성 ● 유성   역참 ◐

목소 招 牧 場屬   진보 ▢ 무성 ▣ 유성   능침 ● 원내 능호   봉수 ▲

• 미국 하버드대학교 옌칭도서관 소장 대동여지도의 채색 예시

· 지도표에 나오는 각종 기호를 채색하고, 조선 10대로와 간선도로는 적색으로 채색하였다.
· 군현 경계를 육지 부분에만 주황색으로 채색하였다. 군현 내부를 연청색, 연황색, 연적색, 연주황색 등으로 서로 겹치지 않게 채색해 구분을 명확히 하였다.
· 바다 전체와 하천은 연한 청색으로 채색하였는데, 바다는 해안선을 따라 일정한 간격으로 안쪽은 진하게 바깥쪽은 연하게 채색하였다.

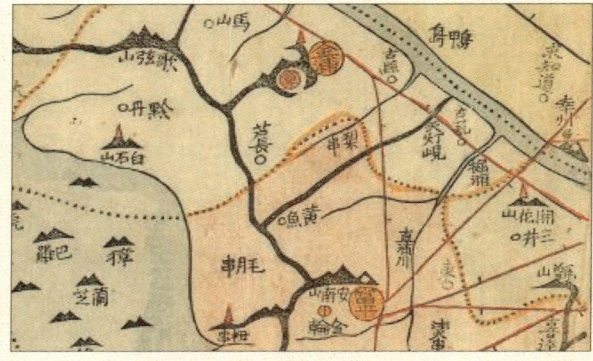

군현 경계에 따라 내부를 채색해 구분하였다.

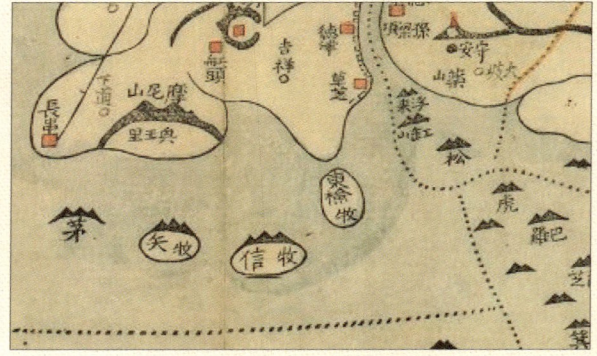

바다도 해안선 가까이는 진하게 채색하였다.

• 채색필로 해서울지도: 16세기 이후의 채색필을 사용했다.

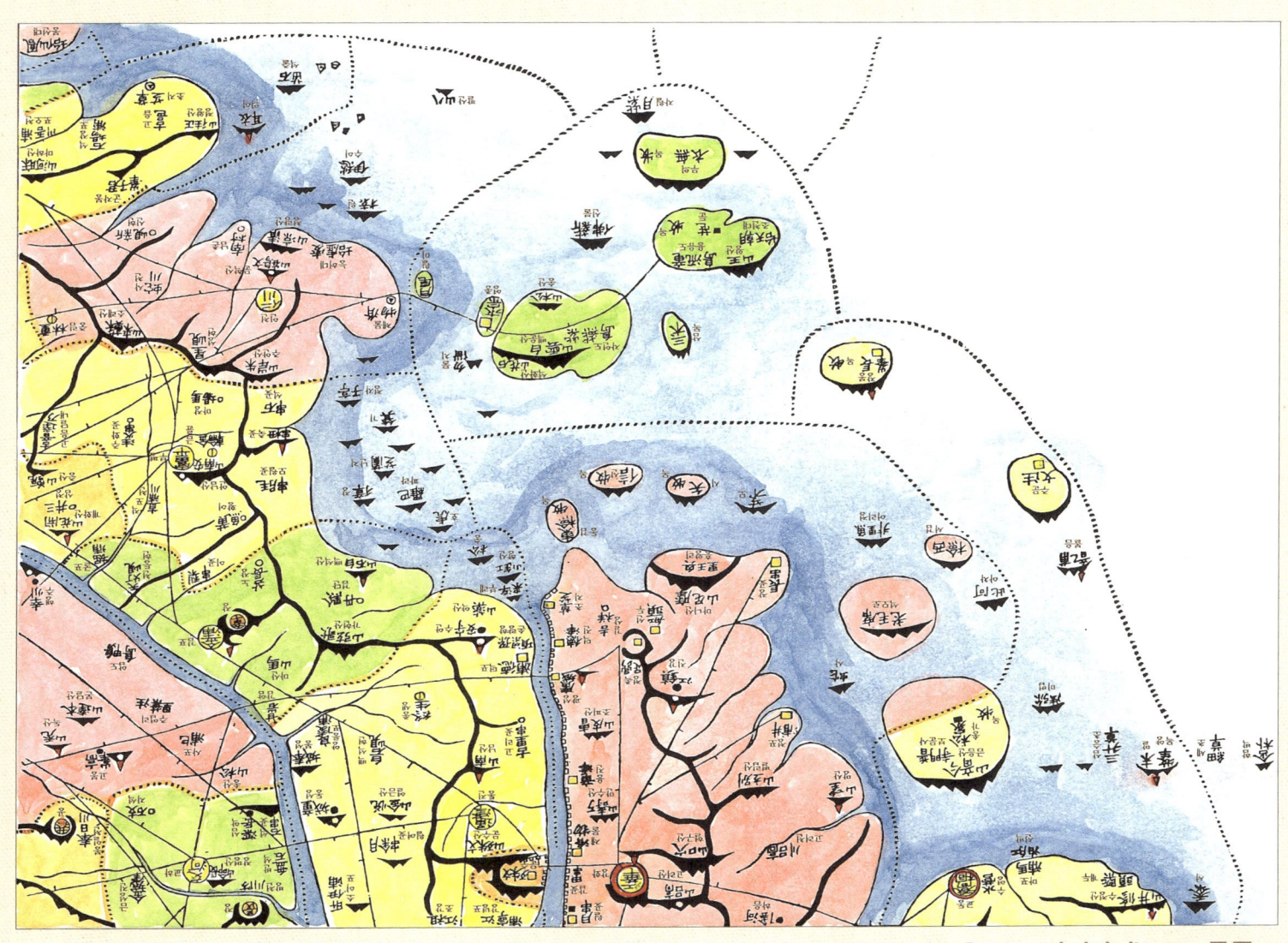

• 동경으로 재배색하기 12색 이상이 수채화 물감이나 웅성한 물감을 사용한다.

• 도성도 채색하기 — 16세기 이상이 색연필을 사용한다.

1. 산, 강(호수, 섬), 도로, 궁궐 순서대로 채색한다.
2. 도성 주변의 산들을 채색한다.
3. 호수, 강, 바다, 궁궐 등을 채색한다.
4. 도로 이름 쓴다.

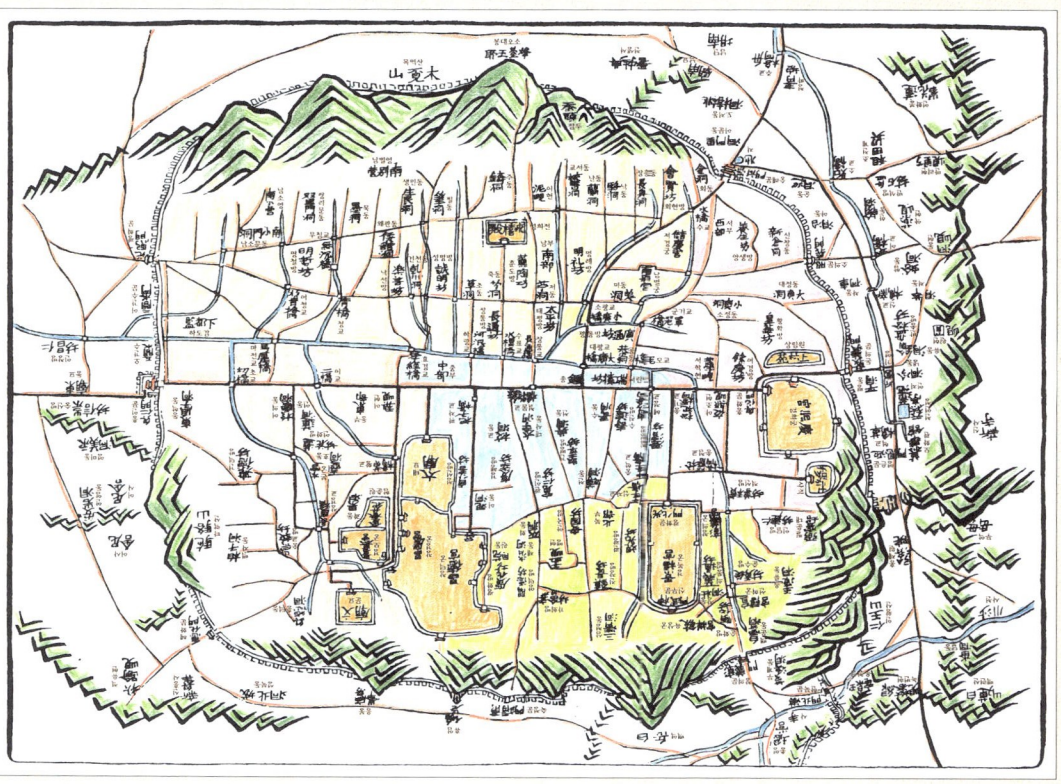

• 평양 지도 출동하기

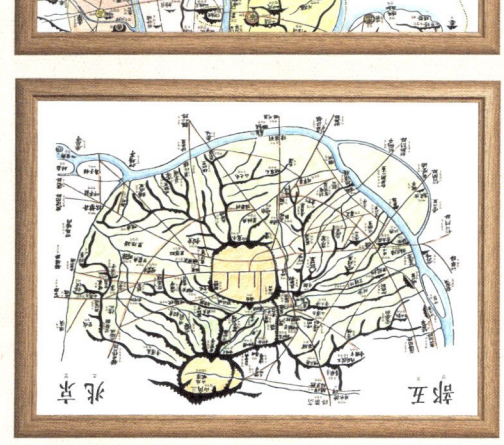

평양으로 출동할 수 있는 길잡이 장요하다. 사진이 찍고 있는 지역이 대동야지도를 채색하여 여가에서 가거나 그들이어 바깥이 지도로 사용된다.

### 도편 최선웅

국내 최초 산악 전문지 《월간 등산》(현재의 《월간 산》)을 창간하고, 1974년 지도 제작에 입문해 (주)매핑코리아 대표이사,
2015년 《계간 고지도》 편집장을 거쳐 현재 한국지도학회 고문, 한국고지도연구학회 회원, 한국산악회 자문위원,
한국지도제작연구소 대표로 활동 중이다.
저서로는 《해설 대동여지도》, 《2009년 검정 중학교 사회과부도》, 《전국 유명 등산지도 200산》, 《백두대간 수첩》,
《100명산 수첩》, 《한 권으로 보는 그림 한국지리 백과》, 《한눈에 펼쳐보는 세계 지도 그림책》 등이 있으며,
다수의 지도 관련 논문을 발표하였다.

### 글 민병준

1980년대 대학 시절부터 전국의 명산과 명승지를 두루 답사하고, 《월간 사람과 산》 취재기자를 거쳐 1997년 히말라야의
낭가파르밧(8,125m)을 등반한 후 《월간 사람과 산》 편집장을 지냈다. 이후 《월간 마운틴》 편집장과 《월간 아웃도어》 편집주간을 역임했다.
1990년대 후반부터는 〈대동여지도〉를 들고 백두대간을 비롯해 이 땅의 산하를 두루 다니며 발품을 팔았다.
저서로는 《해설 대동여지도》, 《백두대간 가는 길》, 《백두대간 수첩》, 《한국의 아름다운 강》,
《대한민국 산 여행》, 《한 권으로 보는 그림 한국지리 백과》 등이 있다.

## 한글 대동여지도

초판 1쇄 • 2017년 10월 31일   초판 4쇄 • 2022년 10월 5일   개정판 인쇄 • 2025년 9월 2일   개정판 발행 • 2025년 9월 9일
도편 • 최선웅   글 • 민병준   발행인 • 허진   발행처 • 진선출판사(주)
편집 • 김경미, 최윤선, 최지혜   디자인 • 고은정   총무 / 마케팅 • 유재수, 나미영, 허인화
주소 • 서울시 종로구 삼일대로 457 (경운동 88번지) 수운회관 15층   전화 (02)720-5990   팩스 (02)739-2129   홈페이지 www.jinsun.co.kr
등록 • 1975년 9월 3일 10-92   ※ 책값은 뒤표지에 있습니다.
ISBN 979-11-93003-84-8 03980
도편 ⓒ 최선웅, 2025   글 ⓒ 민병준, 2025   지도 디자인 ⓒ 최지혜, 2025   편집 ⓒ 진선출판사, 2025